KB043414

드위트리 스토리

깨지면서 발로 얻은
시골 펜션의 마케팅 성공기

하대석 지음

드위트리

— DWITREE STORY —

스토리

혜화동

꿈을 이루는 방법을 가르쳐 주신
아버지와 어머니께 이 책을 바칩니다.
존경하고 사랑합니다.

깨지면서 발로 배운 것들의 값어치

2018년 3월 디지털마케팅서밋(Digital Marketing Summit 2018)이라는 컨퍼런스에서 '내가 배운 서바이벌 마케팅'이란 주제로 발표할 기회가 주어졌다. '한국의 몰디브'라는 별명이 붙은 강원도 정선의 드위트리 펜션의 사진이 스크린에 올랐다. 일부 청중은 "맞아, 나도 저 사진 봤어."라고 반가워했다. 부모님과 함께 이 펜션을 초기 기획하고, 온라인 마케팅을 배워 가면서 직접 해 보고, SBS 스브스뉴스에 그 노하우를 적용하기까지 내가 겪은 것들을 진솔하게 이야기했다. 발표의 클라이맥스 부분에 한 도표를 보여 줬고, 관중석에선 탄성이 들려왔다.

2013년 7월 한 달간 네이버 검색에서 '드위트리 펜션'은 약 50만 번, '한화리조트'는 약 20만 번 조회됐다. '드위트리'라는 검색어(2013년 7월 약 30만 건 조회)까지 따지면 우리 가족이 지은 펜션이 한 달간 80만 번 검색된 것이다. 어떻게 방 8개 짜리 작은 펜션이 국내 최고의 리조트 중 하나인 한화리조트의 4배 달하는 검색량을 기록할 수 있단 말인가. 데이터를 눈으로 보고도 믿기지가 않았다. 펜션 이름이 네이버 실시간 검색어에 오르고, 영화에 나오고, 드라마에 나오고, TV에 나

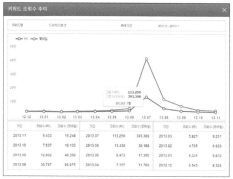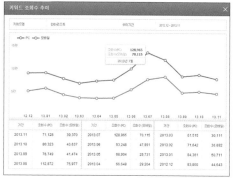

2013년 7월 네이버 '키워드 조회수' 화면: 드위트리펜션(약 50만) VS 한화리조트(약 20만)

오는 것을 지켜보면서 나는 그저 어안이 벙벙할 뿐이었다.

나를 포함해 우리 가족은 몰디브 근처에 가 본 적도 없다. 건축이나 숙박 관련 일을 해 본 적도 없다. 그런데 우여곡절, 좌충우돌 끝에 우리 가족이 멋진 펜션을 하나 짓게 됐다. 그 펜션이 '한국의 몰디브'라고 불릴 거라고는 사실 지을 때만 해도 예상하지 못했다.

펜션 짓는 내내 겁이 나서 바들바들 떨었다. 전문 건축업체에 맡기기엔 자금이 부족했다. 평생 책상에만 앉아 일하시던 아버지가 직접 공사 현장을 진두지휘하셨다. 서투르니 실수투성이일 수밖에 없었다. 어머니는 각종 장비와 소모품, 인부들 먹거리를 손수 챙기셨다. 험한 공사 현장에서 살다시피 하시는 부모님 모습은 애처로워 보이기까지 했다.

전문 인테리어업체에 일을 맡기고 싶었지만 그 역시 자금이 부족해 그냥 나와 가족들이 직접 인테리어를 했다. 을지로에서 마감재를 보러 다녔고, 김포의 한 목공소에서 가구를 직접 짰다. 주말 또는 휴일엔 동대문, 남대문, 고속터미널 등 온갖 시장을 쏘다녔다. 문득 이런 생각이 들었다.

'나는 기자인데, 대체 지금 왜 이런 건축업자가 하는 일을 하고 있는 거지?'

낮엔 SBS 기자로 밤과 주말엔 건축업자로 산다는 건 쉬운 일이 아니었다. 천신만고 끝에 펜션을 다 짓고 나니 내가 할 일은 더 쌓여 있었다. 펜션은 알고 보니 완전히 인터넷 장사였다. 인터넷에서 보고 예약하는 손님이 거의 100%다. 부모님은 인터넷을 잘 모르신다. 때문에 홈페이지 제작, 광고, 홍보, 마케팅은 모두 나의 몫이었다. 펜션 예약률이 떨어지면 그걸 끌어올릴 수 있는 것도 나밖에 없었다.

솔직히 힘들었다. 몸 자체가 힘든 것보다는 '내가 정신 못 차리면 우리 펜션은 망하고, 우리 가족은 거덜 난다'는 불안감 때문에 더 힘들었다. 차라리 취재하고 기사 쓰는 회사 일이 더 쉬웠다. '바깥은 지옥'이라는 말은 정말 맞는 것 같다.

동시에 재밌었다. 장사를 직접 해 본 것과 다름없는 경험을 했다. 난 경제부 기자 생활을 3년간 했지만 사실 펜션 덕분에 진짜 시장 바닥의 실물경제를 배울 수 있었다. 수도 없이 헤매며 바이럴 마케팅(viral marketing, 구전 마케팅)을 배웠다. 다양한 기업들과 제휴도 해 보고, 네이버와 소셜 커머스 등 다양한 플랫폼사와 자영업자의 입장에서 협상도 해 봤다. 펜션이 관리가 잘 안되고 있어 추천하지 않는다며 '솔직 후기'를 올린 파워 블로거에겐 비굴하게 빌어도 봤다. 기자를 하면서 절대 겪을 수 없었던 값진 경험들이다.

나중에 시간이 나면서 서점에서 우연히 마케팅과 장사와 관련한 책들을 봤다. 그리고 많이 놀랐다. 내가 겪은 것들이 이론으로 정립돼 있었다. 즉 내가 시장 바닥에서 발로 배운 것들은 대부분 근거 있고 보편적으로 통하는 것들이었다. 내가 겪은 것들이 학문으로 연구되고 있었다는 사실이 신기했다. 진작 책으로 쉽게 배울 수 있었던 것을 왜 나는 그렇게 고생고생하며 배웠을까 하는 억울한 마음마저 들었다.

그리고 어느 날 우연히 대기업의 마케팅 담당자들과 대화를 나누다 그 전문가들 못지 않게 나도 상세한 마케팅 기법을 알고 있다는 사실을 알게 되었고 마케팅의 성공과 실패에 대해 그들 못잖은 식견을 갖게 된 내 자신을 발견하게 됐다. 그 뒤로 나는 마케팅 분야에 큰 관심을 갖게 되었다.

경제부 기자 생활을 하면서 어떻게 마케팅을 해야 효과를 크게 보는지, 어떻게 장사를 해야 고객에게 사랑을 받는지 순간순간 눈에 불을 켜고 살펴보는 버릇이 생겼다. 쇼핑몰 상가를 드나들 때에도 매대 배치와 조명의 감도, 점원의 표정 등 다양한 요소들이 눈에 들어왔다. 신기한 경험이었다. 어느 샌가 나는 참 많이 달라져 있었다.

펜션을 하면서 배운 바이럴 마케팅 노하우가 아까워 보도본부의 뉴미디어부에 지원했다. 거기서 만난 선배 기자와 스브스뉴스라는 20대 타깃 소셜 미디어 브랜드를 기획하게 됐다. 젊은 감각에 맞는 카드뉴스와 영상 콘텐츠를 제작해 전통 뉴스가 주목하지 않는 이슈를 발굴했다. 웹툰, 패러디, 상황극 등 기존 뉴스의 틀을 깨는 파격적 형식과 내용으로 20대들과 공감하는 콘텐츠를 만들었다. 펜션 시장에서 살아남기 위해 발버둥치며 체득한 노하우는 젊은 네티즌들에게 사랑받아야만 살아남는 뉴미디어 콘텐츠 시장에도 그대로 활용할 수 있었다. 그제야 알게 됐다. 내가 펜션 때문에 아등바등하며 배웠던 노하우는 정말 가치 있는 것들이었다.

글로 배운 것은 내 것이라 하기 어렵지만, 내가 깨지면서 발로 배운 것들은 거의 100% 내 것이다. 그렇게 힘들게 배운 것은 어디에나 쉽게 응용할 수 있었다. 또 그렇게 배운 노하우들은 다른 사람에게 가르칠 때에도 아주 구체적으로 전달할 수 있고, 남을 이해시킬 수 있었다. 내가 다 해 본 것이었기에 살아 있는 지식이었다.

드위트리 펜션이란 인연 덕분에 내가 깨달은 것 중 가장 소중한 것은 펜션도 알고 보니 미디어란 사실이다. 웬 뚱딴지같은 소리냐는 생각이 들겠지만 난 그렇게 믿고 있다. 이 책을 읽다 보면 당신도 펜션이 미디어라는 내 주장에 귀 기울이게 될 것이다.

그리고 나를 둘러싼 모든 것을 '미디어'라는 관점으로 확장시켰을 때, 시장에서 앞서 나갈 수 있다는 것을 알게 됐다. 상품을 판다고 접근할 때엔 광고 홍보비가 들었는데, 이 상품의 콘텐츠를 세상에 퍼뜨리겠다고 결심하자 공짜로 광고하고 홍보할 수 있게 됐다. 더 나아가 그 콘텐츠 자체만으로도 부가 수입이 생긴다는 것을 알고 깜짝 놀랐다. 그런 깨달음을 정리해 '미디어 잇셀프 전략'이라는 이름을 붙여 줬다. 이렇듯 내가 발로 배운 것들을 세상과 나누고자 이 책을 쓰게 됐다.

작은 펜션 이야기인데도 컨퍼런스에 초청해 주신 디지털마케팅코리아 박세정 대표님, 콘텐츠 마케팅에 눈뜬 기회를 주신 스톤브랜드커뮤니케이션즈 박상훈 대표님, 인생에서 가장 소중한 지혜를 가르처 주신 김주환 교수님, 아끼는 후배이자 나의 경영학 선생님인 시지온 김미균 대표님, 경제부에서나 스브스뉴스팀에서나 부족한 후배를 늘 믿고 지켜봐 주신 강선우 선배, 스브스뉴스와의 인연을 제게 선물한 권영인 선배, 항상 물심양면으로 도와주신 비사이즈 픽처스 양성민 대표님에게 감사 말씀을 전한다. 이분들 덕분에 이 책도 세상에 나올 수 있었다. 마지막으로 이 책의 초기 구상부터 함께하며 정성을 쏟은 도서출판 혜화동 이상호 대표님에게 진심으로 감사드린다.

2018년 8월

하대석

목차

```
PART 1 · [드위트리 기획 스토리]
우리가 만든 건 콘텐츠였다
```

PART 2 · [드위트리 마케팅 스토리]
고객에서 시작해 고객으로 끝난다

우리가 만든 건
콘텐츠였다

아버지의 한 맺힌
애물단지 땅

"대석아, 아빠가 강원도의 미래에 투자했다." 아버지 목소리는 약간 흥분돼 있었다. 그리고 얼굴도 약간 상기돼 있었다. 당시는 2000년도. 난 대학교 3학년이었다. 강원두 중에서도 내륙 깊은 곳이어서 서울에서는 한참 먼 강원도 정선에 아버지가 땅을 사신 것이다. 그해 여름, 아버지는 가족들에게 의사를 묻지도 않고 가족 여행지를 정선으로 잡으셨다.

"강원랜드 알지? 국내 유일한 내국인 카지노야. 최근 거기가 오픈했거든. 그곳 주변이 지금 별천지로 달라지고 있어."

아버지가 사신 땅은 강원랜드와 차로 약 10분 거리. 카지노에 가서 슬롯머신 레버를 당겨 볼 수 있다는 생각에 난 정선 여행을 가면서 내심 좋아했다. 정선으로 향하는 차 안에서 정선이 얼마나 천지개벽을 하고 있는지 계속 아버지의 설명을 들어야 했다. 강원랜드가 계속 카지노와 숙박 시설을 증설하고 있고, 그 앞의 작은 시골 마을이었던 사북읍은 지금 건설 열풍이 불어 소도시로 탈바꿈하고 있었다. 국내 최대 규모 스키장도 곧 생길 거라며 아버지는 흥분을 감추지 못하셨다.

아버지의 일장 연설은 재밌었지만, 정선까지는 4시간 이상 걸렸다. 정말 지루했다. 당시만 해도 현재의 고속화도로(38국도)가 제대로 정비되기 전이었기 때문이다. 간신히 도착한 곳은 강원랜드가 있는 사북읍에 못 미쳐 나오는 무릉리란 곳이었다. 영업을 중단한 운전면허 시험장이 보였다. 아버지는 "험준한 산맥이 대부분인 정선에서 이렇게 평지는 얼마 없단다. 여긴 매우 귀한 땅이지."라고 강조하셨다.

아버지는 운전면허 시험장 한가운데 약 2500평을 사셨다. 이 땅은 곧 상업지역으로 바뀔 거라고 하셨다. 강원랜드 주변이 이른바 '한국판 라스베이거스'로 탈바꿈하면서 바로 앞인 사북읍에는 모텔, 음식점, 주점 등 유흥 시설이 우후죽순 생겼지만, 전국에서 모여드는 관광객을 수

아버지 땅에서 38고속화국도를 바라본 모습. 정선은 험준한 산악 지역이다.

도위트리 스토리

용하기엔 부족해 당시 정선군에서는 상업지역을 더 늘리려 한다는 것이었다.

정선군청에 직접 방문해 공무원을 만나고 나오신 아버지는 "우리 땅을 정선군이 상업지역으로 용도 변경할 거라고 한다. 이제 곧 2~3배는 오를 거야."라고 말씀하셨다. 자연녹지가 상업지역으로 바뀌면 상업용 건물도 지을 수 있게 돼 땅값이 급등한다는 것 정도는 나도 알고 있었다.

그때 당시 정선의 쓸 만한 자연녹지는 평당 10만 원 정도였다. 아버지가 사신 땅에는 경사로가 많이 포함돼 있어 사실상 평당 50만원 꼴에 그 땅을 사신 셈이라고 하셨다. 상업지역으로 풀릴 것이란 기대가 듬뿍 반영된 비싼 가격이었다. 하지만 상업지역으로 진짜 풀리기만 하면 평당 100만 원 이상으로 땅값이 치솟을 것으로 예상하셨다. 그래서 기존에 갖고 계시던 부동산을 급하게 파시고, 은행 융자까지 받아 서둘러 땅을 매입하셨던 것이다.

아버지가 갑자기 큰돈을 버실 것만 같아 나도 기분이 들떴다. 아버지는 땅값이 오르면 처분한 뒤 서울에 건물을 한 채 매입하고 싶어하셨다. 나는 당시로선 귀했던 고성능 노트북 한 대를 사 달라고 졸랐고, 동생들도 이것저것 사 달라고 조르며 정선 여행을 간 우리 가족은 시종 화목한 분위기였다.

들뜬 가족 여행을 마치고 몇 달이 지났다. 아버지 표정이 어두웠다. 그 땅을 상업지역으로 바꾸려는 정선군의 계획이 보류됐다고 하셨다. 최종 승인은 강원도청에서 하는데, 이미 정선군에는 상업지역이 너무 많다면서 용도 변경을 허락하지 않은 것이었다.

하지만 우리 아버지는 크게 실망하지는 않으셨다. 강원랜드와 하이원리조트 시설이 증설되고, 스키장도 생기고, 관광객이 더 늘면 모텔과 주점 같은 상업 시설이 더 필요하고 언젠가 아버지 땅은 상업 시설로 풀릴 것이라고 믿으셨다. 기다리면 그리될 거라고 하셨다.

하지만 안타깝게도 아버지 생각대로 되지 않았다. 그 땅은 계속 자연녹지로 남아 있었다. 아버지가 평생 모은 재산은 그렇게 강원도 산골 속 아무도 찾지 않는 땅에 묶이고 말았다. '대박의 땅'이 '저주의 땅'이 돼 버린 것이다.

안 망하려면 그 땅에서 뭐라도 하자

그 뒤 10년이 지났다. 난 SBS 보도본부에 입사해 사회부, 시사 고발 프로그램, 문화부, 경제부 등을 거치며 TV 기자로 활동했고, 아버지는 환갑을 넘겨 은퇴하실 때가 되었다. 아버지는 젊었을 때만 해도 변호사로 돈을 많이 버셨지만, 강원도 정선 땅에 거의 전 재산이 묶인 이후로는 순탄치 않으셨다.

사법고시 정원이 급증해 변호사가 많아지고, 로펌(법무법인)이 점점 많이 생기면서 나이 많은 변호사의 개인 사무소에 들어오는 사건 수는 점점 줄었다. 한때 직원이 10명이 넘었던 아버지의 법률사무소는 점점 인원이 줄더니 급기야 어머니가 아버지와 함께 출근해 사무직원 역할을 하셨다. 그리고 들어오는 사건이 없어 사무실 월세조차 감당하기 힘들게 되자 은퇴를 결심하셨다.

그동안 힘들다는 말 한 번 없으셨던 아버지는 사무실을 접어야 하는 상황이 닥치자 아들인 내게 속내를 털어놓으셨다. 솔직히 평생 변호사로 적지 않은 돈을 버셨기에 부모님의 노후 걱정은 할 필요가 없을 줄 알았다. 그런데 강원도 정선의 그 땅을 제외하면, 은행에서 대출을 받아 장만한 서울 송파구의 아파트 한 채가 아버지 재산의 전부였다.

은퇴 자금을 마련하기 위해 아파트를 팔려고 내놨지만 문의조차 없었다. 2010년 당시는 금융 위기 이후 아파트 가격이 떨어지고 거래는 거의 끊기다시피 한 극심한 침체기였기 때문이다. 결국 재산은 모조리 땅과 아파트 등 부동산에 묶인 채 당장 쓸 현금이 부족한 상황이었다. 아들로서 부양을 해야 하는 상황이 된 것이다.

'어쩌다 부모님이 하우스푸어, 랜드푸어가 된 것일까. 만약 침체기가 계속되면 어쩌지? 아버지 어머니 노후는 어떻게 되는 거지?'

부동산 경기 침체 관련 경제 뉴스를 내 입으로 전하면서도 늘 부모님 걱정이 들었다. 아버지도 예전보다 많이 의기소침해 보였다. 그러던 어느 날, 아버지가 오랜 고민 끝에 결심하신 걸 말씀하셨다.

"내가 정선에 내려가서 그 땅에서 뭐라도 해야 할 것 같다. 그 땅은 어차피 팔리지 않을 거야."

목욕탕을 지을까? 원룸을 지을까? 펜션을 지을까?

아버지 생각으로는 정선 땅은 앞으로도 상업지역으로 풀릴 가능성이 없고, 그렇다면 땅을 매각할 방법도 없었다. 마지막 남은 길은 그 땅에 뭐라도 지어서 활용하는 것이었다. 서울의 아파트를 팔면 자금이 생길 것이고 그 돈으로 정선 땅에 뭐라도 짓겠다고 하셨다. 국내 유일 내국인 카지노인 강원랜드와 차로 10분 거리인 땅에 무엇을 지어야 가장 쓸모가 있을까?

첫 번째 후보는 목욕탕이었다. 강원랜드에서 밤새우고 카지노를 즐긴 사람들을 셔틀버스로 실어나르면서 장사를 하면 좋을 것 같다는 생각을 하셨다. 아버지는 때밀이 할 사람까지 알아보고 다니실만큼 적극적이셨다. 하지만 강원랜드 내부에 사우나가 있다는 걸 확인한 뒤 목욕탕 계획은 접었다.

두 번째 후보는 원룸 다세대주택이었다. 강원랜드 바로 앞에 있는 사북읍에 모텔 객실이 늘 부족하다는 소문을 듣고 아버지는 원룸 건축을 적극 검토하셨다. 강원랜드 카지노에 매일 드나드는 '전문 꾼'들이 월세를 내고 모텔 방을 쓰는 경우가 많았고, 이를 '월방'이라고 불렀다. 그런 '월방' 사업을 하면 안정적인 돈벌이가 가능하지 않겠냐는 것이었다. 하지만 정선 땅은 사북읍에서도 차로 5분은 이동해야 도착하는 곳이기 때문에 과연 '꾼'들이 거기까지 올 것인지 불확실했다.

한 부동산 중개업소 사장의 추천으로 뒤늦게 부상한 세 번째 안이 바로 펜션이었다. 강원랜드 호텔 객실은 너무 비싸고, 사북읍의 모텔은 4~5만 원짜리 저가형이니 적정한 규모의 펜션을 짓는다면 승산이 있다고 중개업소 사장은 힘줘 말했다. 아버지는 듣는 순간 '이거다!' 싶으셨다. 근처엔 '자못골'이라는 펜션 단지가 있긴 한데 대부분 오래전 지어진 구형 펜션이어서 신형 펜션을 잘 짓기만 하면 이 지역에서 경쟁력이 있다고 판단하셨다.

결국 아버지는 펜션을 짓기로 결심하셨다. 2006년~2007년 부동산 활황기에 16억 원까지 나갔던 송파구의 아파트를 11억 원까지 낮춰 내놨는데도 문의가 별로 없자 아버지는 10억 원까지 낮춘 초급매물로 드디어 파셨다. 집에 딸린 은행 빚을 갚고 남은 돈은 약 6억 원. 펜션 건축 자금으로는 충분하지 않은 돈이었지만 아버지는 무슨 수를 써서라도 펜션을 짓겠다고 하셨다. 2011년 여름, 우리 가족과 펜션과의 인연은 그렇게 시작됐다.

2만 개 중
20등 안에 들어야
살아남는다

아버지의 정선 땅에 펜션을 지으면 과연 성공 가능성은 얼마나 될까? 경쟁 구도를 살펴봤다. 강원랜드 주변엔 펜션이 그리 많지 않다. 이 지역의 산세가 워낙 험준해 펜션을 지을 만한 평지가 그리 많지 않기 때문이다. '자못골'이라고 불리는 평평한 지역에 펜션 단지가 조성돼 있었다. 차를 타고 가서 한 채 한 채 유심히 지켜봤는데, 다들 10년 이상 된 구형 펜션이었다. 통나무집 같은 투박한 스타일이 대부분이었고, 일부는 이른바 '프로방스'풍의 서양식 주택이지만 그리 대단한 수준은 아니었다.

경쟁 상대가 만만해 보이자 아버지는 자신감에 가득 찼다. 내가 봐도 현대식으로 조금만 더 잘 지으면 충분히 승산이 있어 보였다. 강원랜드 호텔은 20~30만 원이 넘는 고가여서 중간 틈새시장을 노리면 유효할 것이란 생각이 들었다.

아버지 땅에서 가까운 유명 관광지가 3가지나 된다는 점도 이점이었다. 국내 유일 내국인 카지노인 강원랜드(10분 거리), 고급 스키장을 갖춘 하이원리조트(15분 거리), 억새꽃 축제로 유명한 민둥산(5분 거리) 등이다. 여기 오는 관광객 중 일부만 유치하면 충분히 객실을 채울 수 있다는 생각이 들었다.

펜션 사업은 '전국 경쟁 인터넷 장사'

하지만 펜션 사업에 대해 제대로 알게 되고 나서 기대감은 두려움으로 바뀌었다. 일단 정선의 강원랜드 혹은 하이원리조트로 놀러 가기 위해 차를 몰고 가다 "우와, 저 펜션 멋지다! 우리 저기서 자자."라며 펜션으로 들어오는 손님은 단 한 명도 없다. 오프라인 장사가 아니라는 것이다.

펜션은 철저하게 인터넷 장사였다. 펜션의 모든 손님은 100% 인터넷에서 검색을 하고 예약을 한 뒤 찾아온다는 사실을 알았다. 그러다 보니 펜션의 경쟁 구도는 생각보다 범위가 넓었다. 동네 펜션끼리의 경쟁이 아니라 최소한 강원도 내 경쟁 또는 전국 경쟁이었다. 당시 전국에 우후죽순 생겨난 펜션은 어림잡아 무려 2만여 곳. 쟁쟁한 전국구 경쟁 상대가 너무나도 많았다.

펜션 관련 검색어를 분석해 봤는데, 당시 스파 시설을 갖춘 '스파 펜션'과 개별 독채마다 풀장을 갖고 있는 '풀빌라 펜션'이 뜨고 있었다. 그런데 네이버에서 '스파 펜션'과 '풀빌라 펜션'을 검색해서 찾아보고

펜션 포털 사이트의
인기 펜션들

기겁했다. 이 검색어에서 상위 랭크된 경쟁자들의 펜션 수준이 장난이 아니었다. 지중해에 있는 동화 속 예쁜 집을 그대로 옮겨 놓은 것만 같은 펜션, 유럽 중세 시대 궁궐을 옮겨 놓은 것만 같은 초호화 펜션, 2층 높이의 통유리로 뻥 뚫린 뷰를 선사하는 바닷가 펜션 등 상대는 모두 무시무시했다.

특히 '풀빌라 펜션'이란 검색어를 쳐 보니 전국에서 탑 10위 안에 드는 초호화 펜션들이 최고급 호텔보다도 고급스런 시설로 손님들을 유혹하고 있었다. 수십억 원은 족히 들여야 지을 수 있는 건축물이 대부분이었다. 기업이 체인점까지 두고 전국 곳곳으로 확장하는 펜션도 있었다.

'잘 나가는 펜션'의 가장 중요한 특성 중 하나가 바다 또는 강, 호수를 끼고 있다는 사실도 알았다. 초호화 시설과 멋진 오션뷰(ocean view) 또는 리버뷰(river view)라는 두 마리 토끼를 다 갖고 있는 선수들이었다. 펜션 내부에 고가의 미술 작품을 전시하며 드높은 품격을 자랑하는 펜션도 있었다. 겁이 덜컥 났다.

'신라호텔 같은 저런 강자들과 어떻게 경쟁해야 하지?'

더 놀라운 것은 30만 원이 넘는 고가인데도 거의 주중 주말 할 것 없이 예약으로 꽉 차 있었다. 20만 원이 넘는 숙박 시설에 자 본 적이 없는 내 입장에서는 상당히 큰 충격이었다. 펜션이라는 시장 자체가 고급화되는 변화가 확연히 보였다. 통나무집보다 조금 더 잘 지으려는 생각만 하고 있다가 최고급 호텔보다 호화스러운 경쟁자들을 보고 난 뒤 머리가 어지러웠다.

성선이 펜션을 하기에 그리 유리한 지역도 아니었다. 일단 서울에서 너무 멀다. 3시간 반은 운전해야 도착했다(현재는 도로가 더 뚫려 시간이 단축되었다). 중간에 좀 막히면 4시간 이상 걸릴 수도 있었다. '바다도 없고, 강도 없는데 그런 긴 거리를 운전해 과연 누가 우리 펜션을

당시 날 기겁하게 했던 유명 펜션들. 대부분 바다와 강을 끼고 있는 '오션뷰', '리버뷰'다.
출처: 남해 마리나 펜션 홈페이지
(상) 하이클래스 남해 홈페이지(하)

찾아올까?' 하는 걱정이 들었다.

네이버에서 '정선 펜션'으로 검색하는 사람 수가 매우 적다는 사실도 알게 되었다. 평창, 강릉, 춘천, 홍천 등에 비해 정선을 검색하는 건수는 5분의 1 또는 10분의 1 이하로 훨씬 적었다.

강원랜드와 하이원리조트도 큰 도움이 되지는 않는다는 것도 나중에 알게 됐다. 강원랜드를 찾는 사람들은 대부분 밤늦게까지 카지노를 즐기기 때문에 숙박료가 싼 모텔을 선호하고, 부자의 경우 대부분 그냥 가까운 강원랜드 호텔을 이용했다. 겨울에 하이원리조트를 찾는 스키어들은 대부분 스키 리프트권과 리조트 숙박을 묶어 파는 패키지 상품이 매우 저렴하기 때문에 일반적인 숙박을 알아보는 경우가 적었다. 강원도 시골에서 간단한 숙박업 하나 하는 데 생각하고 따질 게 너무 많고 복잡했다.

초반의 '동네 펜션 중 1등 할 자신 있다!'는 자신감은 금세 '전국 경쟁에서 과연 버텨 낼 수 있을까?'라는 두려움으로 바뀌었다. 하지만 펜션 말고는 대안이 없었다. 불안하고 또 초조한 날의 연속이었다.

<시장조사에서 가장 중요한 것, 미래 리스크>

사업을 준비하면서 5년 뒤 10년 뒤를 내다본다는 건 쉬운 일이 아니다. 하지만 미래는 반드시 닥치므로 미래를 염두에 두고 사업 모델을 짜야 한다. 지금 와서 보니까 펜션을 초기 기획했던 2011년 당시에 숙박업계 변화 트렌드를 읽으며 '미래 리스크(risk, 위험)'에 대해 숙고했어야 했는데 그렇게 하지 않고 뒤늦게 후회했다. 펜션 초기 기획 당시 꼭 생각했어야 했던 것들이다.

드위트리 스토리

그때 보지 못했던 미래 리스크를 정리하면 아래와 같다. 2011년 당시에도 관련 자료나 책을 찾아봤다면 이러한 트렌드를 미리 예측할 수 있었을 것이다.

* 캠핑, 글램핑 문화 확산: 펜션의 대안. 가성비 뛰어남
* 공유 경제에 따른 에어비앤비 확산: 펜션의 강력한 경쟁자인 동시에
  에어비앤비에 입점해 기회 창출 가능
* 호텔과 모텔의 고급화: 고급 펜션 못지않은 시설을 갖춘 호텔과
  모텔이 급증
* 해외 여행 활성화: 저가 항공 활성화에 따른 동남아 부상
* 리조트의 고급화: 켄싱턴리조트, 리솜포레스트 등 리조트 업계도
  갈수록 고급화

이런 흐름을 간파하려면 사실 공부를 많이 했어야 했다. 그때 이런 요소들을 미리 염두에 뒀다면 아마 다른 형태의 펜션을 기획했을지도 모른다. 그래서 사업하는 사람들은 정말 뉴스를 열심히 보고, 늘 공부해야 하는 것 같다.

CHAPTER·3

벤치마킹

고수에게
배운 것들

펜션업에 대한 막연한 두려움 속에서도 아버지는 펜션 건축업체를 찾기 위해 이곳저곳 알아보시다 펜션 전문 건축업을 하는 '정 사장'이라는 분을 만나셨다. 정 사장은 경북의 한 풀빌라 펜션을 성공적으로 지은 경력을 갖고 있었다. 예약률 현황을 보니 비수기인데도 빈방을 찾기 힘들만큼 성황이었다. 정 사장은 우리 부모님에게 펜션을 준비하기에 앞서 꼭 세워야 하는 전략과 타기팅(targeting)에 대해 세심하게 가르쳐 줬다.

그는 상위 1%를 노리는 커플형 펜션을 지어야 한다고 강조했다. 방과 욕실이 따로 있는 가족형 펜션으로는 차별화할 수 없다며 "복층형으로 층고가 높으며 마루 한가운데 욕탕을 갖춘 '뻥 뚫린' 펜션을 지어

야 합니다."라고 설명했다. 마루 한복판이나 침실에 욕탕이 있는 러브
호텔식 구조를 요즘 펜션도 다들 도입하고 있다는 것이었다.

투자금이 많이 들더라도 상위 1%를 겨냥한 최고급으로 특색 있게
지어야 하는 이유는 이랬다. 결혼 전 커플들은 일단 놀러 오면 돈을 아
끼지 않는다. 평소 생활에 여유가 없더라도 연인과 여행할 때만큼은
상위 1%처럼 노는 게 요즘 젊은이들의 소비 패턴이라는 설명이었다.

정 사장을 만난 뒤부터 아버지의 꿈도 부풀었다. 정 사장이 지은 경
북의 펜션만큼 예약률이 높은 펜션을 만들겠다는 설레는 꿈을 갖게
되신 것이다. 아버지는 매일 밤 벤치마킹 모델이 된 그 펜션의 사진을
꼼꼼히 들여다보며 외부와 내부의 구조와 요소를 연구하기 시작했다.

정 사장을 자주 만나면서 아버지는 몇 가지 펜션 건축에 있어 중요
한 것들을 배우셨다.

펜션 고수에게서 배운 것들

* 프라이버시가 중요한 커플형 펜션은 반드시 독채로 지어야 한다.
* 천장이 높을수록 펜션의 품격이 확 높아진다.
* 복층 같은 입체적 구조를 활용하면 고급스러운 느낌이 살아난다.
* 비싼 가구보다는 깔끔하고 모던한 디자인이 요즘 젊은이들에겐
  더 어필한다.
* 건축물 외벽의 조명이 생각보다 중요하다. 펜션 야경이 확 달라
  진다.

급기야 아버지는 정 사장과 계약하기로 결심하고, 펜션 디자인을 의뢰했다. 정 사장은 자신이 그동안 지어 온 펜션과 유사한 스타일의 큐브 형태 펜션 시안을 그려 우리에게 보여 줬다. 아버지와 어머니는 좋아하셨는데 나는 생각이 달랐다. 큐브형 펜션들은 당시 여러 곳에 있었는데 깔끔하고 모던한 분위기를 어필할 수 있는 장점이 있는 반면 아무래도 특색이 부족했다. 좀 더 차별화된 디자인이 필요하다는 생각이 들었다. 하지만 동시에 '아버지가 돈도 없는데 이렇게라도 지어야 하지 않겠나' 생각도 들어 군소리 않고 그 디자인에 동의했다.

사실 나는 해외의 유명 리조트나 숙박 시설 사진을 모으며 초대형 풀(pool)이 있으면 좋겠다는 생각을 자주 했다. 잠들기 전에 혼자서 이런 멋진 초대형 풀로 아버지 땅에 펜션을 짓는 꿈을 꾸곤 했다. 하지만 꿈에서 깨어나면 '돈도 없는데 어떻게 지을 수 있겠어.'라고 푸념하며 잊어버리곤 했다.

펜션 내부 구조가 나오자 아버지는 정 사장과 함께 정선 땅에 실사를 갔다. 현장에서 꼼꼼히 들여다보던 정 사장은 펜션 부지 끄트머리에 작은 계곡이 흐르고 있다는 걸 발견했다. 비가 오면 계곡이 되었다가 평상시엔 물이 흐르지 않는 사실상 수로였다. 아버지는 그 수로를 더 깊게 파고 관을 매설해 비가 와도 물이 잘 빠지게 해서 물 문제를 해결해야겠다고 생각했던 터였다. 그때 정 사장이 아이디어를 냈다. 그 작은 계곡에서 나오는 물을 받아 활용해 보자는 것이었다. 딱 10cm 높이로 물을 받아서 펜션 독채들이 마치 '물 위에 떠 있는 집'처럼 보이게 하자는 아이디어였다.

계곡물이 골칫거리라고 생각했던 아버지는 이 아이디어를 듣고 뛸

듯이 기뻐하면서 내게 전화를 하셨다. 당시 나는 주말이라 집에서 낮잠을 자고 있었다. 마침 동남아 초호화 풀빌라를 짓는 꿈을 꾸고 있다가 아버지의 전화벨에 잠이 깼는데 아버지는 "물 위의 집을 지으려고 하는데 어떻게 생각하느냐?"고 물어보셨다. 꿈에서 깨어나 보니 꿈이 현실이 된 신기한 느낌이었다. 나는 "아주 좋아요."라고 답했다. 그리고 모아 둔 해외 풀빌라 사진 중에서 물 위를 걷는 콘셉트의 사진 몇 장을 찾아 아버지에게 드렸다.

'물 위의 집' 콘셉트로 큐브 모양 독채 10채를 짓는 안을 최종 확정한 아버지는 정 사장과 정식 계약을 체결하려고 했다. 그런데 문제가 생겼다. 정 사장이 제시한 건축비가 아버지가 예상한 액수의 1.5배에 달했다. 아버지는 고심에 또 고심을 했다. 정 사장이 워낙 마음에 들었

벤치마킹을 위해 찾은 해외 풀빌라와 대형 풀 사진
출처: Dick Clark Architecture(상)
Pekarek Crandell Architects(하)

기 때문에 꼭 이분에게 건축을 맡기고 싶었지만 빚을 최대한 내도 그 액수를 맞출 방법이 없었다. 급기야 '이 사람이 내가 변호사 출신이라서 돈이 많다고 생각하고 너무 비싸게 부른 게 아닌가.'라고 생각하신 뒤 정 사장에게 결별을 선언했다. 정 사장은 목조 주택을 전문적으로 지었는데, 습기에 약한 목조 주택보다는 콘크리트 주택이 '물 위의 집'에는 적당하다는 판단도 작용했다.

다른 건축업자를 찾아 전전긍긍한 뒤 안 사실이지만, 정 사장은 비싸게 부른 게 아니었다. 아버지는 뒤늦게 "그냥 10채를 5채로 줄이는 한이 있어도 정 사장에게 할 걸."이라고 말씀하시며 후회하시기도 했다.

아버지가 한 가지 간과한 사실은 똑같은 건축물이라도 어느 지역에서 짓느냐에 따라 건축비가 크게 달라진다는 것이다. 작업자들이 출퇴근할 수 있는 수도권이 아니라 강원도 정선에 지을 경우 현지에서 장기간 숙식을 해야 해 당연히 건축비가 치솟는다. 또 장기간 숙식을 하며 건축할 사람 구하기도 힘들어 인건비를 더 많이 줘야 한다. 정선의 펜션은 애당초 적지 않은 건축비를 감수하고 기획해야 했던 건축이었다.

현실 가능한
꿈을 꾸는 법

'물 위의 집' 콘셉트로 펜션을 지으려면 생각보다 매우 큰돈이 필요하다는 사실을 뒤늦게 안 우리 가족. 물을 10cm 높이로 펜션 부지 전체에 잔잔히 깔아 놓는다는 계획은 아무래도 무리라는 얘기를 주변에서 많이 들었다. 그냥 잔디를 깔지, 자갈을 깔지 등등 여러 가지 대체 방안을 고심했다.

그런데 한편으로 나는 계속 '동남아 풀빌라 콘셉트'에 사로잡혀 있었다. 아니, 나와야 하는데 헤어 나오지 못했다. 눈만 감으면 물이 잔잔히 흐르는 격조 높은 풀빌라가 떠올랐다가, 눈을 뜨면 '돈도 없는데 무슨 얼어 죽을 풀빌라냐.'라고 고개를 절레절레 흔들었다. 그래도 자꾸자꾸 풀빌라의 풍경이 떠올랐다. SBS 보도국에서 야근을 하다가도

틈만 나면 구글 이미지 검색으로 해외 풀빌라 사진을 찾고 또 찾았다. 오죽하면 스스로 '풀빌라에 중독된 거 아냐?'라는 생각이 들 때도 있었다.

놀랍게도 아버지도 주변의 만류에도 불구하고 물 위의 집 콘셉트를 버리지 않으셨다. 차라리 10채가 아니라 5~6채를 짓더라도 물 위의 집 콘셉트로 지어서 승부를 보겠다는 생각이셨다. 몽상가 같은 아버지를 보면서 '내가 아버지를 닮아서 이렇게 몽상에 빠지길 좋아하나.'라는 생각이 들기도 했다.

아버지와 내가 서로 의견을 교환하면 교환할수록 펜션의 모양은 더욱더 고급스러워지고 화려해졌다. 당시 내가 아버지에게 보여 준 사진 중 한 장이 아버지의 심장을 흔들었다. "그래! 이거다!"라고 말씀하신 아버지는 이 사진을 핸드폰에 저장하시고, 수시로 보면서 혼자 괜히 흐뭇해하셨다.

'풀 속에 또 다른 풀'이라는 새로운 콘셉트였다. 가장자리의 수심은 얕고 가운데는 깊으니 두 가지 수심의 풀을 한 곳에 몰아넣은 효과가 있어 보였다. 그리고 사진을 찍었을 때 '풀 속의 풀' 자체가 예쁘고 근사해 보여 사람들의 호기심을 자극할 것이란 생각이었다. 아버지는 이 사진에 흠뻑 빠지셔서 보고 또 보셨다. 그리고는 높이 10cm 물로 펜션 단지 전체를 구성하는 물 위의 집 콘셉트는 버리고, 대신 '최대 수심 120cm의 초대형 풀 위의 집' 콘셉트를 과감히 채택했다. 진짜 풀빌라를 한번 만들어 보겠다는 것이었다.

한번 탄력이 붙으니 생각은 갈수록 더 과감해졌다. 우리 가족의 펜션 계획은 갈수록 거창해졌다. 정 사장이 추천해 준 큐브 모양의 깔끔

딩시 야근하다 모은
해외 풀빌라 사진들
출처: albertorubio.com(좌상)
dropbearsanonymo.us(우상)
Ayada Maldives(하)

구글링해 찾아 아버지에게
보여 드린 해외 이색 수영장 사진.
'풀 속의 풀' 콘셉트
출처: casa son vida

한 독채 콘셉트는 더 이상 성에 차지 않았다. 나도 신이 나서 계속 아버지에게 해외에서 유명한 최고급 풀빌라 건축물 사진을 보여 드렸고, 아버지도 그런 사진에 점점 끌리더니 나중에는 "그렇게 해외 풀빌라처럼 한번 지어 보자."고 말씀하셨다.

아버지는 친척 중에 인천에서 건축업을 하시는 분을 찾아가 수시로 조언을 구하셨다. 그리고 한 설계사를 소개받았는데, 그분은 정 사장과는 스타일이 많이 달랐다. 정 사장은 '펜션은 이런 거다'라고 카리스마 있게 건축주를 설득하는 스타일이라면, 새로 소개받은 설계사는 건축주의 말을 찬찬히 듣고 건축주가 짓고 싶어하는 스타일을 최대한 구현하려는 스타일이었다.

아버지는 설계사에게 그동안 모았던 사진들을 보여 주며 다양한 요구를 늘어놓으셨다. 설계사는 매우 인내심 있게 경청하는 분이셨다. 몇 시간 동안 아버지의 설명을 찬찬히 들을 뿐 자기 의견을 내는 일은 많지 않았다. 아버지도 당신 말을 잘 들어주는 설계사를 매우 좋아하셨다. 설계사는 몇 주간 설계 작업을 하더니 설계도와 조감도를 갖고 나타나셨다.

조감도를 딱 본 순간 우리 가족은 너무 좋아했다. 기대 이상이었다. 마치 '몰디브 풀빌라'처럼 보였다. 상상 속에서만 그리던 그 광경이 3D 입체 도면으로 펼쳐져 있으니 가슴이 뭉클했다. 우리 가족은 설계사에게 "정말 대단하시다."며 감사를 표했다. 그런데 설계사는 "제가 오히려 많이 배웠습니다. 저는 들은 걸 종합해서 구체화한 것뿐입니다."라고 겸허하게 말씀하셨다.

무언가를 추상적으로 꿈만 꾸다가 그것이 구체화되고 두 눈으로 직

설계사가 가져온 조감도. 물 속에 풀을 배치하고 그 주위에 두 개의 섬을 놓아 손님이 수영하다 쉴 수 있게 한 구조였다. 바깥 쪽 수심은 0.3~0.5m로 얕게 하되 가운데 깊게 판 풀의 수심은 약 1.2m로 어른이 수영하기 딱 좋게 만들기로 했다. 그 주위를 8개의 펜션 동이 둘러싸고 있다.

접 보니 참으로 놀라웠다. 그 과정 하나하나가 정말 신나고 재밌었다. 이 조감도 한 장이 나오기까지의 과정을 요약하면 이렇다.

  1. 어떤 펜션을 짓고 싶은지 막연히 꿈꾸며 소망을 품다.
  2. 본보기가 될 만한 해외 잘 된 사례를 벤치마킹한다.
  3. 벤치마킹한 건축물의 요소와 요소를 결합한 뒤 독창적인 생각을 불어넣는다.
  4. 그 모든 걸 종합해 새로운 창작물로 뽑아낸다.
  5. 충분한 토론과 피드백으로 창작물을 정교하게 만든다.

   아버지와 나는 주변 사람들에게 이 조감도를 보여 주면서 계속 피드백을 받았다. 아버지나 나나 굉장히 들떠 있었는데 이 조감도를 본 사람들의 반응은 다소 냉담한 편이었다. 강원도 산골에 풀빌라를 짓겠다는 아버지의 계획에 대해 걱정하는 분이 많았다. 그 땅에 풀빌라는 어렵다는 세 가지 이유를 요약하면 이렇다.

1. 강원도의 풀빌라라는 콘셉트 자체가 이상하다. 강원도 정선 산골과 풀빌라 자체가 안 어울린다. 바다 옆이나 큰 강 옆이면 몰라도.

2. 물 관리에 실패할 것이다. 작은 수영장도 관리하기 힘들다고 하는데 노부부가 그 넓은 물 관리를 어떻게 하나?

3. 건축비 낭비다. 지나치게 건축비가 많이 들 것이고, 유지 보수비도 많이 들 것이다. 차라리 그 돈으로 펜션 건물을 더 지어서 돈을 더 버는 게 효율적이다.

우리 가족은 다시 고민에 빠졌다. '강원도 풀빌라', '강원도 몰디브'라는 파격적인 발상에 대해 세상 사람들이 가하는 메스는 차갑고 날카로웠다. 현실에 맞지 않는 생각에 너무 빠져 있었던 건 아닐까? 스스로 되돌아보는 시간이었다. 그러다가도 '그냥 해 보지 뭐.'라는 생각이 들기도 했다. 혼란스러웠다.

누가 좋아하는 것을
만들어야 안 망하나

과연 강원도 산골에 풀빌라는 좋은 아이디어일까? 뜻밖에도 주변의 적지 않은 우려에 부딪치고 나서 나와 아버지는 마음이 좀 흔들렸다. 한껏 들떴다가 부정적인 피드백을 잔뜩 들은 뒤엔 몸에서 기운이 빠져나가는 느낌이었다. 허탈했다. 나는 전문가가 아닌 일개 직장인일 뿐이라는 현실이 그제야 눈에 들어왔다.

'맞아, 우리 가족 중 누구도 건축 전문가가 아니잖아. 전문가도 아닌데 이렇게 가족이 펜션을 직접 짓겠다고 일을 벌이는 게 맞는 건가? 이러다 결국 망하면 어떡하지? 우리 집은 어떡하지?'

사람들이 좋아하는 것은 대체 무엇인가. 소비자 기호에 대한 철학적 사유를 그때부터 하기 시작했다. 소비자들이 진짜 좋아하는 것을 반드시 알아내고 싶다는 생각이 들었다. 그동안 내 취향에만 관심 갖고 살아왔을 뿐 다른 사람의 취향에 별로 관심 없는 나였다. 그래서 다른 사람의 마음을 꿰뚫어 볼 감각이 내겐 없었다. 그나마 내가 할 수 있는 게 뭘까? 고민 끝에 친구들에게 동료들에게 도면을 들고 가서 시시콜콜 물어보기 시작했다.

"이런 펜션 있으면 너라면 가겠니? 4시간 운전하고도 가겠니? 왜 안 가니? 어떻게 바뀌면 가겠니?"

그렇게 묻고 또 묻다가 한 가지 중요한 사실을 깨달았다. 무언가를 좋아하고 싫어하는 것에 관해서는 세대 차이가 매우 크다는 것이었다. '강원도 산골 속 풀빌라'라는 콘셉트에 반대하는 목소리는 대개 50세를 넘긴 기성세대의 의견이었다. 뭔가 익숙하지 않은 것에 대해 거부감을 느끼고, 새로운 시도에 회의적이고, 현실과 타협하는 세대의 의견이니 신중한 피드백이 많을 수밖에 없었다.

20대 또는 30대 초반에게 '산속 풀빌라' 조감도를 보여 주면 대부분 "와아, 외국 같아요."라고 밝은 표정으로 좋아했다. 산골에 이런 큰 수영장이 있다는 데 대한 거부감도 없었다. 그도 그럴 것이 '반얀트리' 같은 동남아 럭셔리 풀빌라는 산속에도 종종 있었다. 이런 이미지를 자주 본 젊은 세대에게 산속 풀빌라는 이상할 게 아무것도 없었다. 오히려 산속이라고 통나무 펜션이 어울린다는 생각 자체가 고루한 것이었다.

결론은 20대 여성이다

과연 누가 좋아하는 펜션을 만들어야 하나? 결론은 20대 여성이었다. 일단 아버지는 기획 초반부터 커플형 펜션을 택했다. 연애를 하는 젊은 커플을 유혹해야 하고 남녀 중 결정은 주로 여자가 한다. 이들은 비싸도 만족도가 높은 럭셔리 펜션을 선호한다. '그냥 잠만 자는 건 똑같은데 왜 군이 비싼 데서 자? 뭐? 하루 숙박비가 10만 원이 넘는다고? 난 그런 데서 안 자.'라고 생각하는 50대 이상 남성들은 우리 펜션과 어차피 관련 없는 사람들이다.

20대 여성들에게 주로 의견을 묻다 보니 전엔 상상도 못했던 문제 제기도 맞닥뜨렸다. 풀이 너무 커서 '프라이빗하지 않다'는 지적이었다. 동남아 풀빌라처럼 나만 쓰는 개인 풀을 원한다는 의견이 꽤 나왔다. 나는 어설픈 포토샵 실력으로 기존 조감도를 개별 풀 스타일로 수정해 봤다. 해외 풀장 사진을 수백 장 모은 뒤 분석을 거듭한 결과 가장 예쁘게 보이는 하얀 풀을 그려 넣은 것이다. 그리고 20대 여성들에게 기존 초대형 풀 조감도와 하얀 개별 풀 조감도를 보여 주고 둘 중 하나를 골라 달라고 했다.

투표 결과는 6:4 정도로 기존 초대형 풀 콘셉트에 대한 선호도가 높

개별 풀 방식으로 할지, 초대형 풀 방식으로 할지 고민했던 흔적

았다. 20대 여성들은 개별 풀을 확실히 더 선호하지만 이렇게 개방돼 있고 서로가 서로를 볼 수 있는 개별 풀이라면 별 의미 없다는 의견이 좀 더 많았다. 진정한 개별 풀 풀빌라를 지으려면 펜션 동을 더 떨어뜨려 놓고 아예 담을 쳐야 해서 더 넓은 땅이 필요했다. 결국 기존의 초대형 풀 콘셉트로 가기로 최종 결정했다.

어설픈 포토샵 실력으로 개별 풀 조감도를 그려 본 것은 결국 부질없는 짓이었지만 그 과정에서 많은 걸 배웠다. 20대 여성의 섬세한 기호에 대해 그나마 이해의 폭을 넓힐 수 있는 기회였다. 이때의 경험 이후 나는 펜션 관련한 모든 의사결정이 필요할 때마다 20대 또는 30대 초반의 여성들에게 다짜고짜 묻는 습관이 생겼다. 출입처에서 만나는 여자 기자들, 여자 직원들, 우리 회사 여자 동료들, 대학 때 여자 동기와 후배들, 그리고 여동생인 지연이, 수연이에게 수시로 물었다.

백화점 명품관 앞에서 찾은 실마리

사회부 시절, 나는 명품 백을 사려다 사채업자에 시달린 여대생, 명품백 욕심에 범죄까지 저지른 사기범 등을 취재하면서 명품 백에 대한 부정적인 시선을 갖게 됐다. '왜 저런 사치품에 목을 맬까'라는 생각에 백화점 명품관 앞을 지날 때면 나도 모르게 눈살을 찌푸렸다. 명품 백을 좋아하는 심리를 이해하기 어려웠고 그냥 '허영심' 정도로 치부했다.

그런데 펜션 때문에 20대 여성의 취향을 물으면 물을수록 나름 명품 백을 선호하는 여성들에게도 그들만의 세계와 사고 체계와 철학이 있다는 걸 알게 되었다. 친구들이 들고 다니는 명품 백에서 느끼는 질투심, 남자 친구와 멋진 여행지에 올리는 SNS 사진 한 장의 소중함이

드위트리 스토리

여성들의 삶에 있어 얼마나 큰 의미인지 서서히 이해하게 됐다. 삐뚤어진 시선으로만 보던 그 여성들의 마음속에 들어가 보는 연습을 해봤다. 그 명품 백을 들고 우리 아버지가 지은 펜션에도 놀러 오면 좋겠다는 생각으로.

그러던 어느 날 한 백화점 기자실로 향하다 백화점 명품관을 지나쳤는데, 평소와 크게 달라진 내 모습을 발견했다. 에르메스 백을 가만히 보고 있노라니 미세하게 내 심장이 뛰는 것이 아닌가. 1년에 많이도 못 만드는 한정품이어서 중고품인데도 값이 더 비싸다는 핸드백이었다. '사람들을 홀리는 사치품'으로만 보다가 그 속에 섬세한 감각과 품격을 느낀 것이다. '아하, 이렇게 나도 심장이 살짝 뛰는데 여성들은 이걸 들면 얼마나 심장이 뛸까. 그래서 빚을 내서라도 명품 백을 그렇게 갖고 싶어 하는구나.'라는 생각이 들었다.

백화점 명품관 앞에서 명품을 소비하는 여성들과 짧은 순간이나마 '공감'을 한 것이다. 그 뒤부터 나는 공감이라는 코드에 집중했고, 특히 심장이라는 신체 부위에 관심 갖게 됐다. SBS에서 카드뉴스 등 뉴미디어 콘텐츠를 만들 때에도 '보는 사람의 심장은 어떻게 뛰게 될까?'를 생각하며 만들었다. 나로서는 실로 짧은 순간이었지만 크나큰 변화였다. 세상 보는 관점의 궤도가 움직인 것이다.

다른 사람의 말에 몰입해서 듣고 또 들으면 그 사람의 마음을 내가 짐작할 수 있다. 그런 공감에 이르는 과정이 얼마나 중요한 것인지 그때는 알지 못했다. 그리고 그것을 훌륭한 학자들이나 성공한 사람들이 '경청의 힘' 또는 '공감의 힘'이라고 부르며 연구하고 책으로도 낸다는 사실을 나중에 알게 됐다.

<피드백 잘 얻는 4대 요령>

1) 감정을 거두고 물어보라

가장 중요한 건 물어보는 사람의 감정이다. 예컨대 치킨집 사장이 개업 전에 친구들 불러 모아서 자신이 개발한 치킨 메뉴에 대해 각별한 애정을 표시한 뒤 시식을 하게 하면 하나마나 한 피드백만 얻기 십상이다. 그동안 어떤 노력을 했는지도 말해선 안 되고, 마치 남의 얘기 하듯이 물어봐야 한다. 약간 자신 없는 듯이 부정적인 뉘앙스를 풍기면서 물어보면 더 좋다.

2) 정확한 그 분야 전문가를 찾아가라

평소에 훈수 두기 좋아하는 사람들이 있다. 특히 남에 대해 흥분하며 지적하길 즐기는 사람들이 있는데 이런 사람들은 자신의 감정에 휩쓸리며 과도한 지적을 할 우려가 있다. 따라서 그쪽 분야에 경험이 많은 전문가를 찾아가야 한다. 전문가는 과도한 지적이 어떤 안 좋은 결과를 낳을 수 있는지를 알기 때문에 적절한 지적을 해 준다.

3) 사장님이 아닌 소비자 입장의 대답을 들어라

"이거 팔면 잘 팔릴 것 같아?"라고 물어보는 건 좋지 않다. 설문 응답자를 사장님 마인드로 세팅시키고 물어보는 것이다. 그래서 사장 경험이 많은 사람이 아니라면 어설프고 잘못된 판단을 내릴 가능성이 크다. 이보다는 "이거 너라면 사겠어?"라며 상대방을 소비자로 세팅하고 질문하는 게 좋다. "안 살 것 같아."라고 부정적인 피드백을 받으면 이유를 물어보면서 보완해야 한다.

4) 격한 반응만 1표로 카운팅 하라

당신의 친구가 새로운 뭔가를 기획하고 있고 당신이 그걸 들어준다고 가정하자. 얼굴이 시뻘겋게 달아오르며 설명하는 친구의 새 기획안 또는 사업안을 듣기 전에 일단 부담부터 느낄 것이다. 친구가 얼마나 큰 애정을 담고 해 왔는지 느껴질수록 그 부담감은 더 커진다. 설명이 끝날 무렵 친구가 두 눈을 반짝이며 나에게 묻는다. "어때? 성공할 것 같아? 어떠냐고?" 이쯤 되면 선택지가 별로 없다. 반응은 두 가지 뿐이다. 긍정적 반응이거나 격한 반응이거나.

"음… 꽤 좋은데?", "괜찮은 아이디어다… 한번 잘 해 봐." 정도의 긍정적 반응은 사실 그닥 별로라는 의사 표현이거나 잘 모르겠다는 뜻인 경우가 태반이다. 정말 그 아이디어가 좋다고 느낀다면 "우와, 우와", "대박", "진짜야 이거?", "너 천재 아냐?", "나도 같이 좀 하면 안돼?", "하아, 이거 너무너무 좋다.", "완전 감동이야." 정도의 반응이 나와야 한다.

이때 반드시 봐야 할 것이 신체 또는 제스처의 변화다. 비언어적 커뮤니케이션 단서(nonverbal communication clue)라는 말로도 학계에서 연구하기도 하는데, 쉽게 말하면 눈 깜빡임, 얼굴 표정, 팔 다리 등의 몸짓, 다가서는 자세 등이다. 이런 신체적 변화까지 동반한 반응이 나온다면 확실히 격한 반응이다.

소개팅할 때 마음에 드는 이성을 만난 순간을 생각해 보라. 내 마음이 '심쿵' 하고 움직이면, 자신도 모르게 머리를 넘기거나 평소답지 않게 상기돼 있다거나, 손짓 발짓 등 표현이 약간 들떠 있는 등의 신체 반응이 나온다. 요컨대 당신의 아이디어가 정말 정말 좋다면 마음에 드는 이성을 처음 본 순간 두근거리는 것과 같은 반응이 청자로부터 나와야 한다.

연필 하나로 구축한 차별화 전략

아버지의 손은 평생 고소장을 쓰신 손이지 그림을 그리는 손이 아니었다. 하지만 펜션에 집안 운명이 걸린 이후 아버지는 소파에 걸터앉아 연필로 도면 그리는 게 일상이 됐다. 처음엔 서툴게 그리시더니 갈수록 실력이 늘어 선이나 곡선을 꽤나 능숙하게 그리셨다.

연필로 그렸다 지웠다를 반복하다 더 효율적인 방법도 찾으셨다. 색종이를 오려서 하나의 요소로 활용한 것이다. 색종이를 조금씩 움직여 가면서 최적의 배치를 찾으셨다.

당시 설계사는 펜션을 전문적으로 해 온 설계사가 아니었기 때문에, 우리 가족이 펜션 내부 구조와 디자인을 직접 해야 했다. 그래서 아버지는 직접 평면도를 그리셨다. 조금씩 구조를 달리 해 보면서 나를 비롯한 가족들에게 괜찮은지 물어보셨고 계속 수정하셨다.

펜션 출입구부터 맨 끝의 테라스까지 하나하나 가족들이 모여 의사결정을 해 나가는 과정은 쉽지 않았다. 정해진 공간에서 어떻게 요소와 요소를 배치하고 꾸미느냐에 따라 소비자의 만족도 결과는 크게 달라진다는 걸 잘 알고 있었기에 정말 열심히 토론했다.

아버지의 승부수

아버지는 일전에 펜션 건축 상담을 받으면서 당시 펜션 업계에선 천정이 2층 높이인 복층 구조가 유행한다는 사실을 알고 계셨다. 1층에는 주방과 거실이 있고 계단을 타고 올라가면 같은 천장을 공유하는 2층이 나오고 거기엔 침대가 있는 구조가 가장 흔했다. 이렇게 하면 층고가 높아 내부가 격조 있고, 입체미가 살아나 일반적인 가정집과는 매우 다른 느낌을 준다.

아버지는 층고는 1.5층 정도로 높지만 층을 달리하진 않고 1미터 가

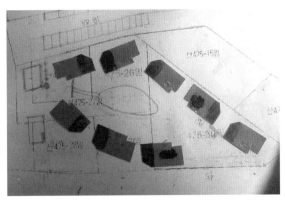

색종이를 옮겨 가며 만든
아버지의 도면

일반적인 복층 구조
출처: the Saint Germain
DES Pres Loft in Duplex

미니 복층 구조

량만 높게 별도 층을 살짝 올리는 이른바 '미니 복층' 구조를 도입하기로 결정했다. 농어촌민박법상 민박으로 허가를 받아야만 펜션 영업을할 수 있는데, 사업자당 230㎡ 이하여야 한다는 면적 제한이 있다. 2층 복층으로 지을 경우 천정이 높긴 하나 바닥 면적은 좁을 우려가 있었다. 그래서 면적 제한 요건을 지키면서 최대한 내부를 넓고 고급스러워 보이게 할 방법을 찾다 미니 복층이 가장 넓고 쾌적해 보인다는결론을 얻었다.

　그런데 내게 아이디어가 떠올랐다. 당시 펜션에 놓을 가구를 알아보다 '럭셔리'해 보이는 가구가 너무 비싸 고민 중이었는데, 기왕이면위층과 아래층을 연결하는 계단을 변형해 소파로 만들면 어떻겠냐는 아이디어였다. 계단의 일부를 큼지막하게 만들고, 매트와 소파를 중간 층에 배치하면 소파가 된다. 사실 들어간 돈은 적지만 왠지 고급스러운 인테리어가 연출될 것만 같았다. 처음엔 반신반의하던 아버지는 돈을 아낄 수 있다는 나의 말에 설득돼 바로 그 아이디어를 도면에 적용하셨다.

펜션 관련 가장 핫한 검색어는 단연 '스파 펜션'이었다. 최근엔 흔해졌지만 2011년 당시만 해도 펜션 업계에서 미국산 제트 스파를 설치하는 게 붐이었다. 제트 스파는 어른 두 명 이상이 들어가는 대형 욕조에 물속에서 공기 방울이 나오는 월풀(whirlpool) 기능이 추가돼 야외에서도 쓸 수 있는 장비다. 또 당시 일본의 료칸 여행이 유명해지면서 노천온천을 모방한 노천탕을 갖춘 펜션도 조금씩 늘고 있었다. 둘 중 어느 게 좋을까?

당시 스파 펜션이 워낙 많았다. 차별화하기 위해 우리는 노천탕을 택했다. 다소 고급 재질인 현무암으로 펜션 동 끝 테라스에 '프라이빗 노천탕'을 만들기로 했다. 그런데 노천탕만 있을 경우 '요즘 웬만한 모텔에도 다 있는 월풀 기능을 좋아하는 고객은 우리 펜션에 안 오지 않을까?'라는 걱정이 들었다. 그래서 2인이 겨우 들어가는 월풀 욕조를 따로 내부에 두기로 했다. 겨울에 밖이 너무 추워 노천욕을 할 엄두가 나지 않는 고객들을 위해서라도 내부에 월풀 욕조가 필요했다.

변기 위치 정하는 데 한 달 넘게 씨름한 사연

내부 도면을 그리면서 아버지가 가장 고심한 부분이 화장실과 욕조 위치다. 맨 처음 아버지가 그린 도면은 실내 월풀 욕조와 변기가 함께 있는 한 개의 화장실을 두는 구조였다. 나와 여동생들은 당장 반기를 들었다.

"요즘 동네 모텔도 변기와 욕조는 분리해 둔다고요. 요즘은 남녀가 같이 목욕을 하곤 하는데, 목욕 도중 용변이 급하면 어떡해요. 그래서 분리돼 있는 게 당연해요."

하지만 아버지는 그런 요즘 사람들의 욕실 생활에 대해 이해하기 힘드셨나 보다.

"아니, 모든 가정집 화장실에 다 변기랑 욕조가 같이 있는데 펜션도 그렇게 하면 되는 것 아니냐. 아무리 신식이라지만 남녀가 같이 목욕하고 그런 특이한 커플이 얼마나 되겠니?"

"아니에요. 아빠가 몰라서 그래요. 요즘 다들 그렇게 연애해요."

가족 간에 평생 해 본 적 없는 남사스러운 주제로 토론을 이어 갔다. 얼굴 붉히며 갑론을박한 끝에 아버지께서는 변기만 별도로 있는 칸을 하나 더 만들겠다는 아이디어도 내셨다. 커플형 펜션이라 변기가 두 개까지 필요 없다는 주장과 일가족이 왔을 때 아침에 변기가 부족한 일을 막기 위해서라도 변기는 두 개가 필요하다는 주장이 팽팽히 맞섰다. 변기 개수도 변수였지만, 월풀 욕조의 사이즈도 생각보다 커서 같은 칸에 욕조와 변기를 함께 배치하는 게 쉽지 않았다.

화장실과 욕실과 변기용 별도 칸과 샤워용 별도 칸을 수도 없이 도면을 그리고 지우고를 반복했다. 결론적으로는 변기와 샤워기를 합쳐 화장실 한 개를 만들고 월풀 욕조를 화장실 밖에 별도로 두는 안(案)으로 결정됐다. 그렇게 결정하기까지 한 달 이상이 걸렸던 것 같다. 현관부터 노천탕 테라스까지 시야가 뻥 뚫린 넓은 구조를 가져가기 위해 별도 변기 칸은 없애기로 했다.

농어촌 민박으로 허가를 받기 위해선 면적에 제한이 있었기 때문에 냉장고 하나, 에어컨 하나의 위치까지 이리 옮겨 보고 저리 옮겨 보며 고민을 많이 해야 했다. 아버지의 연필이 닳고 닳을수록 펜션의 구조는 점점 자리가 잡혔고 정리가 되었다.

아버지가 연필로 하신 것은 요즘 말로 '시뮬레이션'이다. 즉 실제로 짓기 전에 미리 해 보는 경험이다. 당연한 말이긴 하나 시뮬레이션을 하면 할수록 완성도 높은 작품이 나온다. 사람들이 드위트리 펜션에 와서 내부가 예쁘다고 칭찬할 때마다 그때 아버지가 공들여 하신 '연필과 지우개 시뮬레이션'의 과정이 새록새록 떠오른다. 노력은 절대 배신하지 않고 시뮬레이션도 절대 배신하지 않는다는 걸 몸소 가르쳐 주셨다.

힘든 작업이었지만 아버지는 어찌 보면 즐거워 보이셨다. 워낙 운동 좋아하고 활동적인 분이셔서 이렇게 지긋이 앉아 오래 일하시는 모습을 난 평소 본 적이 없다. 종종 꿈에서도 도면을 그렸다고 말씀하

아버지는 저 자세로 4~5시간을 꿈쩍 않고 도면을 그리신 적도 있었다.

셨다. 남의 집 도면이었으면 아무리 돈을 많이 줘도 못하셨을 분이다.

아버지는 도면과 사랑에 빠지신 것 같았다. 환갑 넘어 평생 처음 내 힘

으로 지어 보는 집과 사랑에 빠지신 것이다.

CHAPTER · 7

아웃소싱

직접 할까
전문가에게 맡길까

뜨거운 2011년 여름을 '펜션 사업 구상'으로 보내고, 그해 가을 본격적인 공사에 들어갈 참이었다. 아버지는 친척 중 건축업을 하신 분을 찾아 그분께 공사를 맡길 생각이었다. 그 아저씨도 환갑을 넘긴 나이에 마지막으로 멋진 펜션을 지어 보겠다는 각오로 아버지와 열심히 공사 준비를 하셨다.

그런데 난데없이 비보가 전해졌다. 아저씨가 갑자기 심혈관 질환으로 쓰러지셨다는 것이었다. 병문안을 다녀오신 아버지 얼굴은 어두우셨다. 갑자기 건강이 악화돼 펜션 공사를 맡기 힘들겠다는 통보를 받고 오시는 길이었다.

아버지는 "새로 공사할 사람을 찾아봐야겠어."라고 말씀하셨지만 강원도 깊은 산골까지 와서 공사를 하겠다는 사람 찾기가 얼마나 힘든지 당신이 더 잘 알고 계셨다. 정선에선 믿고 맡길 건축업체를 찾기 쉽지 않았고, 서울에 있는 건축업자들은 정선까지 가서 공사하기를 꺼렸다.

당장 그해(2011년) 가을에 공사를 시작해야 내년 봄에는 공사를 마무리하고 다음 해(2012년) 여름에 오픈할 수 있는 상황이었다. 펜션은 사실상 성수기 장사라고 할 만큼 여름 의존도가 크다. 자칫 공사가 지연돼 여름 장사를 놓칠 경우 펜션 공사를 위해 최대한 끌어모은 대출금의 이자 내기도 버거워질 우려가 있었다. 우리에겐 시간이 없었다. 더 이상 지체할 수 없다고 판단한 아버지는 승부수를 던졌다.

"지을 사람 없으면 그냥 내가 짓지 뭐."

난 그때 '직영공사(直營工事)'라는 말을 처음 알게 됐다. 아버지는 직영공사를 하기로 결심하셨다. 정선에 직접 가서서 현지에서 근로자를 모아서 직접 공사를 진두지휘하시겠다는 것이었다. 잘할 수 있다고 호언장담하셨지만 가족 모두 걱정이 이만저만이 아니었다. '집 한 채 짓다 수명 단축된다'는 속설이 있는데 아버지가 지어야 할 건물은 작긴 하지만 무려 9채였다.

아버지와 어머니는 정선의 펜션 부지 근처 작은 빌라로 거처를 옮겼다. 그리고는 건축업 경험이 있는 정선 토착민 한 분을 간신히 찾아 현장 소장으로 임명하셨다. 펜션 건축은 해 본 적 없지만 강원랜드 건물 공사를 해 본 적이 있는 분이었다.

그때부터 아버지는 현장 소장에게 하나하나 배워 가면서 직접 공사를 하셨다. 터파기를 하기 위해 포크레인 기사를 불렀고, 석축(石築)을

직접 공사 현장을
진두지휘하신 아버지

공사 현장을 둘러보며
늘 꼼꼼하게 챙기신 어머니

쌓기 위해 돌 파는 업체에 직접 전화를 돌리셨다. 시멘트 부을 틀을 짜기 위해 목수들을 직접 불러 일을 시키셨고, 시멘트 공장에 전화해 레미콘을 필요한 만큼 주문하셨다.

　어머니는 작업자들의 식사와 간식을 손수 준비하셨다. 매일 20명 전후의 식사를 준비한다는 건 보통 일이 아니었다. 물자 공수도 어머니 몫이었다. 못, 망치, 펜치 등 장비가 떨어지면 어머니는 사북읍 또는 민둥산역 근처에 있는 철물점에 다녀오셨다. 작은 장비, 작은 부품 하나만 없어도 공사에 차질이 빚어졌기 때문에 늘 부족한 것이 없나 살피셔야 했다.

아버지와 어머니는 늘 초긴장 상태였다. 현장은 늘 예상 못한 변수가 튀어나왔다. 우측으로 휜 곡면의 벽을 지어야 하는데, 작업자가 실수로 좌측으로 휜 곡면을 만든 것을 어머니가 우연히 발견해 벽을 무너뜨리고 다시 지은 일도 있었다. 근로자가 급한 일로 못 오면 인력 사무소에 전화해 다른 사람을 찾아야 했다.

의사결정 과정도 순탄치 않았다. 아버지도 전문가가 아니었고 현장 소장도 최종 결정권자가 아니다 보니 현장에서는 어떻게 짓는 것이 가장 효율적인지를 놓고 작업자들끼리 격한 갑론을박이 벌어지기도 했다.

무엇보다 예산이 충분치 않다는 점이 공사를 더욱 어렵게 했다. 아버지는 짓다 보니 창문 수가 너무 많아서 예상한 비용을 크게 초과한다는 걸 아시고는 창문 수를 줄였다. 곡면으로 설계된 부분이 많아 공사가 지연되는 원인이라는 걸 아시고는 곡선 설계를 최대한 직선으로 바꾸셨다. 모든 것이 임기응변이었다. 그렇게 도면이 또 바뀌었다는 소식을 들을 때마다 나는 너무 조마조마했다.

강원랜드 근처라는 특수성도 있었다. 서울에서 올라온 목수 한 분은 저녁에 구경삼아 강원랜드에 들렀다가 큰돈을 잃고 말았다. 밤새 카지노에 있다 이른 새벽 공사장으로 돌아와 일하는 둥 마는 둥 하는 바람에 공사가 지연됐다. 우여곡절 끝에 그 목수의 부인과 자식이 현장까지 찾아와 지갑과 카드를 모두 수거해 간 뒤에서야 목수 아저씨는 다시 열심히 일하셨다.

주말마다 찾아갔던 나는 아버지의 무용담과 어머니의 하소연을 듣느라 바빴다. 외딴 산골 공사장에서 부모님이 겪은 일을 듣는 것만으로도 난 가슴 졸였는데, 직접 겪은 부모님은 얼마나 조마조마한 하루 하루를 보냈을까.

그때 나를 놀라게 한 건 매주 주말 부모님의 달라진 모습이었다. 처음엔 '과연 내가 공사를 잘 할 수 있을까.'라며 주저하던 모습은 점점 사라졌고, 갈수록 자신감에 찬 모습이었다. 아버지는 공사판 은어와 속어를 자유자재로 구사하며 인력들을 진두지휘하셨다. 체력이 좋지 않아 집안일도 힘들어 하시던 어머니는 정선에 가신 뒤 젊은이 못잖은 체력을 보이며 완전히 다른 사람이 되어 있으셨다. 처음엔 힘들어 하셨지만 이내 공사장 구석구석을 챙기셨고, 어려움이 있는 인부들을 달래는 살림꾼 역할을 톡톡히 하셨다.

험한 공사판 일에 금세 적응해 현장을 장악하는 아버지와 꼼꼼하게 다 챙기시는 어머니 모습은 내게 적잖은 충격이었다. 그런 부모님의 모습은 아들인 내게 중요한 생각 하나를 확실히 심어 줬다.

'환갑 넘은 부모님께서도 저 험한 공사판 일을 배워서 다 하시는데, 젊은 내가 대체 못할 게 뭐가 있단 말인가. 열심히 배우면 다 할 수 있다.'

서툴지만 직접 포크레인을
몰기도 하셨던 아버지

그 후 예전엔 배울 엄두를 못 내던 어려운 일도 일단 배워 봤다. 사실 펜션 지을 돈이 부족해 내가 배워 직접 하지 않으면 방법이 없는 경우가 많았다. 덕분에 많은 걸 배울 수 있었다. 그리고 '계속 배우다 보면 언젠가는 내 것이 된다'는 생각이 뇌리에 박혔다.

<내가 배워서 할까, 전문가에게 맡길까?>

드위트리 펜션부터 스브스뉴스까지 경험하면서 나도 많은 것을 배웠고, 또 후배나 인턴들에게 많은 걸 가르쳐 줬다. 그러면서 학습 능력과 학습 노하우가 모든 사업의 비용과 직결된다는 걸 알게 됐다. 쉽게 말해 '배워서 직접 하면 비용이 크게 줄어든다'는 것이다. '직원을 잘 학습시키면 이후 아웃소싱 비용이 획기적으로 준다'는 것도 같은 이치다. 하지만 배움에는 항상 비용과 시간이 든다. 시행착오 과정에서 보이지 않는 손실도 생긴다.

그렇다면 내가 배워서 싸게 해 버리는 게 나을까, 좀 비싸도 전문가에게 맡기는 게 나을까?

Adobe Premiere Pro CC

무료로 제공되는 동영상 편집 프로그램

내가 선택한 답은 '전문가에게 맡길 수 있을 만큼은 배워야 한다'는 것이다. 세부적인 것까지 모조리 배워서 다 할 필요는 없다. 다만 전문가와 협업하고 제대로 커뮤니케이션할 수 있을 만큼은 배워야 한다.

이건희 회장 등 기업가의 성공 신화를 보면 직접 제품을 뜯어보고 부품 하나하나의 기능을 다 이해하려고 노력했다는 일화가 적지 않다. 이렇게 사장 또는 기획자가 배우려고 하고 작은 것까지 챙기기 시작하면 전문가가 그를 무시할 수 없다. 전문가와 동등하게 대화하며 협업을 할 때 최고의 성과를 낼 수 있다.

스브스뉴스팀에서 카드뉴스를 만들 때도 마찬가지였다. 디자이너만큼은 못해도 웬만한 디자인은 스스로 해 보겠다는 자세로 배우려는 직원과 디자인은 원래 디자이너가 하는 거니 나는 글이나 잘 써야지 하고 생각하는 직원이 있다고 하자. 디자이너가 "이건 급해서 못 해 드려요."라고 얘기할 때 전자의 경우 "이 기능 써서 하면 되지 않나요? 정 어려우시다면 제가 직접 할게요."라고 말하고, 후자의 경우는 "언제 해 주실 수 있어요?"라며 계속 기다리고 있을 것이다. 시간이 지나면 두 직원의 격차가 어찌될지는 불 보듯 뻔하다.

조금 더 욕심을 낸다면 '커뮤니케이션'과 관련된 기술과 노하우는 최대한 스스로 배워 자신의 것으로 만드는 게 좋다. 예컨대 영상 편집도 커뮤니케이션의 일종이다. 2018년 초 스브스뉴스팀에 제작 과정상 일대 혁신이 일어난다. 기존의 카드뉴스 포맷이 아닌 영상 포맷을 기본 제작 방식으로 완전히 전환한 것이다. 영상 편집 전문가를 더 고용하는 방안과 에디터와 인턴들에게 영상 편집을 가르쳐 직접 하게 하는 방안을 논의하다 후자를 택했다.

우리 에디터들 역량을 믿었다. 결과는 예상을 뛰어넘었다. 영상 편집을 단 한 번도 해 본 적 없는 에디터도 한두 달 고생한 뒤엔 영상 편집을 웬만큼 하게 됐다. 편집을 하다 보니 영상으로 커뮤니케이션하는 능력 자체가 자기도 모르게 개발돼 구성안이 훨씬 영상 친화적으로 업그레이드됐다. 글 자체를 위한 글쓰기에 최적화된 에디터가 방송 작가 못잖은 영상 구성 실력까지 갖추며 자신의 '본원 경쟁력'을 향상시킨 것이다.

영상 촬영과 편집 기술은 요즘 같은 영상 시대에는 누구나 배워야 하는 커뮤니케이션 기술이라고 생각한다. 누군가에게 내 아이디어와 생각을 전달하는 커뮤니케이션의 기술은 다른 전문가에게 맡길 때 비용도 클 뿐 아니라 자신이 원하는 대로 잘 안 나온다. 컴퓨터 프로그램 또는 데이터베이스를 다루는 코딩도 누구나 꼭 배워야 하는 커뮤니케이션 기술이라고 생각한다.

돈이 없어 배운
3D 도면 그리기

펜션 골조가 만들어졌고, 살을 붙이는 작업이 진행되자 내 마음도 급해졌다. 골조는 비전문가인 부모님이 겨우 지었다고 해도 인테리어만큼은 제대로 잘해야 한다는 생각에 인테리어업자를 알아봤다.

대학 동아리 선배의 소개로 한 인테리어업체 사장을 만났다. 지인 소개를 받아서인지 그 사장님은 마진을 최소화하고 인테리어를 해 주겠다고 하셨다. 하지만 견적을 받아 봤을 때 생각보다 비쌌다. 아무래도 인테리어 팀이 함께 정선에서 숙식을 하면서 공사를 해야 하니 부대 비용이 많이 들 수밖에 없었다.

'그래, 부모님도 직접 공사하시는데, 나라고 인테리어 직접 못하라는 법 없잖아.'

부모님이 그랬듯, 나도 그냥 인테리어를 직접 하기로 했다. 사실 부모님이 인테리어도 직접 하려고 하셨는데 내가 극구 말렸다. 펜션은 젊은이들을 사로잡아야 하는 장사이므로 젊은 내가 인테리어를 하는 게 그나마 나을 것 같았다.

회사 업무를 마치고 퇴근하면 곧바로 인테리어 관련 정보를 모으기 위해 인터넷 검색하는 데 대부분의 시간을 할애했다. 기자 업무는 매우 바빴는데 근무시간 중 내게 유일하게 허락된 시간은 점심시간이었다. 점심은 샌드위치 등으로 때우고 인테리어 업체에 전화를 돌렸다. 휴가는 목공소, 싱크대 업체, 내장재 도매상, 동대문시장 등을 쏘다니는 데 다 썼다. 긴장이 풀어지면 펜션 인테리어가 엉망이 될 거란 생각에 초긴장 상태에서 쉴 틈 없이 움직였다.

인테리어는 쉽지 않았다. 어떤 바닥재를 고를지, 벽은 어떻게 할지, 가구는 어떤 모양으로 배치할지, 조명은 어떻게 설치할지 등 고민해야 할 게 너무나도 많았다. '비전문가인 내가 자칫 잘못 판단하면 어쩌지?'라는 걱정이 들었다. 고민 끝에 사람들에게 최대한 많이 물어보면서 헤쳐 가기로 했다. 내가 감각이 떨어지므로 감각 좋은 사람에게 물어보면서 의사 결정을 해 나가는 수밖에 없었다.

직접 만든 3D 도면의 놀라운 효과

그런데 제대로 물어보는 것 자체가 너무 힘들었다. 예컨대 다양한 여러 가지 바닥재를 보여 주고 전문가에게 골라 달라고 한들 우리 펜션에 딱 맞는 바닥재를 골라 준다는 건 펜션에 직접 가보지 않는 한 어려운 일이다. 아무리 비싸고 좋은 자재를 고른다 한들 여러 요소 간 조화가 절묘하게 잘 맞지 않으면 도로아미타불이 된다. 아무리 좋은 음식 재료라도 조화가 맞지 않으면 맛이 엉망이 되는 것과 같은 이치다.

그때 우연히 '구글 스케치업(Google Sketchup)'이라는 3D 도면 그리는 프로그램에 대해 알게 됐다. 점, 선, 면을 하나씩 그린 뒤 그걸 잡아당겨 입체화하는 방식으로 3차원 입체 도면을 순식간에 그려 낼 수 있는 놀라운 프로그램이었다.

하루 두세 시간 씩 일주일 정도 연습하자 프로그램을 어느 정도 다룰 수 있게 됐다. 유튜브에 훌륭한 강의 영상이 많이 있었다. 국내 영상을 다 본 뒤 해외 영상도 좀 찾아보며 계속 따라 하다 보니 처음엔 복잡해 보이던 게 어느덧 익숙해졌다. 어느 정도 자신감이 생기자 아버지에게 펜션 설계도를 받아 천천히 입체화하며 그려 나갔다. 3차원의 펜션 건물이 완성되었을 때 정말 감개무량했다.

'내가 3차원 도면을 그렸다고? 이게 그렇게 어려운 게 아니었구나.'

아주 정밀하진 않지만 내가 자유자재로 3차원 도면을 그릴 수 있게 되자 이젠 전문가의 눈과 감각을 빌리기 한결 수월해졌다. 도면에서 바닥재와 타일만 바꿔 가면서 여러 버전으로 3차원 도면 사진을 뽑아낸 뒤 전문가에게 그 사진을 보내 가장 좋은 조합을 골라 달라고 부탁했다.

이렇게 일일이 3D 도면을 그린 뒤 가져가서 최상의 조합을 골라 달라고 하자, 전문가들도 나를 기특하게 여겨서인지 세심하게 신경 쓰며 조언을 해 주었다. 바닥재 파는 아저씨, 커튼 판매하는 아주머니, 타일 파는 청년 등도 도면을 보면서 마치 펜션 공사 현장에 온 것처럼 도면의 구석구석을 가리키며 세심한 조언을 해 주었다.

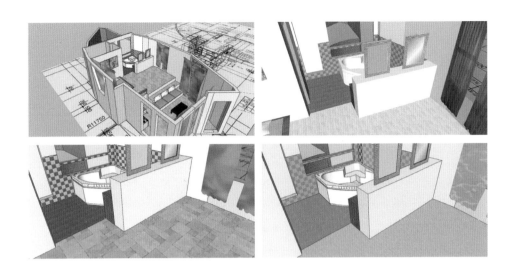

바닥재와 욕실 타일을 바꿔가면서 최상의 조합을 찾아본 3D 시뮬레이션

이런 식으로 펜션 여덟 동의 인테리어를 모두 각자 특색에 맞게 최적화할 수 있었다. 각 동의 콘셉트에 맞게 동마다 바닥재와 타일, 커튼의 조합을 차별화했다. 전문가들 덕분에 나 혼자서는 할 수 없는 수준의 디자인이 나왔다. 전혀 어울리지 않는 색 조합이라고 생각했던 것이 일단 합쳐 놓으니 아주 잘 맞는 걸 보고 감탄하곤 했다. 인테리어와 디자인에 대한 감이 좋지 않은 나도 여러 사람들의 도움 덕분에 인테리어를 그나마 성공적으로 할 수 있었다.

어찌 보면 내가 했던 건 인테리어라기보다는 '커뮤니케이션'이었던 것 같다. 나는 인테리어 잘하는 사람들이 정확히 판단할 수 있는 3D 도면을 열심히 그려 그것을 커뮤니케이션 수단으로 활용해 의견을 효과적으로 수렴했을 뿐이다.

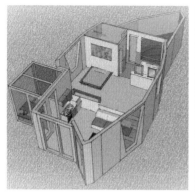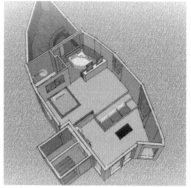

드위트리 펜션 홈페이지에 활용한 3D 도면

인테리어를 마친 뒤에도 열심히 그린 스케치업 3D 도면을 그냥 썩히긴 아까웠다. 그래서 홈페이지에 활용했다.

이렇게 인테리어 전문 업체 없이 혼자서 인테리어를 진행하다 보니 확실히 비용을 크게 줄일 수 있었다. 해외 사례를 연구하고, 잘하는 사람의 도움을 받으면 인테리어는 얼마든지 직접 할 수 있는 것이었다.

언젠가는 사람들도 나처럼 인테리어를 직접 하고 그 재미에 흠뻑 빠지는 시대가 올 것이라 짐작했다. 그리고 3~4년 뒤인 2016년 이후 셀프 인테리어가 그해 트렌드 키워드가 되고, TV프로그램에서도 셀프 인테리어를 다루는 시대가 왔다. 인테리어는 생각보다 어렵지 않고 진짜 재미있다는 걸 사람들도 알게 된 것이다.

어쩌다
수제 가구 디자이너

펜션에서 가구가 차지하는 비중은 얼마나 될까? 해외 유명 풀빌라의 인테리어를 분석하면서 한 가지 든 생각은 가구가 가장 어렵다는 것이다. 벽은 저당한 색의 페인트를 칠하고 바닥재는 약간 독특한 나무무늬를 고르면 된다. 즉 벽재나 바닥재는 실패할 게 별로 없다. 우리가 살면서 '아, 이 집은 벽과 바닥이 별로구나.'라고 느낀 적이 거의 없지 않은가.

그런데 가구는 자칫하다간 실패할 수 있다. 가구는 사람들이 예민하게 평가한다. 너무 평범하고 특색이 없으면 심심해서 가정집 같다고 느낀다. 그렇다고 지나치게 화려하면 더욱 분위기를 해칠 수 있다. 그래서 가구는 가장 어려웠다.

궁즉통, 없으면 만들면 된다

밤마다 인터넷에서 사진을 뒤지고 또 뒤지다 내 눈에 딱 맞는 가구를 찾았다. 그런데 죄다 외국 것이었다. 특히 한 협탁이 눈에 들어왔는데 고풍스런 디자인이 너무 마음에 들었다. '이걸 수입할까?'라고 망설였지만 상상을 초월하는 가격을 보고 바로 접었다.

그러나 그 가구만의 동양적이면서도 고급스런 특유의 아름다움을 포기하고 싶지 않았다. 국내에선 아무리 찾아도 없자 나는 직접 만들 궁리를 하기 시작했다. 협탁의 디자인적 요소를 활용해 나는 펜션 욕실에서 가장 중요한 '거울 세면대'를 만들어보고 싶었다.

고풍스런 탁자와 세면대 돌, 그리고 거울이라는 세 가지 요소를 합치면 어떤 게 나올까? 나는 구글 스케치업으로 가구를 디자인해 봤다. 펜션의 욕실에 놓기 딱 좋은 사이즈로 거울은 앞면과 뒷면 모두 부착해 욕실에서도 거실에서도 거울을 볼 수 있게 했다.

난생 처음 해 본 가구 디자인인데도 불구하고 생각보다 괜찮은 가구가 뚝딱 나오자 난 뛸 듯이 기뻤다. 펜션에 이보다 더 딱 맞는 가구는 없는 것 같았다. 어디서도 살 수 없는 나만의 가구, 나만의 작품이었다.

이제 이 세면대를 도면대로 만들어 줄 목수를 찾아야 했다. 우연히 인터넷 게시판에 일감을 찾는 목수가 올린 글을 발견하고 전화를 한 뒤 찾아가 봤다. 경기도 김포시의 한 허름한 가건물에서 그 목수를 만났다. 일하는 곳이 허름해서 왠지 믿음이 가지 않았다. 거울 세면대를 무려 16개(펜션 독채 8개 동에 2개씩)나 주문하려 한다고 하자 목수 아저씨는 그동안 만들었던 다양한 작품을 보여 주면서 믿고 맡겨 달라고

트위트리 스토리

우여곡절 끝에 내가 구글 스케치업으로 디자인한 '드위트리 펜션 세면대'(왼쪽)와 디자인한 그대로 나온 세면대(아래)

했다. 작업한 작품을 보니 안심이 되었다.

가구를 수제로 맡길 경우 가격은 협상하기 나름이다. 다행히 얘기가 잘돼 나무 재료 원가에 목수의 인건비(하루 20~25만 원)를 계산해 합리적인 가격으로 진행할 수 있었다. 목수 아저씨는 배송비는 자신이 선물로 내주겠다고 하셨다.

약 2주일 뒤 목수 아저씨가 손수 만든 세면대가 모습을 드러냈고, 난 탄성을 질렀다. 내가 3D로 디자인한 것과 동일하게 나왔다. 신기해서 보고 또 봤다. 그렇게 예쁠 수가 없었다. 그렇게 내가 생애 처음 디자인해 본 가구는 부모님 펜션에서 지금도 제 역할을 잘 하고 있다.

세면대도 디자인해 봤는데 다른 가구라고 못할쏘냐. 내친김에 침대

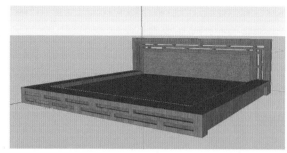

동남아 왕실 침대를 상상하며 디자인한 침대. 제작비가 비싸 결국 포기했다.

실제 제작된 난간과 침대

도 디자인을 해 봤다. 동남아 국가의 왕실에서나 볼 법한 동양적인 무늬가 새겨진 멋진 침대를 만들어 보고 싶었다. 이렇게 그려 보고 저렇게 그려 보면서 밤새도록 가구를 디자인한 날도 있었다. 어릴 때 미술 시간을 특히 좋아했는데 동심으로 돌아가는 기분이었다.

그런데 이 동남아 왕실스러운 침대 디자인을 목수 아저씨에게 보여 줬더니 저 무늬를 하나하나 파려면 제작이 너무 오래 걸려 인건비가 많이 들겠다고 하셨다. 그래서 할 수 없이 난이도 낮은 오리엔탈풍 침대 디자인으로 대체했다.

비슷한 방식으로 침대 바로 앞 난간도 내가 디자인을 하고 목수 아저씨가 똑같이 만들어 줬다. 정말 훌륭한 목수 아저씨를 만나 아직까지 가구는 약간 흠집만 났을 뿐 아주 잘 쓰고 있다. 무엇보다 나의 정성이 들어간 작품이어서 애착이 크다. 단 주방 가구는 수제 가구 전문업체에 맡겼다.

이렇게 해서 드위트리 펜션의 내부 모든 가구는 직접 나무를 깎아 만들어 세상에 오직 이곳에만 존재하는 고급 수제 가구로 채워지게 됐다. 덕분에 '내부 가구는 100% 고급 수제 가구'라는 문구를 광고나 홍보에 활용할 수 있었다.

세상은 '메이커의 시대'

3D 디자인은 펜션에만 활용된 것이 아니다. 작은 회의실을 빌려 실험적으로 시작한 스브스뉴스팀이 SBS 목동 사옥 19층 오피스로 이사 갈 때 3D 조감도를 직접 그렸다. 책상과 사물함 배치 방법을 설명하기 위해 그렸는데 15분 정도 걸렸던 것 같다. 사실 벽면과 기둥만 그리고, 책상 3D 디자인과 화분 3D 디자인을 스케치업 클라우드마켓에서 다운받아서 복붙(복사해서 붙여넣기)한 것에 불과했다. 그래도 이 간단한 도면 덕분에 이사가 더 수월했다. 이런 3D 디자인도 앞으로는 갈

스브스뉴스팀이 이사할 때 직접 그려 본 사무실 도면

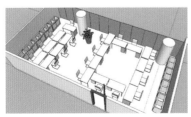 

수록 중요해지는 커뮤니케이션 능력이다.

　미국과 유럽은 지금 '메이커의 시대'가 도래했다며 들썩이고 있다. 일반인이 직접 로봇을 만들고, 놀이기구도 만들고, 태양광 자동차도 만든다. 초등학생도 유튜브와 온라인 커뮤니티를 뒤지면서 로봇을 직접 만드는 시대다. 3D 프린터의 발달 덕분에 앞으로는 간단한 조각 작품뿐 아니라 가구나 집까지 모두 개인이 직접 손쉽게 만들 수 있는 시대가 될 것이다.

　그래서 3D 디자인이 갈수록 중요해진다. 3D 프린터가 대중화된 메이커 시대를 한마디로 표현하면 '상상이 순식간에 현실이 되는 시대'이다. 3D 프린터의 등장이 산업혁명, 정보화 혁명을 잇는 또 다른 혁명으로 이해되는 이유다. 상상을 실물로 만들어 내는 건 사실상 자본과 공장을 갖춘 기업의 전유물이었지만, 개인도 값싸게 작은 공장을 갖게 된 셈이다. 어떤 물건을 상상하든 도화지 속에 머물지 않고 그대로 현실이 된다면 얼마나 대단한 혁명인가!

　산업구조도 대폭 달라질 전망이다. 예컨대 레고 같은 블록형 장난감을 만들어 주는 3D 프린터가 출시되면 앞선 사람들은 블록형 장난감 완제품을 사지 않고 플라스틱 재료만 산 뒤 3D 프린터로 출력할 것이다. 전자는 공장 임대료, 재료비, 운반비, 일반 경비, 유통 마진, 인건비, 광고비까지 포함돼 있지만, 후자는 재료비만 들어 훨씬 쌀 것이다. 그런 이유로 3D 프린터가 뜨면 그 분야 제조업의 지각변동이 예상된다. 반면 3D 프린터용 레고 3D 디자인을 웹에 올려 놓고 파는 사람은 전 세계 3D 프린터 유저들에게 디자인을 팔며 대박을 칠 수 있다. 3D 프린터로 출력할 3D 디자인에 대한 수요가 폭증할 것이다.

그렇기 때문에 3D 디자인툴을 쓰는 이들이 포토샵을 쓰는 이들만큼 많아질 날이 올 거라고 나는 생각한다. 그래서 3D 디자인을 배워 실생활에 적용하는 학습을 해 둘 것을 제안한다. 내가 펜션 때문에 배운 구글 스케치업이란 프로그램 정도만 배워 둬도 쓸모가 많을 것이다. 간단한 입체도형 만드는 데 1분도 안 걸리는 편리한 프로그램이다. 3D 그래픽 지식이 전혀 없어도 유튜브에서 하루 한 시간씩 일주일 정도만 배우면 기본적인 3D 디자인은 누구나 할 수 있다. 나는 스케치업으로 직접 디자인한 가구를 목수에게 맡겨 제작했지만, 머지않아 가구 만들어 주는 3D 프린터가 출시되면 스케치업으로 디자인한 가구를 직접 출력해 사용할 수도 있을지도 모르겠다.

  요컨대 메이커 시대엔 머릿속에 떠오른 생각을 컴퓨터에 옮겨서 복사(Ctrl+C)한 뒤 프린터로 붙여넣기(Ctrl+V) 하면 현실이 되는 것이다. 생각을 3D 형태로 컴퓨터에 옮기는 3D 디자인 커뮤니케이션 능력이 중요해질 수밖에 없다.

CHAPTER · 10

구매

발품은
배신하지 않는다

인테리어에서 커튼이 차지하는 비중은 얼마나 될까? 처음엔 벽지, 바닥재, 가구 등을 생각하기 바빠서 커튼은 제일 마지막에 적당한 것을 고르면 된다고 생각했다. 그런데 고급 인테리어 사례 사진을 자주 들여다보며 요소와 요소를 쪼개서 본 결과 커튼의 역할이 생각보다 매우 컸다. 벽면의 페인트가 아주 독특한 색깔이 아니라면 커튼이 가장 먼저 눈에 들어왔다.

다른 건 몰라도 커튼은 좋은 걸 해야 전체적인 인상이 확 산다는 생각이 들었다. 그래서 국내에서 커튼을 가장 잘 만드는 업체를 수소문해서, 서울 장충동에 있는 반얀트리 클럽앤스파에 커튼을 납품했다는 한 업체를 찾았다. 휴가까지 내서 업체 사무실을 찾아갔는데 깔끔하고 격조 있는 사무실 인테리어가 눈에 띄었다. 사무실이라는 말보다는 '디자이너들이 모인 아트 스페이스'라는 말이 더 어울리는 공간이었다.

상담을 해 주는 실장님도 손님을 상대하는 영업 직원의 모습이라기보다는 바쁜데 시간을 내 클라이언트와 상담을 하는 전문 예술인의 풍모가 느껴졌다. 커튼 한 폭을 위해 전문가들이 혼신을 기울인다는 설명을 들었다. 샘플 원단을 살펴봤는데 디테일이 아주 살아 있었다. 그래서 내심 쫄았다. 비쌀 것 같았다.

가장 마음에 드는 원단을 골라 얼마냐고 물었다. 가격을 당장 말씀드리기 곤란하다는 답이 돌아왔다. 아니, 커튼 사는데 왜 가격을 당장 못 듣는단 말인가. 전체적으로 얼마나 많은 양의 커튼이 설치될지, 어떤 디자인이 가장 적합할지 전문가들이 모여 회의를 거친 뒤 견적을 안내해 드리겠다고 했다.

며칠 뒤, 견적이 첨부된 이메일을 받고서야 그때 왜 상담 실장님이 가격이 얼마인지 말하지 않은 것인지 이유를 알게 됐다. 비쌌다. 우리가 원하는 최고급 실크 원단 디자인으로 하면 펜션 8동에 1억 2천만 원이 들고, 그것보다 한 단계 떨어지는 고급 원단으로 설치하면 8천만 원이 든다는 것이었다. 펜션 내부에 유리가 워낙 많아 커튼을 아주 많이 쓰는 건 맞지만 아무리 그래도 커튼 가격이 펜션 한 개 동 더 지을 수 있을 만큼 비쌀 것이라고는 전혀 예상하지 못했다.

8천만 원이 넘는 그 고급 커튼의 디자인이 너무 마음에 들었지만 포기할 수밖에 없었다. 펜션 내부를 멋지게 꾸미려면 살 것이 산더미처럼 쌓여 있는데 커튼부터 이렇게 속을 썩이니 가슴이 답답했다.

눈높이를 낮춘다 하더라도 커튼을 아주 싼 걸로 할 순 없었다. 그래서 LG하우시스 전시장을 찾아 다시 커튼 가격을 알아봤다. 고급스러워 보이는 것은 3~4천만 원, 보기에 별로인 것도 2천만 원은 넘는 견적이 나왔다.

고민 끝에 강남에선 도저히 답이 안 나온다고 판단했다. 한강을 건너 강북의 동대문시장을 찾았다. 예상대로 대부분 일반 가정집에 딱 어울릴만한 흔한 디자인의 커튼이 진열돼 있었다. 가격은 물론 훨씬 저렴했다. 아무리 비싼 원단을 써도 견적은 1천만 원 이하였다. 사실 이미 최고급 실크 커튼을 보며 눈이 높아진 상태여서 시장의 커튼들은 잘 눈에 들어오지 않았다.

'이 원단이 실제 우리 펜션에 설치된다면 손님들은 어떻게 느낄까? 커튼이 예쁘다고 생각할까?'

손님 입장에서 어떻게 느낄지 생각하며 커튼을 고르고 또 골랐다. 그러다 눈에 딱 들어온 커튼이 있었다. 커튼을 가까이서 보고 만져 볼 때 확실히 1억 원에 달하는 실크 원단에 한참 못 미쳤다. 커튼의 세세한 디자인이 있는 실크 디자인 원단을 단순 민무늬인 시장 원단이 따라갈 수 없는 건 당연지사. 하지만 가까이에서 만져 보지 않고 떨어져서 보면 둘이 별로 차이가 없어 보였다.

이 커튼으로 하자 마음먹고 가격을 물었다. 커튼집 직원은 나를 힐끔 보더니 "펜션 8동에 다 설치하려면, 원래 8백만 원은 주셔야 하는데요. 사장님이 많이 주문하셔서 정말 싸게 드릴게요. 6백만 원만 주세요."라고 말했다. "더 깎아주시면 안 돼요?" 그래도 시장까지 왔는데 당연히 더 깎아야 한다는 생각에 나는 약간 뚱한 표정을 지으며 가격 흥정에

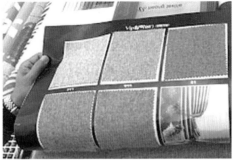

동대문시장에서 본 커튼 샘플들

나섰다. 그 직원도 눈살을 찌푸리며 "다른 커튼집 돌아보고 오세요. 이것보다 싸게 주는 집 있으면 그 집 가서 사세요."라고 받아쳤다. 기세에서 눌렸다. 날도 덥고 힘든데 그냥 6백만 원에 구입하려고 지갑을 꺼내다 멈칫했다. "네, 그럼 좀 둘러보고 올게요."라고 답했다.

가격 흥정은 심리 게임이다

동대문시장엔 셀 수 없이 많은 커튼집이 있다. 커튼집 한두 곳만 더 둘러보고, 6백만 원이 정말 가장 싸다면 그 가격에 사려고 했다. 역시 다른 커튼집에 가도 '6백만 원'이라는 견적이 나왔다. 이 커튼은 6백만 원 이하로 깎을 수 없을 거라는 생각에 처음 견적을 냈던 그 커튼집으로 향했다. 그런데 가는 길에 또 다른 커튼집이 보이기에 별생각 없이 물어봤는데 그 집에선 동일 상품을 5백만 원에 주겠다는 것이었다.

나는 잠시 심호흡을 하고, 대량 구매인 만큼 침착하게 행동하기로 했다. 앞으로 딱 한 시간만 더 돌아다니며 견적을 받고 최저가로 주는

발품을 판 덕분에 좋은 가격으로 설치한 커튼

집으로 결정하기로 한 것이다.

한 시간 뒤, "이렇게 싸게 드리면 진짜 남는 것 없어요." 하며 헛웃음을 짓는 한 커튼집에서 3백만 원대 가격에 펜션 8동 커튼을 주문했다. 한 시간을 더 뒤져서 2백만 원을 번 셈이었다. 6백만 원 밑으로 깎을 수 없을 것이라고 생각했는데 이런 놀라운 일이 벌어진 것이다.

돌이켜 보면 당시 나는 가격을 깎기 위해 3가지 노력을 했던 것 같다. 첫 번째로 커튼 주문량이 상당히 많은 편이라는 것을 강조했고, 두 번째로 커튼집들을 여러 군데 돌다 보니 알게 된 것들을 쏟아 내며 커튼에 대해 잘 아는 척을 했으며, 세 번째로 펜션 조감도를 보여 주며 사장님의 호감을 산 뒤 친해지려고 노력했다는 것이다.

가격 흥정이라는 게 사실상 심리 게임이라는 걸 그때 배웠다. 그 심리 게임 노하우를 배우는 최고의 지름길은 역시 발품을 많이 파는 것이다. 발품은 절대 배신하지 않는다. 상인들은 항상 제품의 가격에 대해 정당한 근거를 제시한다. 비싸다면 왜 비싼지, 싸면 왜 싼지 이유를 능수능란하게 설명한다. 그런데 여러 가게를 다니다 보면 동일 제품에 대해 다양한 설명을 듣게 돼 가게 주인 못잖은 지식을 갖추게 된다. 그러면 기 싸움에서 밀리지 않는다. 제품이나 업계 통용되는 가격에 대해 속속들이 알고 있는 손님을 보면 주인은 마진 폭을 줄여서 말하게 된다.

그 뒤 남대문시장에서 식기와 주방용품을 살 때, 동대문시장에서 양탄자와 매트를 살 때 나는 계속해서 가게 주인들과 심리 게임을 벌였나. 인터넷 오픈 마켓에서 TV를 살 때에도 전화로 대량 구매임을 내세워 어떻게든 할인받았다. 이렇게 그릇 하나, 숟가락 하나에서 커텐까지 펜션에 필요한 물품을 구매하며 다양한 할인 노하우를 터득했다.

일단 내가 노력하면 깎을 수 있다는 신념이 중요하다. 다른 가게에서는 더 싸게 준다더라, 유사한 다른 제품과 비교하면 가격이 비싸다는 등 뭐라도 근거를 제시할 수 있으면 가장 좋다. 하지만 제품에 대해 잘 몰라 그냥 어떻게든 깎아야 할 때 내가 썼던 요령을 아래 정리했는데 참고하면 좋을 것 같다.

1. 사장님을 칭찬한다: "다른 상인 분들이 이 집 사장님이 아주 양심적인 분이라면서 추천해 주셨어요."
2. 단골할 것이라고 암시한다: "사장님, 나중에 또 그릇 살 때 무조건 여기서 살게요."
3. 사장님과 미래의 관계를 기약한다: "사장님, 나중에 펜션 오시면 깎아 드릴게요."
4. 간접 홍보 효과를 강조한다: "사장님, 제가 주변 분들에게 이 가

게 열심히 홍보할게요."

5. 할인 안 되면 덤이라도 달라고 한다: "사장님 그럼 값은 안 깎을 테니까 서비스로 몇 개 더 넣어 주세요."

사실 이러한 노하우는 아버지에게서 배운 것이다. 어려서부터 아버지는 가격을 홍정해서 싸게 사는 데 상당한 실력을 가지고 계셨다. 펜션을 짓기 위해 각종 건축자재를 고를 때도 아버지의 발품은 진가를 발휘했다. 항상 내가 예상한 것보다 더 깎아서 구입하셨고, 사장님이 '너무 깎아 줬다'며 아쉬워하는 경우가 많았다.

직접 만드니 비용은 4분의 1, 품질은 up

발품은 그야말로 살아 있는 학습이다. 발품을 팔면 팔수록 제품과 업계에 대한 이해의 폭이 넓어진다. 펜션 욕실에 비치할 아로마 테라피 용품을 발품(오프라인)과 손품(인터넷)을 팔며 알아보았다. 그런데 알아볼수록 이 제품들은 마진이 매우 큰 품목이었다.

마사지할 때 바르는 아로마 에센스 오일은 오프라인 매장보다 온라인 매장이 훨씬 쌌고, 온라인 매장보다는 해외 직구가 훨씬 쌌다. 목욕할 때 물에 넣는 동그란 바스 붐도 보통 백화점에선 개당 2만 원인 것이 시장에선 1만 원, 온라인에선 7천 원 선일만큼 가격차가 컸다. 알아보고 또 알아본 결과, 바스 붐은 에센스 오일과 구연산, 밀가루 등 서너 가지 재료만 섞어서 손으로 빚으면 어렵지 않게 만들 수 있다는 걸 알게 됐다. 재료를 대량으로 구입할 경우 개당 재료 원가는 2천 원 이하까지 떨어졌다.

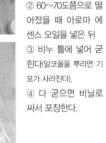

① 비누 베이스를 잘라서 녹이고
② 60~70도쯤으로 떨어졌을 때 아로마 에센스 오일을 넣은 뒤
③ 비누 틀에 넣어 굳힌다(알코올을 뿌리면 기포가 사라진다).
④ 다 굳으면 비닐로 싸서 포장한다.

아로마 마사지 오일, 바스 붐, 바스 솔트, 수제 비누 등 드위트리 펜션에서 사용하는 네 가지 아로마 테라피 용품은 모두 수제로 만들기로 했다. 1만 원 정도면 질 좋은 재료를 구입할 수 있었다. 네 가지 용품을 종이 상자에 담아 모든 투숙객에게 한 세트씩 선물했다. 아로마 테라피 용품은 시중에서 구하려면 4~5만 원은 들었다. 그래서 '5만 원 상당 아로마 테라피 용품 무료 제공'이라고 광고할 수 있었다.

사실상 노동 임금과 각종 유통 마진이 가격의 대부분을 차지한다. 때문에 직접 원재료를 대량 주문해 손수 만들면 비용 절감 효과가 매우 크다.

물과
사투를 벌이다

뭔가 꿈꾸는 것에 매달리며 하루하루 매 순간 정신없이 지나가다 어느 날 눈앞에 그 꿈의 실체가 펼쳐진 날. 공사가 막바지에 다다라 한번 시험 삼아 대형 풀에 물을 받아 보기로 한 날이었다. 그 설렘이 온몸을 휘감은 그날 하루의 오묘한 감정이 아직도 선명하게 기억난다.

초대형 풀에 페인트를 칠하기 전에 혹시라도 물이 새는 곳이 없는지 점검하기 위함이었다. 아버지께서 펜션 옆의 계곡수에서 물을 받아 저장해 놓은 저수조의 수문을 열었다. 이내 물이 콸콸 풀장 안으로 들어왔다. 회색 콘크리트 대형 풀에 물이 점점 차오르기 시작했다. 주변 숲이 반사돼 풀은 약한 청록색 빛깔이 감돌았다. 곧 이곳에서 물장구를 치며 놀 사람들의 웃음소리가 들리는 것만 같았다. 드위트리 펜션의 얼굴인 초대형 풀에 처음 물이 찬 날이었다. 정말 물이 가득 차니 그제야 약간 실감이 났다. 물 위의 집을 짓겠다는 아버지의 꿈이 실제로 이루어졌다.

풀장 색깔은 뭐가 좋을까? 우리 가족은 온갖 수영장의 바닥 페인트 색에 대해 알아보기 시작했다. 한강 수영장처럼 새파랗게 칠하면 촌스러울 것 같았다. 해외 예쁜 수영장 중엔 하얀색 페인트로 칠한 경우가 많은데, 하늘이 반사돼 은은한 파란 빛깔이 감돌면서 신비로운 분위기가 연출된다. 국내에선 이렇게 하얀색 페인트로 칠한 풀장이 흔치 않아서 나는 하얀색으로 칠하자고 강하게 주장했다.

그런데 펜션 동 건물의 색깔이 노란색이어서 과연 하얀색 풀과 어울릴지 의문이었다. 아버지도 하얀색은 때 타기 쉽고, 관리하기가 힘들 것 같다며 싫어하셨다. 아버지의 펜션 건축을 도와주시던 고모가 '에메랄드색'을 추천하셨다. 평소 아기자기하게 예쁜 것을 잘 만드시고 감각이 뛰어난 분이셨기에 아버지는 고모 말을 귀담아 들으셨다. 노란색과 잘 어울리는데다 숲속의 초대형 풀이니 초록색 숲과 에메랄드색이 잘 어울릴 것 같다는 의견이셨다. 그렇게 에메랄드색 페인트로 결정이 났다.

지붕 색깔도 고민이었다. 아버지는 유달리 빨강, 파랑, 녹색 등 원색이 뒤섞여 있는 이른바 '화려한' 색 조합을 좋아하셨기에 빨간색을 칠하자고 하셨다. 나와 동생들은 빨간색은 너무 강렬하고 촌스럽다며 갈색이 낫다고 맞섰다. 결국 갈색과 빨강의 중간 정도의 진한 선홍색으로 최종 결정이 났다.

풀장과 펜션 동의 지붕 부분에 페인트를 칠하고 중앙 섬과 연결할 나무 데크 설치까지 마치자 드디어 드위트리 펜션의 외관이 완성됐다. 풀장에 완전히 하얀색을 칠했거나 파란색을 칠했으면 틀림없이 이상했을 것이다. 색깔 선정이 이렇게 중요하구나 싶었다.

환골탈태한 '불운의 땅'

아버지의 한 맺힌 '불운의 땅'이 어느 날 '물 위의 집'이 되어 있었다. 가슴이 벅차올랐다. 펜션 기획 단계에서 가족들의 아이디어를 모은 '숲속 물 위의 집' 조감도가 이렇게 현실화되다니! 불가능할지도 모른다고 생각하며 나중에 상처받을까 봐 한때 그냥 접을까도 고민했던 꿈이었다.

정식 오픈 앞두고 마지막은 물과의 싸움이었다. 드위트리 펜션 풀장 물은 두위봉이란 산의 계곡수로 채워졌다. 해발 6백 미터 청정 산골 계곡을 타고 내려온 물은 발도 못 담글 만큼 차디찼다. 물을 받아 두고 하루 정도 지나야 간신히 수영하러 들어갈 만한 온도가 됐다. 그런데 펜션 옆 계곡의 수량(水量)은 그때그때 달랐다. 잘 흐르다가도 비가 좀 안 오면 말라 버렸다. 그래서 좀 떨어진 곳의 수량 많은 계곡으로부터 호수관을 연결해 저수조로 물을 모았다.

풀장 한가운데 가장 깊은 곳 수심은 1.2m, 가장자리로 갈수록 점점 얕아져 바깥쪽 수심은 0.3m로 설계했다. 안쪽에서는 어른들이 수영할 수 있을 정도, 바깥쪽에선 아이들이 마음 놓고 놀 수 있을 정도의 수심이 좋겠다고 생각한 결과였다. 풀장 한 편엔 배수구를 만들었다. 일정 수심 이상 차오르면 이 배수구를 통해 자동으로 물이 빠져나가도록 한 것이다.

계곡수를 받아 채운
드위트리 초대형 풀

그런데 예상 못한 일이 일어났다. 계곡수로부터의 유입량이 줄어들면 물의 순환이 줄면서 서서히 썩기 시작하는 것이었다. 계곡수 수량이 충분할 땐 별문제 없다가도 계곡수가 마르기라도 하면 사흘 정도 지나면서부터 풀장 곳곳에 이끼가 끼기 시작했다. 그러다가 점차 물이 뿌옇게 변해 갔다.

펜션의 얼굴과 다름없는 초대형 풀이 더럽다거나 물 없이 비어 있다는 건 상상도 할 수 없는 일이었다. 우리는 부랴부랴 수영장 관리 전문 업체에 문의했다. 그리고는 대형 여과기 2대를 들여놨다. 필연적으로 물속에 생기는 부유물을 응고제로 뭉쳐지게 한 뒤 여과기와 연결된 흡입 장비로 빨아들이며 청소했다. 이렇게 했더니 계곡수의 수량이 적은 날에도 물이 깨끗하게 유지됐다. 도심 수영장에서 흔히 나는 소독약 냄새 없이 계곡수 그대로를 즐길 수 있는 자연 그대로의 풀장이 완성된 것이다.

펜션 내부에 누워 통유리창을 통해 바라본 드위트리 펜션의 초대형 풀은 정말 아름다웠다. 감개무량이었다. 부족한 자금으로 어떻게든

펜션 내부에서 바라본
풀장의 모습

짓기 위해 아버지와 어머니가 직접 공사를 하는 수밖에 없었다. 그리고 내가 직접 인테리어를 하는 수밖에 없었다. 아무것도 모르니 부딪치고 깨지면서 하나하나 배웠다. 그렇게 꾸역꾸역 건물을 올렸다. 앞만 보고 달렸다. 그렇게 완성된 펜션을 지그시 바라보니 너무나 예뻐서 보고도 믿기지가 않았다.

건물의 부분 부분, 가구와 커튼, 인테리어 요소마다 잊을 수 없는 사연을 품고 있다. 완성된 펜션을 보면서 지난날의 숨 막히도록 긴장했던 순간순간이 주마등처럼 스쳐갔다. 우리 가족은 누가 봐도 상상을 초월할 만큼 용감했다. 어쩌면 아버지를 비롯해 우리 가족이 현실을 잘 모른 나머지 너무 용감해서 가능했던 것인지도 모른다.

아버지의 '긍정의 힘', 어머니의 '공감의 힘'

한 가지 분명한 건 공사를 진두지휘한 아버지가 아무리 힘든 순간에도 항상 기대와 설렘으로 가득 차 있었다는 것이다. 환갑 넘고 배 나온 아버지지만 펜션 관련해 얘기할 때만큼은 눈에서 광채가 나며 번뜩였다. 마치 유명 건축가나 되신 것처럼 약간 흥분하신 채로 자신만의 건축 철학을 설파할 때도 있었다. 그럴 땐 꼭 레고로 집 지으면서 들떠 있는 소년 같았다.

아버지는 펜션 공사하다 가끔 난데없이 "도전할 때 비로소 살아 있음을 느끼는 거야."라는 말씀도 하셨다. 공사에 차질이 생긴 날에도, 자금이 쪼들려 한숨짓는 날에도 어떻게든 방법이 있을 거라고 분주히 알아보시더니 결국은 신기하게도 기발한 해법을 찾아내셨다. 구하고 또 구하더니 결국 방법을 찾아내시는 아버지 모습은 나의 뇌리에 강하게 남았다.

공사 기간 내내 나와 어머니는 주로 현실에 대해 걱정하고 있는 반면, 아버지는 마음이 이미 펜션이 완성된 미래에 있는 것 같았다. 공사에 차질이 빚어져 다들 걱정하고 있는 상황에서도 아버지는 "손님들이 와서 깜짝 놀랄 거야."라고 호언장담하면서 기대에 들떠 있었다. 그땐 솔직히 '환갑 넘어 아직도 주책이시네.'라고 생각했지만 이제 와서 돌이켜 보니 그게 바로 '추진력'이자 '에너지'였다.

아버지께서 너무 저돌적으로 나가거나 흥분하신 나머지 갈피를 못 잡을 땐 어머니가 뒤에서 단단히 잡아 주는 역할을 하셨다. 어머니가 조언을 하면 아버지는 "당신이 잘 몰라서 그래."라며 잘 듣지 않는 편이었다. 하지만 어머니는 내가 아는 한 세상에서 가장 끈기 있는 분이다. 어머니는 아버지의 기분을 지켜보다 기회다 싶을 때 또 그 조언을 부드럽게 하시면서 아버지의 생각을 서서히 바꿨다.

아버지가 근로자들과 말다툼이라도 벌이면 어머니는 나중에 조용히 그들에게 다가가 달래셨다. 사실 아버지가 그토록 강한 추진력으로 밀어붙이는 스타일임에도 불구하고 작업자 또는 직원들과 마음을 모아 헤쳐 나갈 수 있었던 건 순전히 어머니 덕분이었다. 아버지는 당신의 말이 매우 설득력이 있어 직원들이 그렇게 잘 따라왔다고 생각하시겠지만, 사실 뒤에서 모든 걸 '컨트롤' 하고 있는 어머니의 역할이 얼마나 컸는지 나는 잘 알고 있다. 그것은 '부드러움의 힘'이자 '공감의 힘'이었다.

드위트리 펜션이 무사히 지어진 것은 고모와 고모부 등 친척 분들의 큰 도움 덕분에 가능했다. 평생 교육계 종사하시다 은퇴 뒤 펜션 공사 현장에 합류하신 고모와 고모부는 아버지가 미처 못 챙긴 것도 꼼꼼히 들여다보며 도와주셔서 큰 힘이 되었다. 남의 일이라 생각지 않으시고 헌신적으로 임해 주셨고, 아버지와 어머니에게 정신적으로도 큰 도움이 되어 주셨다.

드위트리 펜션 정식 오픈을 며칠 앞둔 6월 초 아버지는 친척 20여 분을 펜션으로 초대했다. 그동안 펜션 짓느라 가족 행사에도 잘 참석하지 못한 미안함과 평소 도와주고 응원해 준 데 대한 감사함을 표하기 위한 자리였다. 친척들이 올 때까지 완벽하게 준비하려 했는데 당시 바비큐실 테이블 조립을 미처 하지 못했다. 그래서 친척 분들이 테이블이 직접 조립해야 했다. 일 시키려고 부른 것 아니냐는 농담을 하면서도 친척들은 펜션의 마지막 방점을 찍어 주셨다.

한 가족의 무모한 도전이 2012년 6월 초 간신히 결실을 맺었다. 강원도 정선의 드위트리 펜션은 그렇게 6월 12일 공식 오픈했다.

<망하는 콘텐츠 기획의 4가지 요건>

'콘텐츠 기획은 이렇게 하면 성공한다'고 말하면 너무 진부해서 금세 잊게 되는 것 같다. 그래서 똑같은 말을 '보통 이렇게 기획하다 망하더라'라는 쪽으로 이야기를 풀어 봤다. 드위트리 펜션을 기획하는 과정에서 성공하는 상황과 실패하는 상황을 다 겪어 보고 스스로를 관찰한 뒤 내린 결론인데, 물론 일반화하기엔 부족하지만 콘텐츠를 기획하는 분들에게 참고가 될 것이다.

내가 보기에 망하는 기획에는 아래와 같은 네 가지 요건 중 최소 한 가지 이상은 반드시 발견된다. 아래 네 가지 요건을 모두를 갖춘 기획자는 아무리 열심히 해도 성공하기 쉽지 않다.

1. 자기 생각에 대한 애착
자기 생각으로 답을 찾는 기획자 vs 성공 사례를 벤치마킹해 발전시키는 기획자

새로운 아이디어가 필요할 때 아이디어를 내는 건 물론 중요한데, 그것과 사랑에 빠져 버리는 게 문제다. 즉 '나르시시즘' 수준으로 자신의 아이디어에 빠지는 건 곤란하다.

망하는 콘텐츠 기획자는 보통 혼자서 자꾸 답을 찾는다. 이런 기획자는 자기 생각에 누군가 반대할 때 쉽게 흥분한다. 상처받기 싫어서 꼭 친한 사람한테만 자기 아이디어를 검증받으려고 한다. 자기 스스로 묻고 질문하고 답하면서 자신만의 아주 독특한 사고 체계와 논리 구조를 세우는 오류를 범한다.

이런 사람은 말은 되게 잘 한다. 논리적인 표현력도 뛰어나다. 하지만 결과는 좋지 않다. 자기 생각이 맞다고 그 기획을 밀어붙이기 때문이다. 고학력자일수록, 나이가 많을수록, 고집이 센 사람일수록 '나르시시즘 오류'에 빠질 가능성이 크다. 실패를 해도 자기 탓이라고 인정 안 하는 편이다.

반면 성공하는 기획자는 '자기 생각'에 대한 애착이 거의 없고 항상 이미 성공한 사례에서 답을 찾으려 한다. 성공 사례 벤치마킹에 투자하는 시간이 매우 많고, 평소 이러한 벤치마킹과 스터디가 생활화되어 있다.

이들은 여러 성공 사례에서 요소와 요소를 따온 뒤 그것을 발전시켜서 자신만의 아이디어로 만든다. 그런데 그 아이디어에 대해 누군가 폄하하거나 반대해도 좋은 조언을 들었다 생각하고 오히려 좋아한다. 그래서 아이디에이션 과정이 가볍고 경쾌하다. 배트를 짧게 잡고 가볍게 치면서 시행착오를 겪으며 모델을 발전시키겠다는 생각을 한다. 평소 흥분을 가라앉히고 차분하려고 노력하는 편이다.

2. 추측을 통한 의사 결정
"대부분 이걸 좋아하겠지" vs "그래도 한 번 더 물어보고 정하자"

트렌드 감각은 중요하다. 예측력도 중요하다. 그런데 그걸로 의사결정을 단박에 내선 곤란하다. 망하는 콘텐츠 기획자는 소비자의 생각을 자꾸 추측하고 쉽사리 일반화해 버린다. 자신의 그런 추측 능력과 트렌드 감각이 뛰어나다고 착각한다. 자신의 기호가 모두의 기호를 대변한다고 착각하기도 한다. 기획하는 과정에서 질문하는 횟수가 그리 많지 않다. 시장조사 과정을 거치더라도 기존 생각을 뒤집는 경우가 별로 없다.
성공하는 콘텐츠 기획자는 추측하지 않고 직접 물어보며 확인한다. 설사 자신의 트렌드 감각이 뛰어나다 하더라도 신중하게 '돌다리도 두드려 가자'는 자세를 취하며 묻고 또 묻는다. 잠재 소비자의 반응을 계속 관찰하며, 그 반응에 따라 기존 방향이나 생각을 수정할 용의가 얼마든지 있다.

3. 매우 현실적이고도 합리적인 타협
"이 정도면 된 거 아냐?" vs "그 정도로 되겠어?"

무엇을 기획하든 처음엔 다들 목표 수준을 높게 잡는다. 최고가 되겠다고 벼른다. 그러다 하나씩 알아보고, 예산을 잡다 보면 초심은 사라지고 본심이 나온다. 망하는 콘텐츠 기획자는 진행 과정에서 현실과 타협하는 경우가 많다. 초심이 자꾸 변한다. 지금 상황에서는 이 정도밖에 할 수 없다고 판단하고 자기 판단을 합리화한다. 하지만 그것은 공급자 위주의 판단인 경우가 많다. 공급자 입장에서 '현실적으로 최적인 대안을 찾았다'면서 자기 안의 혼란을 잠재우며 스스로 만족한다. 하지만 소비자 입장에서는 그렇게 '매우 현실적이고도 합리적인 타협안'에 근거해 나온 콘텐츠 또는 상품이 좋아 보일 리 없다.

성공하는 콘텐츠 기획자는 애시당초 목표로 잡은 수준이 높다. 현실적으로 힘에 부치더라도 예산 사정이 팍팍하더라도 높은 목표 수준을 달성하기 위해 정진한다. 눈앞의 이익에 연연하지 않는다. 그 콘텐츠 또는 그 상품을 경험한 고객들이 최고의 만족감을 느끼는지에 주목한다. 이런 기획자가 사장 또는 팀장이면 직원들이 힘들어 하는 경우가 많긴 하다(물론 최고수는 직원들이 행복하게 일하게 하면서도 높은 목표 수준을 유지하고 달성한다).

4. 시행착오에 대한 두려움
"잘 모르는 길은 피해 가자"vs"어렵겠지만 일단 한번 뚫어 보자"

대기업이나 공공기관 간부들이 보통 이런 경우가 많은데, 이런 분들이 나와서 사업을 하면 잘 안 되는 이유가 이것 때문인 것 같다.

망하는 기획자는 시행착오 자체를 꺼린다. '그렇게 하면 아마 안 될 거야'라고 한번 생각이 들면 바로 포기한다. 전문가나 전문업체가 '그건 안 된다'고 할 때에도 곧바로 계획을 접고 포기한다. 전문가와 '대체 왜 안 된다는 것입니까'라고 토론하는 과정 없이 바로 계획을 접는다. 비관적 상황에선 움츠러들고 가만히 있다가 기회를 놓친다. 늘 안전한 길로만 가려고 하다 보니 혁신 기회도 학습 기회도 적다. 이런 기획자는 '위기는 기회'라는 이치를 잘 모를 수도 있다.

성공하는 기획자는 작은 시행착오의 가치를 알고 적극 활용한다. 주변에서 비관적으로 내다봐도 일단 한번 해 보자고 한다. 잘 되든 안 되든 간에 반드시 조금이라도 얻는 게 있는데 이걸 자산화할 줄 안다. 비관적인 상황에서 이를 역이용한 '혁신적인 생각'을 해낼 줄 안다. 위기는 기회라는 사실을 믿는 사람들이다. 모두가 위기라고 할 때 이런 기획자가 '히어로'로 등장해 팔자를 고친다.

PART·2

드위트리 마케팅 스토리

고객에서 시작해
고객으로 끝난다

CHAPTER · 1

오리엔테이션

TV 기자,
온라인 홍보 마케팅에
입문하다

SBS기자 초년병 시절 〈뉴스추적〉이라는 시사 고발 프로그램에서 탐사 보도를 하며 고발 뉴스와 잠입 취재 쪽에 재능이 있다고 인정받았다. 수사관이나 탐정처럼 권력자나 기업의 잘못을 뒤지고 범죄 현장을 덮치면서 살았다. 애초부터 그런 '사회정의 구현' 쪽에 관심 갖고 좋아했던 건 아니었지만 소위 특종 보도, 현장 출동, 현장 고발, 기동 취재 등 이른바 '센 보도'를 하면 사내에서 인정받았고, 특종상도 받을 수 있어 좋았다.

하지만 솔직히 속으로는 불편했다. 내가 취재를 할 때마다 나 때문에 힘들어 하는 사람들을 봐야 하는 게 고역이었다. 해당 기업의 'PR 홍보 담당자'들은 나 때문에 엄청난 스트레스에 시달려야 했다.

SBS 시사 고발 프로그램 〈뉴스추적〉에서 일하던 시절

기업 내 비리, 오너의 전횡(專橫), 하청업체 상대 갑질, 제품 하자에 따른 소비자 피해, 소비자 기만하는 상술, 불량 재료 사용 등의 분야가 내 주특기였다. 이런 제보를 갖고 해당 기업에 찾아가면 홍보 PR 담당자들은 잔뜩 긴장한 채 보통 '우린 아무런 문제가 없다'고 해명하기 급급했다. 그럴 때 따져 물으며 더욱 압박을 가해 기업의 내부 팩트를 하나라도 더 챙기려 공격하는 게 내 입장이었고, 어떻게든 보도를 막거나 축소시키며 방어하는 게 담당자들의 할 일이었다.

그 사람들은 아무 잘못이 없었지만 회사를 대표해 나의 저돌적인 취재와 급박한 자료 요청 압박을 버텨 내야 했다. 내가 한 기업이 휘청거릴 정도의 큰 사안을 취재하면 그 사람들은 SBS 목동 사옥까지 찾아와 나에게 '기사 좀 빼 달라'고 부탁했다. 잔뜩 긴장한 얼굴로 애원하는 표정과 웃는 표정을 반복하는 그 모습은 정말 힘들어 보였다.

기업에서 새로 출시한 제품을 알리는 좋은 내용의 취재를 하러 간 날에도 그 사람들의 표정은 힘들어 보였다. 위에서 시키는 프레임대로 보도가 나가도록 계속 내게 바짝 붙어 내가 뭘 촬영하는지 어떤 인터뷰 멘트를 따는지 일일이 체크했다.

내가 "어라, 이거 좀 문제 있는 거 아니에요?"라고 캐물으면 잔뜩 긴장하며 그걸 어떻게든 무사하게 넘어가기 위해 쩔쩔 맸다. 나중에 그 사람들과 술 한 잔 하며 친해지자 기자 상대한다는 게 얼마나 힘든 일인지, 새로 들어온 홍보팀 신입 사원들이 버티다 못해 또 사표 썼다든지 하는 하소연을 들을 수 있었다. 그런 홍보 PR 담당자들을 보면서 솔직히 이런 생각이 들었다.

'나 같으면 절대 이렇게 힘든 일 못할 것 같아.'

홍보의 첫발, 파워 블로거들을 만나다

절대 할 일 없을 줄 알았던 그 일을 결국 하게 됐다. 부모님 펜션이 오픈하자 홍보, PR, 마케팅은 모조리 내 몫이었다. 나 말고 할 사람이 없었다. 드위트리 펜션의 홍보팀장이라는 비공식 직함이 생긴 것이다. 항상 PR 담당자, 홍보 담당자의 부탁을 받는 입장이었지 내가 먼저 부탁해야 할 일은 없었는데, 펜션 홍보팀장으로서 여기저기 부탁해야 하는 게 내 임무가 된 것이다.

펜션의 운명은 온라인 홍보와 온라인 마케팅에 달려 있다는 걸 잘 알고 있었다. 정선 지역을 차로 쏘다니다 "우와, 저기 펜션 멋지네." 하며 우리 펜션으로 찾아온 손님은 단 한 명도 없다. 모두 인터넷에서 검색하다 홈페이지를 발견해 펜션 사진을 둘러보고 온라인 예약을 한 고객들이다. 펜션업의 성패는 간단히 말하면 이렇게 결정된다. 온라인에서 눈에 띄면 사는 것이고, 묻혀 있어 보이지 않으면 망한다.

온라인 홍보 마케팅에 대해 아무것도 몰랐던 나는 일단 관련자를 만나 뭐라도 배워 보기로 했다. 평소 친분이 있는 홍보 대행사 관계자가 이른바 '파워 블로거'들을 소개해 줘서 홍대입구역 근처 중식당에서 만나기로 했다.

　괜히 긴장됐다. 부모님의 펜션에 대해 이것저것 설명하며 잘 써 달라고 부탁해야 하는 '을'의 입장에서 파워 블로거를 접대한 첫날의 기분이 아직도 기억난다. 어딜 가도 '기사 써 달라', '기사 빼 달라'는 부탁만 받아 봤지 부탁을 한 적 없이 살아 왔기 때문에 그 상황 자체가 너무나 낯설었다.

　나도 모르게 상체를 앞으로 숙이고 조아리는 듯한 포즈가 나왔다. 그날만큼은 톤을 높이고 더 부드럽게 말하기 위해 노력했다. 서로 통성명을 하고 각자의 정보를 주고받다 보니 내가 나이가 더 어렸다. 잔뜩 긴장한 내게 그 파워 블로거들은 '회사 일도 바쁠 텐데 부모님 돕느라 고생이 많다'며 격려했다.

　그제야 긴장이 좀 풀렸다. 펜션의 콘셉트와 장단점, 지역적 특성에 대해 약간 버벅대면서도 열심히 설명했다. 얼마나 열심히 했는지 그렇게 좋아하는 탕수육도 몇 점 못 먹었고 자장면도 불어터졌다. 홍보 담당자들이 기자들을 접대할 때 음식을 늦게 먹는 이유가 그제야 이해됐다. 항상 남이 잘했는지 못했는지 따져 물으며 살아 왔을 뿐, 내가 홍보하려는 이것이 왜 좋고 훌륭한지 구구절절 설명했던 건 그날이 처음이었다.

　다행히 파워 블로거들은 정말 좋은 사람들이었고 친절했다. 그런데도 힘들었다. '부모님 펜션에 대해 내가 설명을 잘 못해서 잘못 전달

된 건 아니겠지.', '혹시라도 펜션을 별로라고 소개하면 어떡하지.'라는 걱정에 진땀을 뺐다. 그날 파워 블로거들과 헤어지며 집에 돌아가는 길에 취재 현장에서 만난 홍보 PR 담당자들에게 차갑고 쌀쌀맞게 대했던 기억들이 스치며 크게 후회가 됐다.

'방 8개짜리 펜션 하나 홍보하는 게 이렇게 힘든데 기업과 제품을 홍보한다는 건 얼마나 힘든 일일까.'

네이버의 검색 화면은 거대한 광고판

그날 파워 블로거들은 나에게 온라인 홍보 마케팅의 기본기를 가르쳐 줬다. 네이버와 다음 등 포털 사이트를 어떻게 공략해야 하는지 세세하게 배울 수 있었다.

기본적으로 포털 사이트의 검색 화면은 사실상 키워드를 중심으로 하는 광고판이다. 맨 위의 '파워링크'는 돈을 더 많이 낸 키워드를 위로 올려주는 공개 입찰식 광고판이다. 더 중요하거나 관련성이 클수록 위로 올라오는 게 아니라 광고주가 쓴 돈에 달려 있는 공간이다(물론 키워드의 관련성이 높으면 클릭당 광고비를 할인해 주긴 하지만 그래도 기본적으로 돈의 논리로 돌아가는 공간이다). 그 아래 '비즈사이트'라는 이름의 코너 역시 키워드 광고 공간이다. 파워링크로 1~10위까지 나열하고 그냥 11위부터는 비즈사이트라는 이름으로 소개하는 것이다.

'뉴스 코너'도 '풀빌라 펜션'과 같이 광고 효과가 큰 키워드의 경우 돈의 논리로 돌아간다. 언론사들은 진짜 기사도 전송하고, 홍보성 기사도 전송하는데 펜션 관련 키워드는 사실상 늘 홍보성 기사도 도배가 돼 있었다. SBS 등 방송사들은 기사를 갖고 돈으로 거래하는 경우가 전혀 없지만 인터넷 매체 시장에서 기사는 건당 몇 십만 원 수준으로 거래되고 있었다. 여러 건이면 할인도 되고 유료 기사를 중개하는 전문업체도 있었다. 기자 2~3명 둔 신생 온라인 매체들이 우후죽순 생겨난 것도 이렇게 '기사 장사' 시장이 커졌기 때문이라고 파워 블로거들은 가르쳐 줬다.

블로그 코너는 좀 더 복잡한 논리로 돌아가고 있었다. 금전과 무관한 완전 순수한 파워 블로거도 있고, 여행 맛집을 찾아가 홍보해 주고 대가를 받는 파워 블로거도 있고, 직접 방문하지도 않았는데 사진만 받아 올려 주는 블로거도 있고, 바이럴 업체가 직원을 시켜 운영하는 100% 홍보용 블로그 등 네 가지가 섞여 있었다. 바이럴 마케팅 업체들은 자사 게시 블로그를 첫 번째 메인 화면에 노출하기 위한 다양한 테크닉을 갖고 있었고 일부 업체들은 순위 조작 프로그램도 동원한다고 했다. 네이버는 바이럴 마케팅 업체들이 순위를 조작하지 못하도록 알고리즘을 계속 바꿔가며 쫓고 쫓기는 게임을 하고 있었다.

블로그의 4가지 종류

1. 완전 순수 파워 블로거
2. 여행, 맛집 홍보 파워 블로거
3. 업체와 손잡고 유료로 사진과 내용을 받아 올려 주는 블로거
4. 업체가 직원을 시켜서 만든 홍보 목적의 블로그 계정

블로그뿐 아니라 카페, 지식인도 바이럴 마케팅 업체들이 홍보용

공간으로 공략해 돈을 받고 거래하고 있었다. 어쨌거나 네이버 첫 메인 화면이란 공간을 두고 수많은 업체와 수많은 파워 블로거들이 쫓고 쫓기는 추격전을 벌이고 있었다.

네이버 광고주 아이디로 키워드 광고 시스템에 접속하면 각 키워드의 월간 조회수를 살펴볼 수 있었다. 스파 펜션, 풀빌라 펜션 등 주요 키워드의 경우 비수기엔 월별 수만 건, 성수기엔 수십만 건 조회되는 걸 확인할 수 있었다. 삼성 사내 벤처로 시작해 국내 최대 포털 사이트로 성장한 네이버가 어떻게 그렇게 큰돈을 벌었는지 그날 비로소 구체적으로 알게 됐다.

키워드 시장은 사실상 '고객 마음속의 부동산 시장'이었다. '강남 맛집', '압구정 성형외과' 같이 고객들이 쉽게 떠올리고 검색하는 주요 키워드는 사실상 수만 명이 다녀가는 시내 중심가와 다를 바 없다. 많은 사람을 유입시킨다는 점이 본질적으로 같기 때문이다.

키워드 하나가 창출하는 경제적 값어치가 명동 번화가의 부동산 값어치만큼 큰 것이다. 펜션만 해도 풀빌라 펜션, 스파 펜션, 독채 펜션, 강원도 펜션, 안면도 펜션, 애견 펜션, 커플 펜션 등등 셀 수 없이 많은 키워드가 있고, 이 마음속 부동산 시장의 약 70%를 네이버가 독식하고 있었다(다음과 네이트를 다 합쳐도 30%에 불과했다).

'풀빌라 펜션'이라는 키워드 하나를 두고, 전국의 수많은 펜션뿐 아니라 바이럴 마케팅 업체, 파워 블로거, 중소 인터넷매체들이 모여 각축을 벌이고 있는 모습은 흡사 '인간 시장' 같았다. 복잡다단한 온라인 마케팅 생태계를 이해하는 과정은 머리가 아팠지만 한편으론 새로운 미디어 공간에 대한 이해의 폭을 넓히는 흥미로운 과정이었다.

그냥 포털에서 검색할 땐 별 생각 없이 위에서부터 습관적으로 눌러 보곤 했는데 그게 대부분 광고였다니 그동안 속고 살았다는 기분도 들었다. SBS와 같은 전통 언론사에선 이런 인터넷 분야를 '뉴미디어'라고 부른다. 새로운 미디어 세상이 이토록 급속도로 진화하고 있는데 세상 물정 모르고 순진하게 살았다고 자성하는 계기가 됐다.

온라인 마케팅이
이렇게 어려운 거였어?

온라인에서 손님을 찾아 펜션으로 모셔야 하는 게 내 임무였다. 내가 잘 못하면 집안이 망할 수도 있다는 절박감에 인터넷을 뒤지고 또 뒤졌다. 검색하면 검색할수록 공부할 게 너무나 많았다.

대체 펜션 홈페이지라는 최종 목적지로 고객을 모셔오기 위해 얼마나 다양한 전략을 써야 할까? 주말에 하루 날 잡고 종일 브레인스토밍을 해 본 적이 있다. 그때 기록한 것만 대충 100가지가 훌쩍 넘는다. '젠장, 이걸 어떻게 내가 다 해?'라는 생각에 기가 질렸다.

브레인스토밍 리스트 중 가장 위쪽엔 일단 포털 사이트가 있다. 포털도 네이버, 다음, 네이트 등 세 가지를 다 챙겨야 한다. 각 포털 사이트마다 중요한 키워드를 추려서 관리해야 한다. 부모님 펜션과 관련성이 높은 정선 펜션, 강원도 펜션은 말할 것도 없고, 펜션의 특성과 관련되는 풀빌라 펜션, 국내 풀빌라, 스파 펜션, 독채 펜션 등 핵심 키워드도 챙겨야 한다. 클릭당 광고비가 비싼 키워드는 여러 펜션들이 연합해서 웹페이지 하나로 유도하는 식으로 과도한 입찰 경쟁을 피하는 방식도 고려해야 한다.

키워드가 정해지면 그 키워드의 메인 화면 구성요소별로 일일이 체크해야 한다. 메인 화면 맨 위의 키워드 광고 뿐 아니라 블로그, 지식 iN, 기사, 사이트, 지도, 카페 등 코너마다 각각 어떤 로직으로 순위가 배열되는지 구조를 이해해야 했다. 각 코너마다 필요한 전략이 따로 있었다. 블로그 하나만 해도 순수 파워 블로거를 초청할지 파워 블로거를 보유한 바이럴 마케팅을 이용할지 홍보용 블로그에 펜션 사진만 보내 실어 달라고 해야 할지 일일이 가성비를 따져야 했다.

홈페이지는 당연히 만들어야 했고, 직접 네이버 블로그도 하나 만들어 운영해야 했다. 트위터 계정과 페이스북 페이지를 운영하는 펜션들도 점점 늘고 있어 빼놓을 수 없었다. 그런 공간을 새롭게 만들 때마다 거기에 달리는 댓글에 어떻게 대응할지 전략도 짜야 했다. 아차, 구글도 있었다. 구글에도 구글플러스라는 SNS를 올리고 유튜브에 동영상을 올려 홍보해야 한다.

펜션 예약을 대행하는 온라인 숙박 예약 서비스도 알아봐야 했다. 당시는 '우리펜션'이라는 펜션 포털 사이트가 가장 큰 규모를 자랑했고, 스파 펜션만 묶어서 전시한 '스파펜션 포털'도 있었다. 각 업체마다 광고 단가와 수수료와 계약 기간이 제각기여서 모두 물어봐야 했다. 정액 광고가 싼지 건별 과금 방식이 싼지 일일이 따져 봐야 했다.

아이폰 앱, 안드로이드 앱 중에는 펜션만 모아서 중개하는 펜션 전문 앱도 알아봐야 했다. 펜션 관련 앱만 해도 워낙 다양해서 대체 어느 앱을 이용해야 할지 한참을 찾고 전화를 돌려야 비로소 업체를 선정할 수 있었다.

당시는 소셜 커머스가 떠오르고 있었다. 쿠팡, 티켓몬스터, 위메프 등 소셜 커머스와 일일이 계약을 맺고 딜 조건을 협의하고, 디자인 검수를 하고 수수료 협상을 하는 등 챙길 게 한두 가지가 아니었다. 옥션, 인터파크 등 오픈 마켓 역시 꼭 올려야 하는 공간이었다.

그 밖에도 신문사에 보도 자료 보내기, 잡지사 웹하드에 보도 자료 업로드하기, 방송 여행 프로그램에 제보하기, 영화와 뮤직비디오 장소 촬영 헌터 접촉하기, 펜션 관련 책 출판사 접촉하기, 여행 전문 기자 접촉하기, 강원도청과 정선군청 여행 페이지에 정보 올리기, T맵 등 네비게이션 등록하기, 스타 마케팅 등등 브레인스토밍 리스트는 꼬리에 꼬리를 물고 길어졌다.

브레인스토밍을 실컷 한 뒤 너무 생각할 게 많아서 소화가 잘 안 됐다. 그 뒤부터 온라인 마케팅을 하는 사람들을 우러러 보게 됐다. 아무나 못하는 일이었다. 챙길 게 너무 많은데다가 변화무쌍해서 조금만 방심해도 뒤처지기 십상인 분야였다. 취재하고 기사 쓰는 일보다 훨씬 어렵고 복잡해 보였다.

그런데 나중에 돌이켜 보니 이렇게 할 일 리스트를 길게 써 놓고 시작하길 정말 잘했다. 처음엔 '이걸 어떻게 다해?'라는 생각에 자포자기하는 마음이었으나 하나씩 배워 이해하니 서서히 정리가 됐다. 유사한 것들을 카테고리로 묶어서 한꺼번에 결정하는 식으로 일을 단순화해 체계적으로 관리할 수 있게 됐다. 세상 그 어떤 복잡한 일도 꼼꼼한 기록을 통해 체계화, 단순화할 수 있고, 그러면 종합적으로 '컨트롤' 할 수 있다는 걸 배운 계기였다.

초기 작성했던 마케팅 브레인스토밍 리스트

*포털 검색 광고
- 가장 효과적인 광고용 검색어는? 검색어 입력 수, 단가 자료
- 비싼 검색어 공동 검색 광고 문의
- 다음, 네이트는 어떻게 해야?

*펜션 포털 이용
- 우리펜션 등 펜션 포털, 예약 대행 웹사이트 파악
- 펜션 소셜 커머스
- 스마트폰 펜션 관련 앱 파악

*블로그를 통한 홍보
- 검색어별 상위 5개 오르기 위한 조건은?
- 포털별 파워 블로거 별도 공략?
- 파워 블로거 이메일과 신원 확보 => 무료 숙박권 전달, 전달 방법과 관리 방법은?(홍보 대행사 문의)
- 블로그 직접 제작: 포털별 제작? 정선 지역 숙박 가격 서비스 비교, 정선 지역 펜션 비교, 후기

*이벤트
- 여행 서적 저자, 여행 전문 기자, 여행 파워 블로거, 여성 잡지 기자, 레몬트리 등 주요 카페 대표에게 무료 이용권 배포

*스타 마케팅
 - 스타에게 무료 이용권 증정
 - 스타와 팬 미팅 주선

*인터넷 동영상
 - 방송, 뮤비 등 촬영시마다 메이킹 영상에 펜션 이름, 제목, 자막을 넣어 각
   종 포털 블로그와 유튜브 등에 올리기

*지식iN(3대 포털)을 통한 홍보

*가격 정책: 무료 숙박권, 할인권 운영 원칙
 - 일반 고객은 후기 올리면 할인. 어떻게?
 - 소셜 커머스 이용시엔?
 - 오픈 마켓 통해 올 때는?

*방송을 통한 홍보
 - VJ특공대류 - 드라마 - 예능 - 뮤직비디오, 화보

*해외 여행사와 거래 - 중국인 관광객 공략

*옥션, 인터파크, G마켓 등을 통한 예약

*연인, 네이트 정보 사이트: 모가, 야놀자

*등록
 - 각 포털 사이트의 '사이트', '지도', 구글맵, 다음, 야후
 - 각 내비게이션

*여행 책, 여행 가이드
 - 여행 관련 책, 잡지
 - 외국인: 미슐랭 가이드 등 외국인이 보는 여행책

- 강원도청과 정선군청 : 여행 관련 안내

*힐링 스파
- 관련 서적 구입(타이, 스톤, 한방 팩)

*언론 마케팅
- 보도 자료 쓰기: 펜션 관련 핵심 메시지 다 정리해 기획
- 촬영 장소: 영화-드라마 AD에 소개 자료 보내기

사업 성공의 팔할은 브랜딩

조개와 밀가루와 올리브와 마늘을 한데 섞어 놓기만 했을 때 그것은 우리에게 어떤 의미로 다가오지 않는다. 그런데 그것을 '봉골레 파스타'라고 부를 때 그 조합은 비로소 우리에게 특별한 의미가 된다. 의미를 갖게 되면 그것에 주의와 관심을 기울이게 된다. 그리고 비로소 그것을 좋아할지 싫어할지 결정하는 취향이란 것도 생겨난다. 봉골레 파스타를 떠올리면 연인과의 에피소드도 연상될 뿐 아니라 그때 나눴던 대화의 추억까지 떠오른다. 모두 봉골레 파스타라는 '브랜딩 (branding)'이 시작이었다.

말은 모든 것의 시작이다. 일단 말이 있고 그 말이 생각을 지배한다. 생각이 행동을 결정한다. 그런 게 모이고 모인 게 인생 아닐까. 이를 마케팅에 적용하자면 이렇다. 일단 브랜딩이 있고, 그 브랜딩이 고객의 생각에 영향을 줘 어떤 이미지를 형상화시키고 그에 대한 욕구를 불러일으켜 구매라는 행동까지 이어진다.

난 한 사업의 성공 여부의 팔할은 브랜딩에 달려 있다고 생각한다. 나쁜 브랜딩에도 불구하고 좋은 성과를 내는 경우를 그다지 본 적이 없다. 브랜딩의 힘이 무서운 것은 소비자에게도 영향을 주지만 그 브랜딩 이름을 수도 없이 내뱉으면서 일하는 회사 대표와 직원들의 생각에까지 장기적으로 깊이 영향을 주기 때문이다.

펜션의 브랜딩, 이름 정하기

우리 가족이 지은 펜션의 초기 이름은 원래 '하이수 펜션'이었다. 하이수는 영어 high와 물 수(水)의 합성어로 우리 가족이 저녁밥 먹으며 펜션 관련해 상의하다 정한 이름이었다. 지금 생각하면 우습지만 당시엔 아버지 어머니는 물론 나와 내 동생들까지 '하이수 펜션'이라는 이름이 좋다고 생각했다. 처음엔 분명 어감이 그닥 좋지 않게 느껴졌는데 회의 도중 각종 이름의 의미론적 분석이 줄을 이으면서 자기도 모르게 '꽤 괜찮은 이름인데…'라는 생각으로 빠지게 된 것이다. 당신도 한번 들어 보시라.

펜션 이름을 '하이수 펜션'으로 정한 이유

1. 근처의 하이원 스키장과 발음이 비슷해 연상이 잘 된다. '하이원 스키장 갈 땐, 하이수 펜션!' 이런 식으로 광고하면 좋겠다.

드위트리 스토리

2. '물 위의 집' 콘셉트와 잘 맞는다. 해발 600미터 산골의 거대한 대형 풀을 갖췄으니 '높은 지대의 물'이란 의미로 어필할 수 있다.

3. 하이트(맥주 이름), 하이볼(술 이름), (거침없이) 하이킥 등 평소에 하이X란 말을 자주 쓰니 어감이 좋고 떠올리기 쉽다.

4. 하이수(high 水), 즉 '높은 곳의 물'이란 다시 말해 하늘에서 내려온 물이란 뜻으로 왠지 힐링이 될 것만 같은 느낌을 준다.

5. 하이수는 '높은 수준'이라는 느낌도 준다. 우린 풀빌라급 고급 펜션이니 그런 고급 이미지와 잘 맞는다.

6. (기타 장난스런 이유) 우리집 막내 동생 이름이 허수연인데 하이수와 허수연이 비슷해서 그냥 좋다.

하이수 펜션이란 이름만 가지고 한 시간 가량 대화하다 보니 우리 가족은 그 이름이 정이 들고 말았다. 그래서 하이수 펜션이란 이름으로 공사를 진행했다. 요즘도 정선 지역 일부 주민들은 우리 가족이 지은 펜션 이름이 하이수 펜션인 줄 안다.

그런데 하이수 펜션이란 작명을 확정한 지 몇 달이 지나 한참 펜션 인테리어를 알아보고 있는데 일부 상점 주인들이 몰디브를 연상시키는 멋진 조감도만 보다가 '하이수 펜션'이란 이름을 들었을 때 '뭔가 이름이 좀 아쉽다'고 말하는 경우가 종종 있었다.

이후 점점 하이수 펜션이란 이름에 대한 의구심이 들었다. 분명 가족회의 때는 괜찮은 이름이었고 위에 열거한 6가지 장점을 갖고 있는 이름이었다. 그런데 딱 한 가지가 부족했다. 처음 들었을 때 느낌이 별로라는 것이었다. 이후 마케팅 전문가들로부터 브랜딩은 처음 들었을 때 호감이 가는 게 가장 중요하다는 걸 배우게 됐다. 그렇다. 정식 오픈 전에 펜션 이름을 바꿔야 했다.

아버지는 하이수 펜션에 익숙해졌고 이미 애착이 형성돼 있었다. 나와 동생들이 펜션 이름을 바꾸자고 하자 "그래 한번 다른 아이디어를 내 봐."라고 말씀하셨지만 웬만해선 바꾸기 싫어하시는 눈치였다.

당시 펜션 업계에서 유행처럼 프랑스어 '까사'라는 말을 섞어서 짓곤 해서 우리도 이를 흉내낼까 망설이기도 했고, ○○하우스라는 이름으로 격조 높게 지어 보자는 의견도 나왔다. 딱 이거다 싶은 아이디어는 좀처럼 나오지 않았다.

그러다 펜션이 지어지는 산 지명에서 따오면 어떠냐는 아이디어가 나왔고, 아버지는 우리 펜션에서 가장 가까운 산이 '두위봉'이라고 하셨다. 그리고 두위봉 꼭대기에는 수명이 천 년이 넘은 주목 나무가 있어 유명하다고 하셨다. 그 말을 듣고 내가 제안한 펜션 이름이 '두위트리'였다. 두위봉의 나무란 뜻이다. 너무 투박하다는 반론에 부딪쳤다. 나는 지지 않고 "그럼 부드럽게 부르면 되겠네! 드위트리 어때?"라고 말했다.

아버지는 사실 하이수 펜션이 가장 좋다고 하셨다. 기억하기 좋고 부르기 쉽다는 이유에서였다. 하지만 나와 동생들이 한결같이 반대하자 '두위트리'라는 이름으로 옮겨가셨다. 펜션 이름이 '두위봉의 나무'에서 연상이 되므로 그나마 기억하기 좋다고 생각하셨기 때문이다.

결국 '드위트리 펜션'으로 할지 '두위트리 펜션'으로 할지 가족 투표로 결정하기로 했다. 5명 중 '드위트리 펜션' 4표, '두위트리 펜션' 1표. 압도적 표차로 '드위트리 펜션'이 최종 결정됐다. 혼자서 '두위트리'에

'두위봉의 나무'란 뜻으로 지은 펜션 이름 '드위트리(DWITREE)'

표를 던진 아버지는 못내 아쉬워하며 이 어려운 이름이 왜 좋다는 것인지 도저히 이해할 수 없지만 수용하겠다고 하셨다. 젊은이들의 취향을 존중하고 받아들이겠다고 결심하신 것이었다. 그렇게 참 힘들게 펜션 이름이 지어졌다.

사실 드위트리 펜션이란 이름은 지금도 사람들이 잘 기억 못하는 약점이 있긴 하다. 자꾸 러시아 전 대통령 이름(드미트리 메드베데프)과 헷갈려 '드미트리 펜션'이라고 잘못 기억하기도 한다. 하지만 다들 어감이 좋고 왠지 품격 있고 격조 높을 것 같은 인상을 준다고 입을 모았다. 기억하기 좋은 친숙한 이름이냐, 첫인상에서 좋은 이미지를 선사하는 이름이냐 중에서 후자를 택한 것이다. 아쉬운 점이 없진 않지만 '드위트리'라는 이름에 대해 후회는 없다. 많은 사람들에게 물어봤을 때 그나마 최선이었기 때문이다.

CHAPTER · 4

프레임

그래서 한마디로
그게 뭐야

펜션에 뛰어들기 전 내 기자 인생에 가장 큰 보람으로 남아 있는 특종 보도는 2006년의 '전국의 불량 소화기 40만 개 유통' 기사였다. 소화기 공장에서 일하던 직원이 퇴사한 뒤 오랜 고민 끝에 공장의 내부 사정을 SBS에 제보했는데, 그 제보가 내게 들어오면서 취재가 시작됐다.

해당 소화기를 구해 실험을 해 보니 목재 화재에는 효과가 있었지만 기름 또는 화학섬유 제품에서 불이 난 유류 화재에서는 효과가 없었다. 해당 공장에 찾아가 대표로부터 '수익성이 악화돼 기름까지는 끌 수 없는 저질 재료를 넣었다'는 시인을 받았다. 그날 밤 SBS 8뉴스에서 유류 화재에 전혀 효과가 없는 불량 약재가 들어간 소화기가 전국에 40만 개가량 유통돼 있다는 소식을 전했다. 소화기에 대한 검정을 대충한 데 대한 책임을 느낀 소방방재청장은 공식 사과했고, 전국에 소화기 전수조사 명령을 내렸으며, 해당 업체의 소화기를 모두 수거했다.

여기까지는 기자라면 누구나 갖고 있는 흔한 특종 스토리다. 내가 그때 배웠던 건 헤드라인의 중요성이었다. 내가 뽑은 제목은 '유류 화재엔 효과 없는 불량 약재 들어간 소화기 유통'이었다. 그 긴 제목을 SBS 8뉴스 헤드라인을 뽑는 편집부에서 아주 간단한 제목을 뽑았다. '불 못 끄는 소화기'. 그게 다였다. 온라인 뉴스 버전에서는 '불 못 끄는 맹탕 소화기 판친다'로 제목이 바뀌었다.

'유류 화재엔 효과 없는 불량 약재를 넣은 소화기'라는 나의 제목에서 군더더기를 빼고 결국 소비자 입장에서 중요한 관점인 '불 못 끄는 소화기'라고 축약한 것이다. 나는 사실 유류 화재와 목재 화재로 나뉘어 소화기 관리가 되고 있다는 사실을 이전에는 잘 몰라, 유류 화재에 취약한 소방 약재가 유통될 수 있는 업계 현실적 문제에 주목하고 있었다. 하지만 그것은 전형적인 공급자 중심적인 시각이었다. 너무 깊게 들여다보다 보니 일반인이 잘 모르는 구조적 문제에 관심 갖고 거

SBS 8뉴스 보도, 불 못 끄는 소화기

기에 함몰돼 있었던 것이다.

그런데 보도 첫머리에 한번 '불 못 끄는 소화기'라는 프레임이 씌워지자 이 사건이 다른 매체에서 인용 보도될 때에도, 소방방재청에서 대책을 마련할 때에도 그 프레임이 내내 영향을 끼쳤다. 즉 다른 소화기도 불 못 끄는 것은 아닌지, 불 못 끄는 소화기가 어떻게 검정에서 통과한 것인지에 대한 이슈로 확대가 됐다. 소방 약재 유통 경로 문제 등 내가 관심 있었던 쪽에는 그다지 사람들의 관심이 모이지 않았다. 나중에 돌이켜보니 직접 취재하지 않은 편집부와 인터넷뉴스팀 제목 담당 인력들이 어찌 보면 일반인들이 진짜 관심 갖는 쪽으로 프레임을 잘 잡아 준 것이었다. 보도가 파장이 컸던 것도 그 프레임 덕분이었다.

키워드를 잡아라

말에는 생각을 가두는 힘이 있다. 이를 프레임 효과라고 한다. 내가 초년병 때 그랬듯 기자들도 처음엔 어려움을 겪는 게 핵심 프레임을 잡아서 헤드라인을 뽑는 것이다. 즉 사안의 핵심을 파악해 프레임을 좁힌 뒤 그에 딱 맞는 제목을 짓는다는 게 말처럼 쉽지 않다. 그럴 때 훈련하는 방법이 있다.

"그래서 이 기사가 궁극적으로 말하고자 하는 게 뭐야? 한마디로 말해 봐."

해당 사건에 대해 몇 날 며칠을 취재하던 후배도 사안에 대해 보고를 하다 이런 '송곳 같은' 질문을 받으면 대뜸 말문이 막히거나 말을 얼버무리게 된다. 그러면 나는 기다렸다는 듯이 씩 웃으면서 한마디를 더 건넨다.

"지금 자기가 뭘 말하고자 하는지도 정리가 안 되고, 야마도 못 잡고 있잖아. 다시 생각을 정리하고 추가 취재해 봐."

프레임의 중요성, 핵심 메시지의 중요성이 얼마나 큰지 아는 나는 드위트리 펜션의 핵심 키워드를 무엇으로 잡아야 할지 고민 또 고민했다. 펜션과 관련된 장점들을 다 적어 놓은 뒤 그걸로 홍보 문안을 작성했다. 최대한 장점을 많이 전달하고픈 생각이었고 홍보 문구도 그 생각대로 좀 많은 내용이 담겼다.

아로마 풀빌라 드위트리 펜션(Aroma Poolvilla Dwitree Pension)

해발 600미터 강원도 정선 청정 산골, 에메랄드빛 풀에 피운 몰디브풍 풀빌라 펜션, 드위트리입니다.
두위봉 천연 계곡수를 그대로 담은 초대형 원형 호수(코스 길이 120m, 수심 30~120cm)를 8개의 독채 풀빌라(면적 27평/89.1제곱미터)가 둘러싸고 있는 국내 유일의 몰디브풍 펜션입니다.
객실에는 개별 현무암 노천탕과 2인용 실내 욕조 등 최고의 스파 시설을 갖췄으며, 수입 아로마 원액으로 직접 만든 수제 아로마 테라피 용품을 선물합니다.
물속에서 톡톡 튀는 거품욕을 위한 버블 바스, 풍부한 미네랄로 피로를 말끔히 씻어 주는 노천욕을 위한 바스 솔트, 싱그러운 샤워를 위한 수제 비누, 천연 아로마 오일로 직접 만든 바디 마사지 오일 등 4가지 제품을 직접 만들어 선물합니다.

테마별로 다른 스타일의 8개 각 빌라마다 환상적 야경을 자랑하는 유리 큐브 바비큐실, 현무암 노천탕, 2인용 실내 욕조, 호텔식 침구 등 최상의 시설을 갖췄습니다. 침대와 테이블, 소파, 부엌 싱크대까지 모든 가구는 수제 원목 가구로 천연 나무향과 아로마 향이 객실 안에 은은히 퍼집니다.

'드위트리'란 이름은 정선군의 해발 1500미터 '두위봉'에 있는 '나무'란 뜻입니다.

주변 관광지: 강원랜드 카지노, 하이원리조트, 민둥산 억새꽃 축제, 화암동굴, 영월 동강 래프팅, 영월 별마로천문대, 정선 5일장, 정선 레일바이크 등

동서울 톨게이트에서 2시간 30분 거리(신고한 터미널 픽업 나감).
기차로 청량리에서 3시간 거리(민둥산역 픽업 나감).

* 홈페이지 ☞ http://www.dwitree.co.kr 문의:010-6320-0760

지금 보면 당시 너무 욕심을 많이 부려 펜션의 자랑거리를 나열한 문장이 많아 좀 부끄럽다. 이 안에는 어떤 핵심 메시지를 담으려고 했을까? 정리하면 이렇다.

* 아로마 풀빌라: 제목을 '아로마 풀빌라 드위트리 펜션'이라고 잡았는데 '아로마 테라피'를 강조한다고 이름에 붙인 것이다.
* 강원도 정선 청정 산골: 깊은 숲속에 있어 쾌적하고 힐링이 된다는 점을 강조하고자 서두에 '해발 600미터 강원도 정선 청정 산골'이라는 표현을 넣었다.

＊ 에메랄드빛 풀에 띄운 몰디브풍 풀빌라 펜션: 풀의 색깔도 강조
하고 몰디브식 구조를 갖추고 있다고 광고하려는 내 욕구가 실
렸다.

아로마 테라피인가, 청정 산골인가 몰디브풍 풀빌라인가? 이 중 가
장 중요한 게 뭘까? 항상 콘텐츠에서는 순서라는 게 참 중요하다. 사
실 아로마 테라피용품을 직접 만드는 펜션이 당시엔 거의 없었기 때
문에 이 점을 노리고 제목에도 '이로마 풀빌라'라는 말을 썼다.

그런데 펜션을 운영해 가면서 점점 '아로마' 쪽에 대한 관심보다는
'몰디브'라는 콘셉트에 대한 고객들의 관심이 훨씬 크다는 사실을 알
게 됐다. 지금 보면 '당연히 몰디브를 제1의 콘셉트로 썼어야 하는 거
아냐'라는 생각이 들지만 그때는 아로마 테라피를 직접 배워 만드는
과정이 힘들었고, 이 힘든 것을 보상받기 위해 어떻게 홍보에 활용해
야 하나에 온 신경이 집중돼 있다 보니 홍보 문안도 그렇게 나왔던 것
같다. 소비자에게 묻지 않고 스스로 추측하다 '공급자의 오류'에 빠진
것이다.

쎈션을 오픈하고 난 뒤 드위트리 펜션을 여기저기 알려 주는 고객
들이 나타났는데 그들이 달아 준 해시태그가 눈에 들어왔다.

＃ 강원도 몰디브
＃ 드위트리

'강원도 산골'이라는 위치 정보와 '몰디브풍 구조'라는 특징을 결합

해 '강원도 몰디브'라는 신조어를 만들어 준 것이다. '강원도 몰디브'는 드위트리 펜션을 '딱 한마디로' 가장 잘 설명하는 핵심 메시지로 손색이 없었다. 지금 펜션 홍보 문안을 다시 쓰라면 제목에 필시 '강원도 몰디브, 드위트리 풀빌라 펜션'이라는 메시지를 넣었을 것이다.

이후 펜션을 홍보하기 위한 다양한 마케팅을 경험하면서 나는 '키워드'가 갖는 중요성을 절감하게 됐다. '강원도 몰디브'라는 메인 키워드 외에도 그 하부를 구성하는 '서브 키워드'를 어떻게 뽑을지가 드위트리 펜션을 홍보하는 데 매우 중요했다.

특히 네이버 키워드 광고를 집행하기 위해 여러 가지 펜션 관련 키워드를 뽑아서 문안을 뽑고 검수를 받아야 하는데 그때 난생 처음 '카피 뽑는 연습'을 하게 됐다. 말과 문장, 음절과 어절과의 싸움이었다.

당시 펜션 오픈을 전후해 내가 온라인 메모장에 키워드를 뽑기 위해 브레인스토밍한 기록의 일부다.

키워드 뽑기 위한 '브레인스토밍' 기록

factor 1: 펜션의 형태(개인 수영장 펜션 / 풀빌라 펜션 / 스파 펜션 / 독채 펜션 / 산 펜션 / 바다 펜션 / 복층 펜션 등)

factor 2: 드위트리와 관련성 큰 키워드(예약률 높은 펜션 / 가격 대비 좋은 펜션 / 인테리어 아름다운 펜션 / 물 좋은 지역 펜션 / 연예인이 찾는 펜션 / 프로포즈 하기 좋은 펜션 / 럭셔리 펜션 / 커플 스파 펜션 / 가족형 펜션/예술작인 펜션 / 웰빙 펜션 / 힐링 스파 펜션 / 주변 리조트나 호텔보다 좋은 펜션 / 예쁜 펜

션 /겨울 여행하기 좋은 / 풍경이 아름다운)

factor 3: 우리 펜션 말고도 모든 펜션이 다 해당되는 것(싸고 좋은 펜션 / 초고가
펜션 / 사진과 실제가 다른 펜션 / 성수기에 비싼 펜션 / 비수기에도 비싼 펜
션 / 소셜 커머스 펜션)

factor 4: 주변 관광지, 랜드마크 연상 키워드(강원랜드 펜션 / 하이원리조트 펜션
/ 민둥산 펜션 / 두위봉 펜션 / 함백산 펜션, 38국도 펜션)

그런데 키워드를 뽑는 데 중요한 건 연관성 뿐 아니라 실제로 온라
인에서 사람들이 그 검색어를 얼마나 많이 검색하는가이다. 이에 대
한 답을 주는 것이 네이버 광고주 검색의 키워드 도구 기능이다. 특정
키워드를 특정 기간 동안 얼마나 많이 조회했는지 수치를 네이버가
광고주들을 위해 공개한다.

드위트리 펜션의 메인 키워드인 '강원도 몰디브'는 사실 여기 해당
되는 펜션이 드위트리 펜션 밖에 없기 때문에 굳이 이 키워드에 공을
들일 필요가 없다. 당시 일반인들이 가장 많이 검색하고 또 드위트리
펜션과 관련성이 높아 내가 별도로 늘 관심 갖고 들여다보던 키워드
는 아래와 같다.

* 풀빌라 관련: 풀빌라 펜션, 국내 풀빌라, 국내 풀빌라 펜션
* 강원도 관련: 강원도 풀빌라 펜션, 강원도 풀빌라, 강원도 독채
펜션, 강원도 가족 펜션

* 관광지 관련: 강원랜드 펜션, 하이원리조트 펜션, 민둥산 펜션

수없이 네이버 광고주 아이디로 키워드를 분석한 뒤 추출한 단어들이다. 펜션 홍보에 있어 가장 중요한 키워드다. 이렇게 핵심 키워드를 도출한 뒤 네이버 블로그, 네이버 기사, 페이스북 해시태그, 인스타그램 해시태그, 트위터 해시태그 등에 이 키워드를 최대한 활용했고 노출시켰다. 의외로 중요하다고 생각했는데 효과가 적은 키워드도 있었는데 아래와 같다.

* 강원도 몰디브: 어차피 드위트리 펜션에 대해 알고 검색한 사람들이므로 중요하지 않음.
* 정선 펜션: 정선에 경쟁할 만한 펜션이 별로 없어 신경 쓰지 않아도 항상 드위트리 펜션은 유명 정선 펜션으로 회자되고 있으니 신경 쓸 필요 없음.
* 럭셔리 펜션: 나는 이 단어가 의미 있을 줄 알았는데 생각보다 검색 조회 수가 적었음.

이런 키워드는 어쩌다 한 번씩만 검색해서 그 메인 창을 들여다봤을 뿐 그다지 신경 쓰지 않았다. 나는 이런 분석을 통해 어떤 키워드를 사용할지 선택과 집중을 했다.

드위트리 스토리

첫인상에
승부수를 던져라

대학 2학년 시절 신문방송학과 전공 수업 때였다. 한 강사가 'TV는 과연 무엇을 파는가?'라는 질문을 던졌다. 예능 프로그램 같은 영상을 시청자에게 파는가? 나도 그렇게 생각했는데 아니었다. 정확히는 '시청자를 광고주에게 판다'는 것이 정답이다. 즉 재미난 영상을 만들어 시청자들을 TV 앞으로 모은 뒤 그 시청자들이 광고를 보게 유도하고 광고주로부터 돈을 받는 것이 방송사의 수익 모델이다. 시청자의 관심을 광고주에게 파는 것이다.

마찬가지 질문을 펜션업에 던진다면 어떤 답이 나올까? 펜션이라는 숙박 시설의 1일 사용권을 고객에게 판다는 것이 하나의 답일 것이다. 그런데 좀 이상하다. 투숙객 중에 현장에 도착해서 결제하는 경우는 극히 드물다. 대부분 사전에 예약하면서 숙박료를 치른다. 그렇다면 펜션에 와 보지도 않고, 돈을 지불한 사람들은 무엇을 보고 산 것인가? 펜션 홈페이지다. 즉 펜션업의 보다 정확한 정의는 '펜션 홈페이지로 사람들을 불러 모아 숙박 예약권을 판다'는 것이다.

생각이 여기까지 미치자 더 중요한 질문 하나가 떠올랐다. 사람들이 구매 결정을 내림에 있어 중요한 것은 펜션인가, 아니면 펜션 홈페이지인가. 당연히 펜션 홈페이지다. 구매 의사 결정은 전적으로 펜션 홈페이지에 달려 있다. 한 번 와 본 고객이 또 오는 드문 경우를 제외하면 이 원칙은 항상 적용된다. 물론 블로그 등 펜션에 대한 고객들 평가를 보는 등 정보 검색을 하기도 하지만 그래도 구매 여부 판단에 있어 펜션 홈페이지가 차지하는 비중은 절대적이다. 그때 내가 내린 결론을 정리하면 이렇다.

서론: 구매 결정에 보다 결정적인 영향을 미치는 건 펜션보다는 펜션 홈페이지다. 도착 전에 결제하기 때문이다.

본론: 고객이 펜션에 도착한 뒤 겪게 되는 '실제 경험'보다도 펜션 도착 전에 겪게 되는 '펜션 홈페이지 통한 상상 속 경험'이 더 중요하다. 거기서 설득이 돼야 한다.

결론: 승부수는 여기다. 펜션 홈페이지에 모든 걸 걸어야 한다.

전국의 수많은 펜션 홈페이지를 뒤지고 또 뒤졌다. 기존 펜션 홈페이지 하단엔 꼭 그 홈페이지 제작 업체의 로고와 링크가 걸려 있기 때문이다. 수십 개 업체에 접촉해 묻고 또 물었다. 처음엔 홈페이지 하

드위트리 스토리

나 근사하게 만들려면 천만 원은 필요한 줄 알았지만, 역시 뒤지고 또 뒤지자 비용은 5백만 원으로 뚝 떨어졌다. 특A급은 아니지만 아주 괜찮은 감각을 보여 주고 있고, 또 대표가 성실하다고 느껴지는 한 업체로 선정했다. 당시 이 홈페이지 제작업체 대표는 전무후무한 몰디브풍 풀빌라 펜션인 드위트리 펜션에 대해 상당한 관심을 보였으며 좋은 홈페이지를 만들어 포트폴리오로 삼고 싶다고 했다.

고객은 홈페이지로 어떤 상상 속 경험을 할까?

대부분의 기존 펜션 홈페이지가 그냥 시설을 차례대로 소개하거나 기껏해야 그런 시설을 멋지게 보이려고 모델을 활용하는 정도였다. 펜션 홈페이지를 기획하면서 나는 '고객의 경험을 만든다'는 생각으로 접근했다. 그래서 홈페이지 메인 화면부터 각 메뉴마다 고객이 직접 누르는 순서대로 시뮬레이션을 하면서 어떤 느낌이 들지 감정이입을 하며 홈페이지 기획안을 고치고 또 고쳤다.

계속 상상했다. 홈페이지를 본 고객의 첫 느낌은 뭘까? 첫 사진을 보면서 어떤 생각을 할까? 로고를 보면서 무슨 느낌을 받을까? 그냥 떠오른 대로 또 주변에 물어보며 어설픈 로고 디자인을 해 봤다. 또 홈페이지에서 자동 재생되는 음악을 신중하게 골랐다. 몰디브에 가 본 적이 없기 때문에 몰디브에서 어떤 음악을 듣는지 모르지만 일단 왠지 몰디브에 여행 가면 잘 어울릴 만한 노래를 골라 봤고, 보사노바 음악이라는 결론에 다다랐다.

보통 펜션 홈페이지를 볼 때 '내가 잘 곳'이기 때문에 객실 내부를 가장 세세히 들여다본다. 눈을 감고 또 펜션 예약을 하려는 미래의 한 잠재 고객 입장에서 생각했다. 어떤 사진 순서로 볼 때 여기 꼭 가고 싶다는 생각이 들까? 일단 가장 특이한 요소인 노천탕과 월풀 욕조를 보여 주는 게 가장 낫고 그 다음엔 목욕 뒤 보게 될 이국적인 세면대(내가 디자인한 그 세면대) 사진을 보여 주는 게 좋을 것 같다고 판단했다. 그래서 '전경 → 노천탕 → 욕실(월풀 스파) → 세면대'의 순서로 객실 웹페이지를 기획했다.

아로마 테라피는 펜션이 내세우는 특장점이므로 별도 메뉴로 구성하기로 했다. 셀프 테라피를 하도록 홈페이지에서 시행 순서와 자세한 요령을 알려 주도록 했다. 물론 나중에 실제 홈페이지 제작에선 초기 기획된 내용이 많이 수정됐지만, 초반의 이런 노력은 나중에 홈페이지의 품질을 높이는 데 매우 큰 도움이 됐다. 뭐든 정성 들인 만큼 만들어지는 거니까.

홈페이지 촬영 날이 다가왔다. 홈페이지 제작사에서 고맙게도 전문 촬영 작가를 직접 자비로 불렀다. 홈페이지를 잘 만들어 포트폴리오로 삼기 위해서였다. 홈페이지란 작품에 업체 대표가 애정을 불어넣는 모습을 보니 너무 고마웠다. 홈페이지 촬영에는 전문 모델을 동원하기로 했는데, 당시 자금이 부족한 형편이어서 연예 기획사 운영 경험이 있는 사촌동생에게 SOS를 쳤다. 사촌동생은 친한 모델들에게 "하루 놀다 오는 셈 치고 한 번 도와줘."라고 말하며 수소문해 구해 줬다. 모델을 따로 정선까지 데려다 줄 사람도 없이 사촌동생이 직접 승합차를 운전하고 모델들을 데려왔다.

촬영 당일, 우선 대형 크레인 샷 촬영부터 시작했다. 몰디브나 동남아의 고급 풀빌라들은 항상 이렇게 하늘에서 내려다보는 사진을 찍는 것을 보고 별도로 크레인을 부른 것이었다. 당시만 해도 드론 같은 게 없었기 때문에 높은 곳에서 내려다보는 부감샷 찍는 것은 펜션 업계에서도 흔하지 않은 일이었다. 크레인 부르는 비용은 30만 원 정도 들었는데 사실 부르기 전에 '꼭 필요한 거 맞나' 하고 좀 망설이다가 결국 불렀나. 그 하늘에서 내려다본 사진 한 장의 값어치가 얼마나 큰 것인지 그때는 알지 못했다.

대형 크레인을 동원해 사진을 찍었다.

남자 모델 둘, 여자 모델 둘이 마침 도착했다. 물놀이를 부탁하고, 사진작가는 크레인에 올라 본격적인 촬영에 돌입했다. 하늘에서 본 드위트리 펜션 모습을 그날 처음 봤다. 감격스러웠다. 기대했던 것보다 훨씬 예뻤고, 정말 몰디브 풀빌라 같은 이국적인 느낌이 들었다. 실제로 펜션을 찾는 고객들은 공중샷을 볼 수 없지만, 펜션 홈페이지에서 이 이미지를 보고 마음에 담은 뒤 찾아와 그 몰디브 같은 느낌을 떠올릴 것이라는 생각이 들었다.

이어 드위트리 초대형 풀에서 물놀이 하는 장면을 찍었다. 모델들끼리 원래 친하고 또 몸을 아끼지 않고 열연해 줘 신나는 물놀이 샷이 연출됐다. 당시 초여름이었는데 그날따라 햇볕이 유난히 따사로웠고, 빛깔도 훌륭했다. 에메랄드빛 풀에서 모델들은 신나게 노는 모습은 펜션을 직접 지은 우리 가족들 눈에도 이국적으로 보였다. 사진작가와 모델이 정말 열심히 해 준 덕분에 기대 이상의 좋은 사진을 얻을 수 있었다.

드위트리 초대형 풀에서
물놀이하는 장면 촬영

실내 사진도 훌륭하게 나왔다. 드위트리 펜션은 4개 벽면에 유리가 많아서 채광이 매우 잘 되다 보니 별도의 특수 조명 없이도 색감이 풍부한 실내 사진이 찍혔다. 광각렌즈를 써서 실제 투숙객이 받는 느낌과 흡사한 좋은 느낌의 사진을 얻을 수 있었다. 높은 천장고 덕분에 시원하게 탁 트인 분위기의 실내 사진이 나올 수 있었다. 노천탕과 월풀스파 등 물 관련 시설은 이해를 돕기 위해 모델 촬영을 했다.

오후 6시가 넘자 사진작가는 야경 촬영 준비 모드에 돌입했다. 야간 풍경 사진은 해가 뉘엿뉘엿 지는 저녁 7시 전후의 약 10분간이 골든타임이다. 이 시기엔 저 멀리 산에서 해가 막 넘어가면서 하늘이 푸른빛 또는 보랏빛으로 바뀌며 환상적인 분위기를 연출한다. 밤이 되자 드위트리 초대형 풀은 노란 펜션 동 건물을 수면 위에 반사시키며 신비로운 분위기를 자아냈다.

아버지가 펜션 동 지붕마다 6개씩 처마 등을 달았는데 나는 '굳이 저걸 달 필요가 있나' 싶었다. 그런데 그 작은 조명이 야경 사진에서 진가를 발휘했다. 펜션 건물 꼭트머리에서 은은한 빛을 뿜으며 푸른

드위트리 스토리

밤하늘과 어우러져 고혹적인 매력을 뿜냈다. 야경 사진을 보고 사진을 직접 찍은 사진작가도, 펜션을 직접 지은 우리 가족도 모두 놀랐다.

솔직히 실제 모습보다도 더욱 환상적인 분위기가 연출될 만큼 사진이 너무 잘 나왔다. 다른 펜션들은 대부분 야경 사진을 보정해서 홍보용으로 썼지만 우리는 사진 원본 그대로 활용했다. 블로그에서는 사진을 보여 주면서 '보정 1도 없는 실제 펜션 야경'이라고 강조했고, 그래서 더 효과를 본 것 같다.

사진이 만족스럽게 나온 덕분에 펜션 홈페이지 제작 작업은 순조로웠다. 2012년 당시로서는 가장 예쁜 홈페이지는 대부분 플래시를 활용한 홈페이지였다. 위아래로 스크롤 다운 하면서 사진을 보는 방식과 양옆으로 넘기면서 보는 슬라이드로 사진을 보는 두 가지 방식이 있는데 이 중 슬라이드 방식을 택했다.

홈페이지 첫 화면인 메인 페이지에서는 고객이 직접 드위트리 펜션을 찾았을 때 즐기게 되는 순서대로 구성했다. 예쁜 사진을 여러 장 나열해서 보여 주는 당시 대부분의 펜션 홈페이지와는 확연히 다른 구성이었다. 특히 셀프 아로마 테라피를 즐기는 과정을 보여 줘 고급 풀빌라 이미지를 부각했다.

펜션 홈페이지가 공개되자 주변에서 '홈페이지가 정말 예쁘다'는 칭찬을 많이 받았다. 일면식 없는 펜션 주인들로부터도 홈페이지 제작 노하우를 배우고 싶다는 전화도 많이 받았다. 고객과 펜션과의 첫 번째 만남의 공간인 펜션 홈페이지는 그렇게 완성됐다.

① 펜션 전체 낮 풍경
둘러보기 (공중샷)

② 드위트리 풀에서 물놀이:
30~120cm 다양한 수심

③ 천연 계곡수로 채운
드위트리 에메랄드 풀 구조

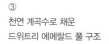

④ 보트와 튜브
무료 대여

⑤ 개별 테라스에서
여유로운 휴식

⑥
나무 그네와
소파 그네

⑦
몰디브 풀빌라 인테리어

⑧
현무암 노천탕에서
바스 솔트로 노천욕

⑨
버블 바스로
실내 욕조에서 거품욕

⑩
아로마 오일 바디 마사지
(커플끼리 해 주기)

⑪
유리 큐브 바비큐실에서 즐기는
바비큐 파티

<첫인상이 중요한가, 실제 사용 경험이 중요한가?>

"아버지, 펜션 홈페이지 사진 촬영 새로 하면 어때요? 사진가와 모델 부를 돈이 필요해요."

"그렇게 인터넷에서 예뻐 보이는 게 뭐가 그리 중요하니? 그 돈이 있으면 펜션 자체를 개선하는 데 써야지."

아버지와 나눈 대화이다. 돈이 있다면 펜션 자체를 개선하는 게 좋을까? 펜션 홈페이지를 개선하는 게 좋을까? 매출만 생각하면 난 펜션 홈페이지가 먼저라고 생각한다. 특히 펜션은 오직 홈페이지에서 첫인상을 보고 구매 결정을 하는 특이한 상품이다. 펜션 홈페이지는 첫인상이니 절대적으로 중요하다. 물론 실제 펜션에 왔을 때 배신감을 느끼게 해선 안 된다는 전제하에.

펜션뿐 아니라 음식점도 첫인상이 중요하다. 음식이란 상품은 당연히 맛이 중요하다고 생각했는데, 장사 고수들의 말은 달랐다. 음식점 성공 여부에서 음식 맛이 차지하는 비중은 30%에 불과하다는 것이다. 가게 위치와 테이블 배치, 인테리어 분위기, 음식 세팅, 그릇 등 나머지 부분의 비중이 70%를 차지한다는 것이었다.

음식을 맛보기 전에 느끼는 첫인상이 음식 맛만큼이나 중요하다고 한다. 실제로 100% 똑같은 레시피로 만든 음식을 팔아도 어느 가게에선 줄 서서 먹는데 어느 가게에선 파리만 날린다.

인터넷으로 구매하거나 예약하는 경우가 많은 요즘 같은 시대엔 첫인상에 승부수를 던져야 한다. 첫인상을 최고로 끌어올리고 실제 내용물을 그 첫인상에 맞춰야 한다. 즉 과자의 포장지부터 기획하고 그 포장지에 맞는 내용물을 연구하는 식이다.

이렇게 첫인상에서부터 승부를 보는 제작 시스템을 스브스뉴스에 적용해 봤는데, 효과는 확실히 좋았다. 콘텐츠의 제목 또는 썸네일부터 정한 뒤 본문 내용을 구체화하는 연습을 시켰을 때 추후 조회, 도달 등 성과가 확실히 개선됐다.

나보고 다시 새로 펜션을 지으라면, 펜션 홈페이지를 먼저 기획하고 그 홈페이지 기획안대로 펜션 건축물을 지을 것이다. 그러다 보면 얼마나 편리한 구조인가, 동선을 최소화한 구조인가, 에너지를 가장 아끼는 설계인가 등 일반적인 건축의 주요 가치를 우선적으로 추구하기는 힘들 것이다. 대신 얼마나 기발한 콘셉트인가, 얼마나 한눈에 멋져 보이나, 통유리로 속이 확 트여 보이나, 층고가 높아 쾌적한가 등의 '심미적 가치'를 주로 따지며 짓게 될 것이다. 통유리를 많이 쓰고 층고가 높으면 에너지 효율이 떨어지지만 홈페이지에선 멋져 보이기 때문이다.

구체적으로는 아래 단계를 거치면서 펜션 홈페이지를 기획하고 펜션을 지을 것 같다.

❶ 세계적인 리조트와 풀빌라의 홈페이지를 연구한다.

❷ 최고 수준의 펜션 홈페이지를 기획하고 정교화한다.

❸ 첫 메인 페이지는 드론을 날려 영화 속 한 장면처럼 환상적으로 구성한다.

❹ 홈페이지의 펜션 객실 소개 페이지는 PC 버전의 경우 VR을 활용해 실제가 본 것처럼 꾸미고, 모바일 버전의 경우 사진을 잘 배치할 것이다.

❺ 홈페이지 시안을 20대 여성들에게 보여 주고 "우와", "대박" 등 격한 반응을 불러오는지 확인한다. 그런 반응이 안 나오면 될 때까지 디자인을 개선한다.

❻ 그런 다음 그 펜션 홈페이지와 똑같이 실제 펜션을 짓는다. 실제 방문한 고객들이 배신감 느끼는 일이 없도록 말이다.

CHAPTER · 6

콘텐츠 마케팅 1

강점과 약점은
동전의 양면

2012년 6월 12일 드위트리 펜션이 정식 오픈했다. 홈페이지에 있는 근사한 사진이 온라인으로 퍼지면서 놀라는 이들이 속출했고, 문의 전화는 빗발쳤다. 하루 종일 펜션 프런트로 문의 전화가 쉬지 않고 걸려 온 적도 있었다. 한 달 만에 8월까지 여름 예약이 가득 차 버렸다. 그날 취소자가 나오면 어느 객실이든 들어가겠다며 대기를 거는 사람도 여럿 있었다. 숙박에 실패했다며 그냥 구경하러 오는 사람도 종종 보였다.

펜션 오픈 직전까지 자금난을 겪으며 힘들어 하시던 아버지는 정식 오픈 한 달 만에 못 치렀던 공사 대금을 모두 지불하고 그제야 두 발 뻗고 주무실 수 있게 됐다. 우리 가족은 이 엄청난 관심과 줄지어 들어오는 문의 전화에 어리둥절할 뿐이었다. 그냥 믿기지 않았다. 매출이 오르고 부모님 통장의 마이너스 잔고가 플러스로 바뀌자 그제야 실감이 났다.

드위트리 펜션의 첫여름은 대성공이었다. 펜션은 하루도 빠짐없이 돌아가고 쉬는 날이 없다. 어머니는 낮엔 프런트에서 손님을 맞이하고, 저녁엔 바비큐 세트를 준비하시고, 아침엔 고객들에게 줄 황태 해장국 조식을 준비하시느라 기자인 나보다 바쁘게 사시는 것 같았다. 아버지도 손님 픽업해 오고, 풀장 청소하고, 고장 난 설비 고치고, 바비큐 나르고, 때론 어머니 대신 문의 전화를 받는 등 정신 없으셨다. 돈이 좀 생기자 직원을 뽑아 맡기고 한숨 돌리셨다.

드위트리 펜션 풀장은 늘 물놀이하는 손님들로 가득했다. 오는 손님마다 펜션에 대한 놀라움과 칭찬이 입에서 터져 나왔고, 아버지는 그걸 듣고 껄껄 웃으시며 서비스로 음료수를 꺼내 주셨다. 나는 주말이면 펜션을 찾아 바비큐 세트를 나르거나 예약 전화를 받거나 아로마 테라피 용품 만드는 걸 도왔다. 그리고 저녁 느지막이 우리 가족끼리 모여 바비큐 파티를 벌였다. 당시 건배사는 아버지가 '드위'라고 외치면 다른 식구들이 '트리'라고 외치는 식이었다. 아버지는 꿈을 꾸는 것만 같다고 하셨다. 그동안 연락이 뜸했던 친구들을 초대해 펜션을 지으며 겪은 무용담을 새벽까지 늘어놓으셨다.

우리 가족은 승리감에 도취돼 있었다. 수영이 가능한 9월 둘째 주까지 예약이 가득 찼다. 여름 수영 시즌의 예약이 모두 찼는데도 문의 전화는 시도 때도 없이 걸려 왔다. 급기야 8월 중순쯤 되자 내년 여름 예약을 하겠다는 전화도 자주 걸려 왔다. 일단 내년 여름 예약은 내년 봄에 해 달라고 끊었다. 그때 뭔가 이상하게 돌아가는 듯한 느낌이 들었다.

'뭐? 내년 여름 예약? 그럼 당장 다가올 가을과 겨울은 어떡하지?'

그래도 워낙 인기가 폭발한 상황이라 가을 겨울도 다른 펜션들보다는 훨씬 나을 거라고 생각했다. 안일한 생각이었다. 쌀쌀한 바람이 몰아친 10월부터 예약률이 뚝 떨어지더니 11월엔 주중에 방이 텅텅 비는 날도 생겼다. 12월 초가 되어 하이원리조트가 개장했는데도 주말에만 손님이 가득 찰 뿐 주중엔 빈방이 넘쳐났다. 심지어 12월에도 내년 여름 예약을 하려는 문의 전화가 훨씬 많이 걸려 왔다.

영업 중단을 고민할 정도였던 겨울 비수기

뒤늦게 큰일났다고 판단한 아버지는 겨울의 손익계산을 위해 계산기를 두드려 보셨다. 드위트리 펜션은 몰디브 풀빌라스러운 분위기를 내기 위해 4개 벽면에 창문이 많다. 그렇다고 엄청 좋은 단열 유리를 쓴 것도 아니어서 펜션 동의 단열 성능이 매우 떨어진다. 겨울에 난방비가 무섭게 치솟는 설계다. 공사비가 부족해 겨울 단열 성능까지 미처 설계에 반영할 여유가 없었다. 난방을 중단하면 금세 추워져 사실상 24시간 보일러를 떼야 했다. 게다가 노천탕 물까지 사람들이 많이 쓰면서 온수 공급을 위해 기름보일러를 추가로 들여 놔야 했다.

아버지는 근심이 가득했다. 난방비가 너무 많이 들어 아무리 손님이 없어도 전체 방의 절반은 채워야 손익분기점을 넘긴다는 계산이 나왔는데 실제 투숙률은 20~30%에 그쳤다. 아버지와 어머니는 차라리 겨울엔 영업을 하지 않는 방안도 심각하게 고려하셨다.

드위트리 스토리

펜션 한가운데 풀장의 물이 얼기 시작할 만큼 추워지자 물을 모두 뺐다. 여름엔 그 멋진 몰디브풍 풀빌라 펜션이 겨울이 되자 큰 풀장 물이 다 빠지고 바닥을 드러낸 채 을씨년스런 분위기마저 느껴졌다. 여름의 성공에 도취돼 겨울엔 어떻게 손님을 끌어모을지 준비를 전혀 안 한 것을 크게 후회했다. 직원들 인건비는 그대로 나가고, 난방비는 치솟는데 별달리 대책이 없었다. 춥다는 고객 민원도 접수돼 개별 난로를 추가로 구입해 들여놓는 등 이것저것 추가 비용이 들었다.

소비자들은 참 무섭다는 생각이 들었다. 여름에 그렇게 애정을 몰아주더니 겨울이 되니까 차갑게 돌아섰다. 다른 펜션만큼만 장사가 됐어도 만족했을 것이다. 하지만 드위트리 펜션은 '여름에 좋은 펜션'으로 이미지가 확고하게 박혀서인지 겨울 예약률은 형편없었다.

펜션 영업을 멈추고 날이 따뜻해지면 다시 문을 열지 고민하는 부모님을 보다 못해 나는 이 난국을 타개할 방법을 찾아 나섰다. 겨울에 사람들이 어딜 놀러 가는지 검색에 또 검색을 했다. 겨울에 유명한 여행지와 펜션, 호텔도 찾아봤다. 그러다가 하얏트호텔 아이스링크가 눈에 들어왔다. 이런 게 있으면 손님이 밀려들겠다는 생각을 하던 찰나 아이디어가 떠올랐다.

'가만, 우리 풀장에 물을 받아 얼리면 아이스링크 되는 거 아냐?'

인공 아이스링크를 만드는 업체에 문의했는데 비용이 너무 비쌌다. 그냥 풀장에 물을 받아서 얼리는 수밖에 없었다. 이미 펜션 옆 계곡수도 얼어붙어 지하수를 대서 간신히 물을 받았다.

그리고 크리스마스트리를 구하러 다녔다. 중앙 섬에 트리를 여러 개 설치하고 크리스마스 분위기를 내기 위해 많은 업체를 찾았는데

새 하얀 색의 화이트 트리가 눈에 들어왔다. 남들과 똑같은 초록색 트리를 설치하는 것보다 뭔가 이국적인 분위기가 연출될 것 같았다. 그리고 트리에 휘감는 은하수 전구의 색이 흰색 트리 덕분에 더욱 밝게 퍼질 것 같았다. 어디서도 화이트 트리를 여러 개 늘어놓고, 핑크빛 전구를 걸어 놓은 경우를 못 봤기 때문에 이건 전적으로 나의 상상에 의존했다. 사실 겁이 났다. 내 머릿속에서는 볼만한데, 실제로 해 놓았을 때 별로이면 적지 않은 돈을 날리는 셈이니까 말이다. 하지만 대안이 없어 그냥 밀어붙이기로 했다.

화이트 트리를 도매로 싸게 구했다. 20개 이상 한꺼번에 사면서 도매업자와 친해졌고, 그 사장님은 트리에 다는 각종 장식물도 인터넷 최저가보다 훨씬 싸게 주셨다. 길이 6미터의 초대형 트리도 하나 구했다. 화이트 트리 20여 개와 초대형 트리 1개, 각종 크리스마스 장식과 핑크빛 은하수 전구를 싣고 정선으로 향했다. 크리스마스를 한 주 앞둔 시점이었다. 나와 동생들 아버지 어머니 모두 모여 트리를 일일이 조립해 세우고, 장식물을 달고 은하수 전구를 연결했다.

주말 이틀 동안 트리를 다 설치하기 위해 가족들은 혼신의 힘을 기울여 작업에 집중했다. 예상 밖에도 아버지가 도와주신 덕분에 생각보다 순조로웠다. 아버지는 열심히 도와주시면서도 '이거로 펜션이 좀 더 예뻐진다고 설마 고객들이 오겠냐'고 김새는 말씀을 때때로 하셨다.

이틀 만에 화이트 트리 20여 개를 중앙 섬 외곽에 둘렀다. 마지막으로 한가운데 초대형 트리를 설치한 뒤 조명을 전기와 연결한 순간 '우와' 하는 탄성이 절로 나왔다. 크리스마스 분위기 물씬 나는 핑크빛 아이스링크가 탄생한 순간이었다. 물론 하얏트호텔 핑크빛 아이스링크에 비하면 한참 모자라지만 생각보다 훌륭했다. 물 빠진 텅 빈 풀장의 을씨년스런 모습보다는 100배 나았다.

나는 서둘러 중고 스케이트를 구했다. 마침 스케이트장 한 곳이 문을 닫으면서 스케이트 20여 켤레가 사이즈별로 중고 시장에 나와 운

드위트리 겨울의 변신: 다양한 트리를 설치하고 스케이트와 썰매를 대여했다.

좋게 구입할 수 있었다. 나무 썰매도 네댓 개 인터넷에서 구입해 펜션으로 보냈다. 좀 더 매력적인 아이템이 필요할 것 같아 찾고 또 찾다가 해외엔 근사한 썰매가 많다는 사실 알게 됐다. 그래서 그때 처음으로 '직구'라는 걸 배웠다. 생각보다 어렵지 않았다. 아마존에서 직구로 10만 원 상당의 고급 썰매를 수분했다.

국내 유일 아이스링크 펜션

확 바뀐 겨울 드위트리 펜션 모습을 서둘러 사진 찍어 펜션 홈페이지에 올려야 했다. 일단 내 핸드폰으로 찍은 사진을 홈페이지에 급한 대로 걸었다. 그랬더니 확실히 예약 문의가 늘었다.

당장 사진작가 구할 시간이 없어 펜션 홈페이지 제작사 대표에게 크리스마스 직전 하루쯤 시간을 내 가족과 함께 놀러 와 사진 몇 장만 찍어 달라고 부탁했다. 진짜 열심히 사진을 찍어 주셨다. 좋은 DSLR 사진기로 찍은 사진은 확실히 보기 좋았다. 그 사진이 홈페이지에 오르자 문의 전화가 더욱 늘었다.

'국내 유일 아이스링크 펜션'과 '핑크빛 아이스링크 펜션'으로 키워드를 잡고 공격적으로 네이버 키워드 광고와 페이스북 광고를 돌리기 시작했다. 마침 지난여름 친해진 파워 블로거들이 정선을 또 찾아 주셔서 예쁜 사진을 많이 찍어 온라인에 퍼뜨려 주었다.

파워 블로거 네 분이 한꺼번에 오셨는데 한 주 단위로 블로그가 올라갈 때마다 예약률이 올라가더니 급기야 1월과 2월 투숙률이 무려 90%를 넘겼다. 놀라운 일이었다. 20%를 밑돌며 썰렁했던 '여름 전용 펜션'이 '국내 유일의 아이스링크 펜션'으로 환골탈태하더니 겨울에

아이스링크 콘셉트로 꾸민 드위트리 펜션 겨울 야경

가 볼만한 펜션으로 고객들에게 각인된 것이다.

　흥이 난 나는 하이원리조트를 찾는 스키어들을 분석해 '드위트리 스키 패키지 상품'도 개발해 내놓았다. 스키를 타러 오는 사람들이 대부분 스키 리프트권과 장비 대여, 숙박을 한꺼번에 해결하는 '패키지 상품'을 선호한다는 걸 알고, 리조트나 호텔들이 하는 방법을 따라 해 본 것이다. 주변 스키샵에 손님을 소개해 줄 테니 리프트권과 장비 대여권을 최저가에 해 달라고 요청했고 스키샵이 흔쾌히 수락한 덕분에 세휴가 가능했다. 스키 패키지 손님은 보통 이틀 이상 숙박하는 경우도 적지 않아 우리도 추가 할인을 적용했다.

　스키어들에게 더 경제적인 서비스를 제공하는 패키지 상품이 준비되자 '하이원 펜션', '하이원리조트 펜션' 등의 키워드를 집중 공략해 네이버와 페이스북에서 광고를 집행했다. 패키지 상품의 효과는 금세 나타났다. 펜션 투숙객 중 기다란 스키를 들고 나타나는 사람들이 부쩍 많아졌다.

겨울에 문 닫는 것만은 제발 막아 보자며 발버둥쳤던 그해 겨울. 크리스마스를 전후해 매주 서울과 정선을 오가며 펜션을 탈바꿈시키는 과정은 힘들었지만 정말 재밌었다. 트리 설치하느라 손이 꽁꽁 얼어붙어도 마음에선 희망의 등불이 타오르고 있었다. 특히 예약률이 치솟아 절망이 희망으로 바뀐 순간의 쾌감은 말로 다할 수 없었다. '겨울에 좋은 펜션'이란 고객 칭찬을 들었을 땐 좋아서 쓰러지는 줄 알았다.

"하이원리조트 가서 스키도 타고, 펜션에 돌아와서 스케이트와 썰매도 타고, 밤엔 노천탕도 즐기고 정말 겨울에 즐길 게 많은 펜션이네요."

드위트리 펜션의 겨울맞이 대수술은 대성공을 거뒀다. 12월엔 객실 전체의 절반도 못 채웠는데 크리스마스를 전후해 펜션이 180도 달라지면서 1월과 2월엔 80%를 넘는 투숙률을 기록했다. 아이스링크 펜션으로 소문이 나더니 여성 잡지에서도 가 볼만한 펜션으로 소개되기도 했다.

드위트리를 180도 변신시키는 과정을 겪으며 나는 찰스 다윈의 말을 다시금 가슴에 새겼다.

생태계에서 끝까지 살아남는 종은 가장 강하거나 가장 똑똑한 종이 아니라 변화에 가장 잘 적응하는 종이다.

－찰스 다윈(1809~1882): 영국의 자연생물학자, 진화론자

비수기에 살아남을 콘텐츠 만들기

드위트리 펜션에 있어 봄은 최악의 시즌이다. 겨울방학이 끝나고 개학하면서 가족 단위 고객이 뚝 끊긴다. 하이원리조트 스키장도 문을 닫으면서 스키어도 뚝 끊긴다. 펜션의 풀장 얼음도 녹으면서 아이스링크가 사라진다.

정선은 보통 서울보다 5~6도 정도 낮아 당연히 3월과 4월엔 풀에서 수영을 할 수 없다(물이 너무 차서 5초도 못 버틴다). 모든 수요가 싹 사라지고, 드위트리 펜션이 내세울 만한 것도 없다. 게다가 정선의 봄은 날씨도 꽤 춥다. 강원도 정선으로 봄 여행을 오는 경우는 드물다. 봄엔 따뜻한 남쪽으로 여행하는 사람들이 훨씬 많은 것 같다.

겨울에 이미 손님들의 변심을 경험해 손님 마음 무서운 줄 알게 된

나는 2월 초부터 봄에 닥칠 춘궁기를 걱정하기 시작했다. 봄에는 더 혹독한 시련이 올 것이 확실했다. 펜션에 쌓인 눈이 녹고 아이스링크 얼음이 서서히 녹기 시작하자 겨울용 트리와 장식을 치웠다. 겨울이 끝나자 펜션은 시커먼 얼음이 둥둥 떠다니는 풀장과 텅 빈 중앙 섬 탓에 정말 볼품없어졌다. 내가 손님이라도 이런 펜션에 와야 할 이유가 없겠다는 생각이 들 정도였다.

부모님은 봄은 어차피 비수기니까 그냥 빨리 지나가길 기다리는 수밖에 없다고 받아들이고 계셨다. 그런 부모님을 보니 나도 힘이 빠졌다. 신경 안 쓰고 다시 내 회사 일에나 집중하기로 했다. 그런데 자꾸 봄에도 펜션에 손님이 꽉꽉 들어차면 참 좋겠다는 생각이 머리를 떠나지 않았다.

'앞으로도 매년 봄과 가을 등 어정쩡한 계절엔 손가락만 빨고 있어야 할까? 줄어든 손님을 다시 채울 묘안은 없을까?'

비수기에도 기회는 있다

봄에도 고객이 드위트리 펜션에 와야 될 이유를 만들어 주고 싶었다. 늘 그렇듯 난 답을 찾기 위해 구글링 모드에 들어갔다. 해외와 국내에서 봄에 어떤 여행지가 뜨는지 어떤 숙박 시설이 살아남는지 뒤지고 또 뒤졌다. 그러다 눈에 들어온 사진이 있었다. 따사로운 봄날 호숫가에서 웨딩을 진행하는 사진이었다. 신랑 신부가 배를 타고 식장으로 들어서면 하객들이 박수를 치며 맞는다. 봄볕 가득한 야외 테라스 안에서 감동적인 결혼식이 펼쳐진다.

'그래, 맞다. 봄엔 유난히 결혼식이 많지. 봄엔 결혼도 많이 하고, 아

당시 구글링해 찾은
'봄날 호숫가 웨딩 콘셉트 사진'

기도 많이 태어나고, 봄에 사귀기 시작하는 연인도 많지. 즉 봄에는 이 벤트가 필요한 고객이 다른 계절보다 많네. 그렇다면 봄에도 기회가 있겠구나.'

봄에 드위트리 펜션이 가진 것이라고는 추워서 들어갈 수 없는 풀 장뿐이었다. 호숫가 웨딩 콘셉트를 구현하기 위해서는 그 사진에 나 오는 나무 카누가 필요했다. 그때부터 나무 카누를 찾기 시작했다. 쉽 지 않았다. 인터넷에선 다 플라스틱 카누뿐이었다. 해외엔 가끔 나무 카누가 보였지만 국내로 들여오려면 배송비가 너무 비쌌다.

정말 우연히 국내에서 수제 나무 카누를 만드는 공장을 찾아냈다. 인터넷 검색을 많이 하다 보면 구글이나 네이버가 내 마음을 알아주 는 것인지 아니면 내 손가락이 무의식적으로 내가 찾던 그것으로 이 끄는 것인지 생각이 들만큼 정말 운 좋게 찾는 경우가 있다.

경기도 양평의 공장을 찾아갔다. 인심 좋고 후덕해 보이는 카누 제 작업체 대표를 만났다. "국내에 나무 카누 만드는 데는 거의 우리 밖 에 없어요."라고 사장님은 말씀하셨다. 멀쩡한 직장을 관두고 훌쩍 해 외로 떠나 카누 만드는 방법을 배운 뒤 국내로 돌아와 카누 제작 학교

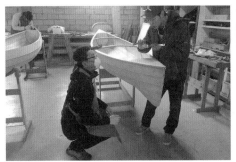

나무 카누 제작 과정(좌)과 수상 자전거(우)

를 세워 운영하고 계신단다. 간간히 직접 제작도 하며 멋진 제2의 인생을 사는 분이셨다.

하지만 나무 카누는 모두 손으로 직접 만들다 보니 비용이 적지 않았다. 고민 끝에 한 척만 주문했다. 나무 카누 위에서 작은 이벤트가 가능하도록 와인 잔 홀더도 달아 달라고 특별히 부탁했다.

나무 카누만으로는 부족한 것 같아 다른 탈것도 알아봤다. 수상 스포츠 관련한 검색을 한 끝에 수상 자전거를 발견했다. 수소문 끝에 중국에서 수상 자전거를 수입하는 업체를 알아냈고, 2대를 주문했다. 나무 카누에 비하면 훨씬 싸서 아버지는 이걸 더 좋아하셨다.

화이트 트리가 사라진 중앙 섬에 뭔가 웨딩 이벤트 공간 콘셉트를 살릴 요소가 필요했다. 봄에 맞게 예쁜 화분을 늘어놓을 생각으로 양재동 꽃시장을 찾았다. 발목 높이의 화분을 줄줄이 이어서 중앙 섬 바깥쪽을 장식할까 하는 생각이었다. 그러다 한 꽃집 주인이 추천해 율마를 보게 됐다. 핫도그 모양의 초록색 율마는 이국적이고 오묘한 매력을 풍겼다. 봄의 싱그러운 분위기를 극대화하는 데 이만한 아이템이 없다고 생각해 20여 그루를 주문했다.

나무 그네 뒤에 놓을 분홍빛 연산홍도 주문했다. 나무 그네 뒤에 배치해 포토존을 만들기 위해서였다. 연산홍을 심을 화분도 열심히 골라 하얀색으로 주문했다.

그 다음 서울 고속버스터미널 꽃시장의 조화 상가를 찾았다. 이곳에 온갖 조화뿐 아니라 각종 인테리어 소품이 어마어마하게 많았다. 나무 그네를 꾸밀 장미와 덤불 조화를 구입했다. 봄날 웨딩 콘셉트 촬영 소품으로 쓰일 부케와 율마에 묶을 하얀색 리본도 구입했다.

이번에도 사촌동생에게 전화해 모델 섭외를 부탁했고, 저렴한 비용으로 잘 해 주시는 펜션 홈페이지 대표에게 봄맞이 촬영을 의뢰했다. 그렇게 봄 테마 촬영 준비가 마무리됐다.

정선은 3월 날씨가 때로는 겨울 같다. 촬영한 날짜가 추울 수도 따뜻할 수도 있는 3월 16일이어서 걱정을 많이 했는데, 촬영 날 봄볕이 유난히 따사로웠다. 하늘이 도와주시는 것만 같은 기분이었다. DSLR 한 대가 남아 나도 카메라를 잡았다. 신랑 신부가 배를 타고 드위트리풀을 돌다가 중앙 섬으로 들어와 꽃 그네에 앉아 담소를 나누다가 수상 자전거를 타는 시나리오로 촬영을 진행했다. 촬영은 성공적이었고, 사진이 너무 예쁘게 나왔다. 내가 구글링으로 찾은 그 '호숫가 웨딩' 사진보다도 멋져 보여 만족스러웠다.

'여름 모드'와 '겨울 모드'만 있던 홈페이지에 2013년 3월 말 '봄 모드'가 새로 생겼다. 펜션 홈페이지를 접속하면 일단 메인 화면에 '봄 모드' 사진들이 연달아 보이게 바꿨다. 새로 바뀐 홈페이지를 본 사람

봄: 호숫가 웨딩 콘셉트로 촬영

들의 반응은 매우 좋았다. '사진을 보기만 해도 힐링이 되는 것 같다'
는 반응도 있었다. 홈페이지에 화사한 '봄날 호숫가 웨딩' 사진이 들어
차자 예약률은 곧바로 올랐다.

　더 프로모션을 할 필요가 있어 보여 페이스북 바이럴 업체에 홍보
를 맡기고 사진을 넘겼는데 그야말로 대박이 났다. 3만 명이 넘는 네
티즌이 드위트리 봄날 웨딩 콘셉트 사진을 보고 '좋아요'를 누른 것이
다. 당시 어림잡아 2백만 명 이상에게 이 사진이 도달한 것으로 집계
됐다. 이후 문의 전화가 급증하더니 3월엔 20~30% 머물던 투숙률이
4월엔 80% 이상으로 펄쩍 뛰었다. 어머니는 '4월인데 왜 이리 문의
전화가 많냐'고 놀라셨다. 봄은 정말 최악의 시즌이었기에 기대하지
못했던 결과였다.

　여름의 '강원도 몰디브'가 겨울엔 '아이스링크 펜션'으로 환골탈태
하더니 봄엔 '호숫가 웨딩' 콘셉트로 또 다시 변신한 것이다. 그해 가
을엔 펜션에서 가까운 민둥산에서 '민둥산 억새꽃 축제'가 열려 억새

꽃 관련 사진을 추가해 별도의 '가을 모드' 메인 페이지를 구성했다. 이렇게 해서 비로소 드위트리 펜션 홈페이지는 4계절 각기 다른 버전의 메인 페이지를 보유한 국내 최초의 펜션이 됐다. 당시 대부분의 펜션 홈페이지는 보통 여름 성수기 사진뿐이었고, 일부 펜션만 여름과 겨울 사진을 보여 줄 뿐 4계절의 사진을 모두 보여 주는 펜션 홈페이지는 드위트리가 유일했던 것으로 기억한다.

암울한 비수기에 살아남기 위해 몸부림치는 과정에서 펜션은 계속 변신했다. 그 변신 과정에서 다양한 계절별 놀 거리를 갖추게 됐다. 계절별로 제공되는 서비스를 일목요연하게 정리해 펜션의 '서비스' 메뉴에 모아 놨는데 내가 봐도 정말 어느새 놀 거리가 많고 즐길 게 많은 펜션으로 발전해 있었다. 이젠 여름에만 좋은 강원도 몰디브 펜션이 아니라 언제나 다채로운 프로그램을 갖춘 '4계절 펜션'으로 거듭난 것이다.

주말에 펜션에 찾아 바비큐 나르는 걸 도와주고 야경 사진을 찍고 있는데 한 고객이 다가와 내게 이런 말을 했다.

"드위트리는 참 콘텐츠가 풍부하네요. 방 8개 밖에 안 되는데 무슨 리조트 같아요. 홈페이지 보고 놀랐어요."

펜션의 놀 거리를 갖고 콘텐츠라고 부르는 그 고객의 말에 처음엔 그냥 '그러려니' 싶었다. 그런데 나중엔 그 말이 자꾸 떠오르더니 뇌리에 꽂혔다. 아하! 내가 위기 때마다 이것저것 하며 아이디어를 내고 만들었던 것이 바로 콘텐츠였다. 살아남기 위해 몸부림치던 그 과정이 다 새로운 콘텐츠 제작 과정이었던 것이다. 그때부터 펜션을 바라보는 시각이 바뀌었다. 펜션인 동시에 하나의 콘텐츠 종합 세트로 보였다. 그때 한 가지 생각이 머리에 스쳤다.

'콘텐츠 종합 세트? 그러면 내가 다니는 SBS랑 다를 게 뭐지? 콘텐츠 만드는 건 똑같잖아.'

페이스북에서 12만 '좋아요'를 받으면 생기는 일

2013년 6월, 나는 당시 SBS 보도국 경제부 소속으로 금융감독원에 출입하고 있었다. 여의도에서 한 금융사가 기자 간담회를 연다는 곳으로 발길을 옮기는데 어머니로부터 전화가 왔다. 어머니 목소리는 다급했다.

"예약 전화가 너무 많이 걸려 와서 업무를 못하겠어. 무슨 일 있니? 유선 전화선은 아예 뽑아 놔야 할 것 같아."

어머니는 예약 전화를 받다가 다음 전화를 받으면 "왜 이렇게 통화 중이 길어요?!"라고 따지는 고객들을 달래느라 이틀 연속 수화기와 사투를 벌이고 계셨다. 홈페이지는 이미 다운 상태였다. 홈페이지에서 정보를 얻을 수 없다며 여러 가지를 물어보는 문의가 많아 더욱 전

좋아요 12만 개를 기록한 페이스북 게시물

화 응대가 힘들다고 하셨다. 홈페이지 제작사에 어서 홈페이지를 복구해 달라고 했는데 난색을 표했다. 대표는 "이렇게 많은 트래픽은 처음 보네요."라며 현재 서버로는 감당할 수 없다고 했다.

며칠 뒤 그 원인을 알아냈다. 페이스북에 한 네티즌이 드위트리 펜션 공중샷 사진 한 장을 올렸는데 무려 12만 명이 '좋아요'를 누르면서 순식간에 확산된 것이다. 당시 '좋아요'가 2만 개면 보통 1백만 명에게 도달한 것으로 추산됐다. '좋아요' 12만이면 어림잡아 3백만~6백만 명에게는 도달했을 가능성이 크다. '도달'했다는 것은 한 번이라도 자기 페이스북 뉴스피드에 떴다는 얘기니까 스쳐서라도 본 사람 숫자가 무려 3백만 명이 넘었다는 얘기다.

그러고 나서 네이버의 실시간 검색어 가운데 싱글 인기 검색어에 '드위트리 펜션'이 떴다는 소식을 전해 들었다. 페이스북과 네이버뿐 아니라 트위터에서도 드위트리 펜션을 봤다는 전화를 받았다. 나는 원래 SNS에 관심이 없어 뭐가 어떻게 된 일인지 감이 잡히지 않았고, 정신도 없었다.

무슨 일인가 싶어 네이버의 광고주 아이디로 볼 수 있는 월간 키워드 조회수를 찾아봤다. 2013년 7월 한 달 간 '드위트리 펜션'이라는 검색어가 네이버에서 무려 50만 건 검색됐다. '드위트리'라는 검색어도 약 30만 건 검색됐다. '드위트리'와 '드위트리 펜션' 등 고유명사로 도합 약 80만 건의 검색량을 기록한 것이다. 같은 기간인 2013년 7월 한 달 간 '한화 리조트'의 검색량은 약 20만 건이었다.

딱 한 달 동안이었지만 방 8개짜리 펜션이 우리나라에서 가장 유명한 리조트의 무려 4배에 달하는 관심을 받을 수 있다는 사실에 나는 기쁘기보다는 큰 충격을 받았다. 내가 그동안 갖고 있던 사고의 틀이 깨지는 순간이었다. 펜션에서 무슨 초대형 사건이 일어난 것도 아니었다. 우리 부모님이 계신 펜션은 평소처럼 평화로웠다. 그냥 펜션 사진이 퍼지면서 펜션 주인도 모르게 SNS에서 엄청난 일들이 벌어진 것이다. 개인 한 명 한 명의 손가락으로 누르는 '좋아요'가 하나의 '미디어 현상'을 일으킨 것이다. 그때부터 난 페이스북과 트위터 등 SNS에 큰 관심을 갖고 공부하기 시작했다. 뉴미디어라는 분야와 내 인생이 연결되기 시작한 계기였다.

이후 드위트리 펜션은 페이스북을 자주 하는 유저라면 한 번 이상은 거의 본 펜션이 됐다. 식사 자리에서 지인에게 펜션 사진을 보여 주면 '나 이 사진 본 것 같다'는 사람의 비율이 두 명 중 한 명 꼴이었다. 젊은 사람들은 대부분 한 번쯤 본 것 같다는 반응이었다. 이후 드위트리 펜션이 집행하던 모든 키워드 광고, 페이스북 광고 등을 전면 중단했다. 이미 너무 문의 전화가 많아 업무가 마비될 지경이었기에 홍보나 광고를 할 필요가 전혀 없었다.

이 엄청난 미디어 현상이 좀 잠잠해졌으면 하고 바란 적도 있었다. 그런데 어느 날 펜션에 수십 명이 몰려와 뮤직비디오를 촬영해 너무 힘들었다고 어머니로부터 전화가 왔다. 어머니는 가수 이름도 잘 기억나지 않는다고 말씀하셨다. 나는 대수롭지 않게 생각했고 넘겼다. 나중에야 버스에서 우연히 그 뮤직비디오를 보게 됐다. 그룹 포맨의 '청혼하는 거예요'라는 노래였다.

뮤직비디오는 드위트리 펜션에 놀러 와서 펜션을 보고 감격해 입을 다물지 못하는 커플의 모습으로 시작한다. 커플은 펜션 내부를 뛰어다니며 좋아하더니 펜션의 모든 시설을 한 번씩 다 다니면서 이용해 본다. 나무 카누를 타고 나무 그네에서 놀고 저녁엔 노천탕에서 풍선 이벤트를 즐긴다. 내가 그 전해 겨울부터 고생하면서 만든 펜션의 콘텐츠가 뮤직비디오 콘텐츠로 활용된 것이다. 마지막 부분엔 중앙 섬에서 남자 주인공이 여자 주인공에게 프로포즈를 멋지게 하면서 마무리된다. 이 뮤직비디오가 오른 유튜브의 댓글에는 '펜션 광고 같다'는 댓글이 달렸다.

'뭐? 펜션 광고 같다고? 하긴 나도 기회만 되면 이런 펜션 광고 찍고 싶었지. 진짜 잘 찍혔네.'

그룹 포맨의
'청혼하는 거예요'의
뮤직비디오

드위트리 스토리

나는 이 뮤직비디오를 보면서 또 다시 생각에 잠겼다. 나는 방송 업계에 있기 때문에 이 정도의 영상을 구현하려면 어느 정도의 비용이 드는지 대략 알고 있다. 게다가 노래의 주인공은 당시 예능 프로에도 자주 나오는 인기 그룹 포맨이다. 내가 만약 이런 홍보용 영상을 직접 만들려 했다면 수억 원은 들었을 것이다. 그런데 우리가 이 영상을 얻는 데 들어간 건 전혀 없고, 오히려 돈을 좀 벌었다. 어머니는 제작진의 숙박비를 다 받으셨기 때문이다.

연예인에 대해 전혀 알지 못하는 어머니는 다른 손님들에게 방해될까 봐 처음엔 뮤직비디오 촬영을 거절하려 하셨는데 제작진이 숙박료를 다 치르겠다고 어머니를 설득한 것이다. 요컨대 부모님의 펜션을 홍보하는 최고급 뮤직비디오 영상을 공짜로 찍은 것이다. 그것도 자의에 의한 것이 아니라 타의로.

나는 방송 업계에 있지만 펜션을 방송에 내기 위해 그 어떤 노력도 기울이지 않았다. 그런데도 계속 촬영 제의가 이어졌다. 펜션의 좋은 콘텐츠가 한 번 알려지자 그 '미디어 현상'을 막을 수 없게 된 것이다.

영화 촬영 제의도 들어왔다. 영화 〈연애의 온도〉에서 라미란 씨가 신혼여행을 간 동남아 풀빌라로 등장했다. 당시 촬영한 시점이 10월의 매우 추운 날이었는데 외국인 모델들이 그 차디찬 물속에 들어가 열연을 펼친 덕분에 동남아 풀빌라 같은 분위기가 연출됐다. 펜션 내부에서 라미란 씨는 주인공 이민기 씨와 전화 통화를 하는 씬을 촬영했다.

미에로화이바 CF 촬영팀이 탤런트 고준희 씨와 펜션을 찾기도 했다. 펜션 중앙 섬과 중앙 섬까지 통하는 데크, 카누에서 고준희 씨가

영화 〈연애의 온도〉에서 동남아 풀빌라로 등장한 드위트리 펜션(좌)과 미에로 화이바 CF 촬영(우)

즐거운 한 때를 보내며 미에로화이바를 들고 웃는 장면을 촬영했다.

케이블 TV에서도 해외여행 못 가면 갈 만한 국내 여행지로 소개됐다. JTBC 〈유나의 거리〉라는 드라마 제작팀도 찾아와 촬영을 해 갔다. 조선일보, 문화일보 등 각종 매체에도 펜션이 기사화됐다. 우리가 먼저 연락한 적 없는데 직접 찾아와 펜션을 소개해 줬다. 문화일보는 특히 직접 크레인을 불러 사진 촬영까지 해 갔다. 유명 유튜버 박혜선 씨도 찾아와 펜션의 모든 시설을 이용하는 장면을 유튜브로 방송하며 펜션을 널리 알렸다.

내가 한 것이라고는 어머니로부터 "또 누가 와서 촬영해 갔어."라는 말을 듣고 인터넷에서 그걸 찾아본 것뿐이었다. 그냥 '방 8개짜리 펜션'이 만들어 내는 '미디어 현상'과 '부가가치 창출'을 넌지시 지켜보면서 어리둥절할 뿐이었다.

CHAPTER · 9

제휴 마케팅

협력은 상상도 못했던
가치를 만들어 낸다

국내에서 아우디를 판매하는 딜러사인 태안모터스에서 전화가 왔다. 드위트리 펜션과 제휴하고 싶다는 문의였다. 아우디 차량을 구입한 고객에게 드위트리 펜션 숙박권을 선물하는 이벤트를 하고 싶다는 제 안이었는데, 숙박료는 전액 태안모터스에서 지불한다고 했다. 우리가 할 거라곤 한여름의 노른자위 자리를 미리 태안모터스를 위해 빼놓는 것뿐이었다. 제안을 들어 보니 거절할 이유가 없었다.

그런데 이후 아우디 차량 광고를 보고 전화했다는 예약 문의가 적 지 않게 걸려 왔다. 알고 보니 태안모터스가 각종 잡지와 광고 매체를 통해 '아우디 사면 강원도 몰디브 드위트리 펜션 숙박권 드립니다'라 는 내용을 널리 알리고 있었다. 우리 입장에선 아무런 비용 없이 아우디 잠재 고객에게 펜션 홍보를 하게 된 셈이다. 아우디의 고급스러운 이미지가 펜션에도 긍정적 영향을 끼치는 부대 효과까지 거두었다.

이어 애경에서도 제휴 문의가 왔다. 펜션에서 사용할 1년 치 샴푸를 무상 공급할 테니 펜션 카운터에 샴푸 광고 엑스 배너를 게시해 달라는 조건이었다. 이 샴푸는 김사랑 씨가 광고 모델을 하던 에스따르라는 제품이었다. 고급 리조트나 고급 펜션에서 사용하고 있는 고급 샴푸로 포지셔닝하려 한 마케팅 전략이었다. 덕분에 1년 간 샴푸 비용 걱정이 사라져 어머니가 특히 좋아하셨다.

쇼핑몰에서도 촬영 및 제휴 문의가 많이 들어왔다. 우리는 사진을 제공받는 조건으로 촬영을 허락했다. 낯익은 A급 모델들이 드위트리 펜션까지 자비로 찾아와 포즈를 취해 근사한 사진을 찍었다. 그중 잘 나온 사진은 내 손에 들어왔다. 이 사진들은 펜션 홈페이지나 블로그와 페이스북에서 홍보할 때 요긴하게 썼다.

'내가 돈 들여 고생 고생해 찍은 펜션 홈페이지용 사진과 반대로 돈 받고 제공받은 쇼핑몰 제공 사진, 이 둘은 뭐가 다른 거지?'

펜션 초창기에 사촌동생에게 부탁해 모델을 불러오고 사진작가를 섭외해 열심히 촬영해서 유료로 홈페이지용 사진을 제작했다. 그리고 펜션과 제휴를 맺은 쇼핑몰로부터 공짜로 사진을 제공받았다. 사실 숙박료를 다 받았으니 돈도 벌고 사진도 얻은 셈이다. 이 두 종류의 사진은 대체 무슨 차이가 있는 것일까?

나는 그때 '콘텐츠의 힘'에 대해 온몸으로 느꼈다. 콘텐츠가 좋으면 좋을수록 홍보 비용은 줄어든다. 급기야 홍보비가 '0원'이 된다. 콘텐츠가 정말 좋으면 미디어 현상을 일으킨다. 그러면서 콘텐츠 자체가 수익을 창출한다.

'드위트리 펜션이 창출하는 가치는 무엇일까? 숙박이라는 가치도 창출하지만, 동시에 SNS에서 좋아요를 모으고, 영화와 광고 배경지로 등장하니까… 그건 콘텐츠로서의 가치도 창출하는 거 맞네!'

그러니까 결국 홍보든 광고든 PR이든 바이럴 마케팅이든 그리고 그 분야가 방송업종이든 펜션업종이든 음식점이든 뭐든 간에 결론은 콘텐츠였다. 콘텐츠의 품질이 비용 또는 수익 구조를 결정한다. 똑같은 내용을 갖고 만들더라도, 콘텐츠를 못 만들면 지갑에서 돈이 나가고, 콘텐츠를 잘 만들면 사람들이 직접 찾아와 지갑에 돈을 꽂아 준다. 플러스가 되기도 마이너스가 되기도 하는 콘텐츠. 꼭 오묘한 생명체 같았다.

그리고 콘텐츠의 수익 구조는 협력 관계를 통해 구체화된다. 콘텐츠를 주고받으면서 콘텐츠의 진정한 가치가 발현되는 기회가 바로 제휴 또는 협력이기 때문이다. 그날 깊은 생각의 결론을 나는 이 한 문장으로 정리하고 잠에 들었다.

'그래, 콘텐츠라는 것은 살아 움직이는 생명체처럼 다른 생명체를 끌어 모아 협력하면서 스스로 가치를 키우는 것이구나!'

<콘텐츠의 4가지 등급과 수익 체계>

----

* 3류 콘텐츠: 퍼뜨리는 데 돈이 든다. (돈 드는 콘텐츠)

대부분의 광고 홍보성 콘텐츠다. 보통 재미가 없고, 일방적으로 자사 메시지만
전달하려 한다. 다들 보기 싫어하는 내용이거나 지겨워하는 내용이다. 대부분
의 전통적인 광고가 여기 해당한다. 임원의 최종 컨펌 단계에서 왜곡되고 비
틀려 생명력 상실하다 보면 A급 배우를 써도 그저 그런 광고가 된다.

* 2류 콘텐츠: 공짜로 퍼진다. (퍼지는 콘텐츠)

미디어사나 플랫폼사가 찾아와 공짜로 퍼뜨려 준다. 또 고객이나 네티즌이 공
짜로 퍼뜨려 준다. '이 콘텐츠 제가 써도 되나요?'라는 질문을 받게 된다. 다양
한 협력사가 그 콘텐츠 덕 좀 보려고 찾아와 제휴 요청을 한다. 드위트리 펜션
의 콘텐츠가 여기 해당하는 것 같다.

* 1류 콘텐츠: 수익이 생긴다. (돈 되는 콘텐츠)

특정 미디어, 특정 플랫폼에 별도의 계약을 맺고 공급하면서 콘텐츠 사용료
나 저작권료를 챙길 수 있다. 플랫폼, 협력사와 수익을 나눈다. 콘텐츠 속에
자사 제품을 껴 넣어 달라는 PPL 문의가 들어온다. 영화, 웹툰, TV 드라마,
웹 드라마 등이 여기 해당한다. 드위트리 펜션이 애경으로부터 샴푸 1년 치를
현물로 받고 펜션 프론트에서 샴푸 광고 엑스 배너를 걸어 준 것도 PPL로 볼
수 있겠다.

* 초일류 콘텐츠: 플랫폼을 좌지우지한다. (판을 흔드는 콘텐츠)

플랫폼사를 잘 되게도 할 수 있고 망하게도 할 수 있을 만큼의 파급력과 협상
력을 갖춘 콘텐츠다. 플랫폼사에는 수익을 조금만 줘도 되고 대부분의 수익을
독식할 수 있다. YG 소속 연예인 등장 콘텐츠이거나 월트 디즈니의 콘텐츠(마
블코믹스 영화)가 레전드급 콘텐츠에 해당한다.

고객이 불러오는
미디어 효과

방 8개짜리 펜션에서도 끊임없이 콘텐츠가 나올 수 있다는 것을 알고 난 뒤 나의 펜션 마케팅 방법은 이전과는 좀 달라졌다. 드위트리 펜션을 찾은 고객이 어떤 사진을 찍어 퍼 나르는지 유심히 보게 됐다. 펜션을 직접 찾은 고객이 손수 찍어 SNS에 퍼 나르는 사진이 지닌 값어치의 소중함을 알게 된 것이다. 무엇보다 홍보 목적을 숨기고 유통되는 정보의 홍수 속에 고객이 직접 찍은 사진 한 장엔 '진정성'이라는 가치가 빛났다.

'어떻게 하면 드위트리 펜션에서 고객이 찍은 사진이 더 예쁘고 멋지게 할 수 있을까? 그 사진이 더 빛나도록 내가 도울 방법이 없을까?'

그런 고민을 하던 도중 한 20대 여성 고객들이 펜션에 와서 파티를 벌인 뒤 SNS에 올린 사진을 우연히 보게 됐다. 친구들끼리 드레스 코드를 맞추고 풍선과 케이크 등 소품을 준비한 뒤 장난스런 포즈를 취하며 감각적인 사진들을 찍은 것이다. 그런 사진들은 어김없이 SNS상에서 많은 '좋아요'를 얻으며 널리 확산됐다.

포맨 '청혼하는 거예요'에서처럼 프러포즈 이벤트를 하고 싶어하는 고객도 적지 않았다. 고객이 이벤트를 요청하면 어머니는 사북에 있는 이벤트 업체에 연결시켜 주셨다. 촛불과 풍선 등 소품을 객실 안에 배치해 프러포즈하기 좋은 분위기를 세팅해 주는 업체였다. 한 번 출장을 와 이벤트 세팅을 해 주고 받는 돈은 15만 원 정도였다. 옆에서 가만히 보니 내가 직접 꾸며 줘도 그것보다는 잘 할 수 있겠다는 생각이 들었다.

고객이 생애 가장 멋진 이벤트를 즐길 수 있게 세팅해 주면 그 소중한 순간을 기록하기 위해 연신 셔터를 눌러 댈 것이고, 그 사진을 틀림없이 SNS에 올려 자랑할 것이다. 고객이 직접 올려 홍보색 없는 진실한 콘텐츠다. 펜션 입장에서는 이보다 훌륭한 콘텐츠가 또 없을 것이란 생각이 들었다.

고객이 기록하고 싶은 순간을 만들어라

그때부터 다양한 파티 이벤트, 프러포즈 이벤트 사진을 모아서 연구하기 시작했다. 열심히 연구해서 뮤직비디오에 나온 것처럼 멋진 프러포즈 이벤트가 가능하게 기획한 뒤 이를 상품화해 보자는 전략이었다. 대학생 재택 아르바이트생을 써서 국내 이벤트업체 사례 연구를 시키기도 했다.

당시 프러포즈 이벤트 업체가 쓰는 가장 흔한 방법은 핑크빛 풍선을 뒤덮거나 촛불로 길을 만들어 주는 방식이었다. 그런데 이런 방식은 좀 진부하게 느껴졌다. 보다 환상적인 분위기를 자아낼 수 없을까? 예쁜 이미지가 모여 있는 핀터레스트(www.pinterest.com)라는 웹사이트에서 해외 파티 관련 사진을 무수히 봤다.

파티 데커레이션과 파티 스타일링의 세계는 무궁무진했다. 국내 이벤트 업체들이 풍선과 촛불로 만든 분위기보다는 훨씬 고급스러운 느낌이 들었다. 무엇보다 정성스러워 보였다. 와인병, 물병, 색종이를 활용한 아기자기한 장식품을 쓰는 해외 방식은 빨리 설치하고 빨리 수거하는 데 초점을 맞춘 국내 이벤트 업체 방식보다 마음이 더 담긴 느낌이 들었다.

해외 파티 데커레이션 사진들을 모아 보고 알게 된 것은 조명의 중요성이다. 분위기를 살리고 죽이는 건 사실 피사체라기보다는 빛이었다. 그 공간을 풍선이 채웠든 그림이 채웠든 장식품이 채웠든 조명의 종류와 조명들 간의 조화에 따라 분위기는 180도 바뀌었다. 어설프게 화려한 장식으로 뒤덮는 것보다는 공간에 여백을 주면서 전체적인 색깔 톤을 정한 뒤 빛으로 피사체에 색칠을 하듯이 조명을 적재적소에 쓴 뒤 그중에서도 한 곳에 강조점(포인트)을 주는 게 훨씬 좋아 보였다. 그럴 때 사진도 가장 예쁘고 우아하게 나왔다.

아예 조명 자체를 소품으로 쓰는 경우도 많이 보였다. 여러 가지 조합을 연구하고 또 연구한 끝에 최상의 조합은 '꽃과 조명'이라는 나름의 결론을 얻었다. 테이블 위에 소박하게 담은 꽃다발 그리고 공중을 채우고 있는 필라멘트 조명의 조합이 가장 예뻐 보였다. 필라멘트 조명보다 값이 훨씬 싸고 부피도 작은 '알전구'도 좋은 대안이었다. 뭔가 허전한 자리에 알전구 라인만 몇 개 설치하면 분위기는 갑자기 로맨틱하고 신비롭게 '업그레이드'됐다.

나는 원래 꽃은 무조건 생화로 장식해야 한다고 생각했다. 조화는 왠지 가짜 같았고, 격이 떨어지는 것 같았다. 그런데 친구의 딸 돌잔치에 갔다가 실내 곳곳에 설치된 꽃을 만져 보고 깜짝 놀랐다. 탱글탱글 물기를 머금은 생화인 줄 알았는데 플라스틱 조화였다. 감쪽같았다. 조화인데 감촉마저 좋았다.

얼마 뒤 주말에 고속버스터미널 꽃시장의 조화 상가를 찾았다. 우리나라에서 조화 상품을 가장 많이 볼 수 있는 곳 중 하나다. 조화들을 물끄러미 보고 있는데 양재동 꽃시장의 생화를 볼 때처럼 마음이 설렜다. 이렇게 조화가 감쪽같다니 세상 좋아졌다. 조화는 보통 생화의 3~5배 값을 받는 것 같다. 생화보다 훨씬 오래 쓸 수 있기 때문이다.

마음에 드는 조화를 일일이 기록하고 가격을 적었다. 펜션 실내 장식으로도 쓸 수 있고, 중앙 섬까지 연결하는 데크에도 설치할 수 있는 꽃이 많았다. 나무 그네 기둥을 풀과 꽃으로 휘감을 수 있는 조화도 눈에 띄었다. 조화가 오래 가긴 하지만 햇볕에 장기간 노출되면 한 계절 이상 쓰긴 힘들다는 것도 알게 됐다.

조화 상가에는 온갖 파티 장식용 소품도 모여 있었다. 해외 사진에서 보던 멋진 촛대, 케이크 모양 장식품, 커다란 화병 등 이색적 소품을 실컷 구경하고 사진도 찍었다. 고속버스터미널 상가를 며칠간 돌다 보니 나도 해외의 멋진 파티 스타일링을 직접 해 볼 수 있겠다는 자신감이 들었다. 필요한 게 거기 다 있었다.

드위트리 파티 스타일링

가게 주인 중에는 감각이 뛰어난 분들이 많아 내가 해외 파티 스타일링 사진을 보여 주면 "아하, 얼마든지 가능해요." 하면서 창고에서 필요한 소품을 갖고 나왔다. 사진보다 더 멋진 파티 연출이 가능하다며 다른 아이디어를 제시하는 주인도 있었다. 데커레이션에 대해 배워 본 적도 해 본 적도 없었지만 그렇게 주인들과 대화를 나누면 나눌수록 뭔가 감이 잡히기 시작했다. 조화 상가 스터디에 동행해 준 아르바이트생과 후배들 덕분에 또 많이 배울 수 있었다. 보는 눈이 달라진 내 스스로에 놀라며 파티 스타일링의 세계에 흠뻑 빠졌다.

어머니께 해외 사진들을 보여 주며 파티 스타일링을 해 보자고 설득했다. 사실 파티용품을 설치하고 또 거둬 가는 일은 여간 번거로운 일이 아니다. 이벤트 업체를 부르지 않고 직접 하려면 어머니가 설치를 하셔야 했다. 안 그래도 펜션 프런트를 보시면서 아로마 테라피 용품도 손수 만드시느라 바쁜데 파티 스타일링까지 한다는 건 부담되는 일이었다. 어머니는 고심 끝에 해 보겠다고 하셨다. 어차피 손님 중 이벤트를 바라는 경우가 많으니 필요하다고 느끼신 것이다.

예산이 많지 않았다. 스터디한 대로 주로 조화와 조명의 조합으로 파티 분위기를 내 보기로 했다. 그래서 가장 가성비가 좋은 알전구를 택했다. 필라멘트 조명에 비해 값도 매우 싸고, 건전지로도 며칠간 불을 켤 수 있어 전선을 연결해야 하는 수고도 필요 없었다. 공중엔 약간의 '꽃 볼'을 달고, 테이블 두 개를 구해 그 위를 조화로 세팅했다. 액자와 선물 상자를 놓아 소중한 순간을 기념하는 분위기를 더했다.

테이블과 소품의 배치는 예전에 드위트리 펜션에서 파티 스타일링을 실습한 고객들이 찍어 블로그에 올린 사진을 참고했다. 파티 스타일링 전문가들로 구성된 아카데미였는데 전화해서 '그때 저희 펜션에서 하신 파티 스타일링을 저희가 참고해서 해 보려고 한다'며 '감사의 뜻으로 다음에 오실 때 숙박권을 드리겠다'고 했더니 흔쾌히 허락하셨다. 그렇게 '드위트리 파티 스타일링'이 탄생했다.

사북의 이벤트 업체가 꾸민 것보다 훨씬 예쁘고 고급스럽지만 가격은 3분의 1에 불과한 5만 원 정도만 받았다. 와인과 고급 과자 세트 등 파티 테이블 세팅까지 해서 7~10만 원으로 이벤트 업체 대비 저렴하게 서비스가 가능했다. 어머니는 처음엔 힘들어하셨지만 고객들이 만족해 하는 모습을 보고 힘을 내셨다.

인스타그램에 올라온 드위트리 사진 (사진 제공: 한기주 님)

파티 스타일링을 주문한 고객들은 어김없이 사진을 많이 찍어 인스타그램 등 SNS에 올려 충분한 홍보 효과를 봤다. 무엇보다 드위트리 펜션에 고객이 퍼 나를 만한 또 다른 콘텐츠가 생겨 기뻤다.

고객은 최고의 미디어다. 내가 꾸민 사진, 즉 업체가 홍보 목적으로 찍은 사진은 고객이 직접 찍은 사진과 비교해 진정성 면에서 낮은 점수를 받을 수밖에 없다. 다만 홍보 목적으로 찍은 사진도 내 손이 아니라 고객의 손에 의해 퍼 날라지면 진정성 점수를 높게 받으며 더욱 확산된다. 파티 스타일링을 통해 다시 한번 '고객 미디어 효과'에 대해 확인할 수 있었다.

CHAPTER·11

콘텐츠 마케팅 3

경청을 하면
콘텐츠가 끊임없이
생겨난다

내가 파티 스타일링을 해 보겠다며 직접 시장에서 장식과 소품을 구입할 때만 해도 솔직히 떨렸다. 열심히 자료를 조사하고 분석해 해외의 멋진 파티 장면 못지않게 연출할 수 있다고 논리적으로 판단은 하지만, 감정적으로는 아무것도 모르는 내가 이렇게 직접 파티 스타일링을 하면 아무래도 부족하지 않을까 하는 걱정이 들었다.

그런데 결과는 100% 만족까지는 아니지만 나쁘지 않았다. 파티 스타일링이 눈앞에 펼쳐지자 내 눈을 의심했다. 펜션의 수제 가구를 디자인했을 때만큼 내겐 큰 도전이었고 큰 경험이었다. '그래, 할 수 있어'라는 자신감이 생겼다.

그 뒤부터 펜션 구석구석을 조금씩 더 예쁘고 멋지게 발전시키기

드위트리 스토리

위한 아이디어를 계속 발굴하는 데 재미를 붙였다. '돈 낭비하면 어떡하지?', '괜히 뭔가를 했다가 오히려 분위기를 해치면 어떡하지?'라는 걱정 때문에 접었던 아이디어들을 모조리 끄집어내 하나씩 도전해 보기로 했다.

콘텐츠는 고객으로부터 시작된다

시작은 고객들에 대한 관찰이었다. 아로마 테라피 용품을 아예 쓰지 않는 고객들이 간간히 있었다. 나는 종종 주말에 펜션을 찾아 고객들에게 바비큐를 날랐는데 그때 왜 사용을 안 하는지 슬쩍 물어보았다. '별로 대단하지 않은 용품'이라는 생각을 갖고 있었다. 아로마 바디 오일, 바스 붐, 바스 솔트 등이 시중에서 얼마에 팔리고 있는지 잘 모르는 손님들이었다. 내가 시중가를 알려 주면 "아 그래요? 그럼 꼭 써 봐야겠네요."라는 반응을 보였다. 그러면서 "그렇게 비싼 것인 줄 알 도리가 있나요?"라고 반문했다.

예전 아로마 테라피용품 케이스(좌)와 타월 아트와 라탄 바구니를 활용한 새로운 세팅(우)

생각을 곱씹어 보니 용기가 문제였다. 투숙객에게 선물하는 아로마 테라피 용품 세트의 용기는 종이 박스 일회용품이었다. 경비를 절약하기 위해 비교적 싼 용기를 쓴 것이다. 그러다 보니 호텔에서 주는 샴푸, 비누, 로션 등 욕실용품 정도로 생각하고 한 편에 처박아 놓았던 것이다.

힘들게 직접 만든 수제 아로마 테라피 용품이 제 가치를 인정받게 할 방법은 없을까? 고민 끝에 조화로 장식한 고급스러운 라탄 바구니를 기획하게 됐다. 동남아 풀빌라에서 자주 쓰는 라탄은 사실 그렇게 비싸지 않은 플라스틱 제품을 써도 왠지 모르게 매우 고급스러운 이미지를 풍긴다. 개당 5~6만 원짜리 라탄 바구니를 고속버스터미널 상가에서 구입했다. 그 속을 예쁘게 꾸밀 조화도 구입했다.

내용물은 별로 바뀐 게 없었다. 다만 기존에 서비스하던 네 가지 용품(아로마 오일, 수제 비누, 바스 솔트, 바스 봄)에다 욕실에 따로 비치했던 샴푸와 바디 로션을 예쁜 병에 담아 함께 넣었고, 작은 손수건 두 개를 꽂아서 모양을 냈을 뿐이다. 그렇게 '아로마 테라피 용품 세트를 담은 라탄 바구니'라는 새 드위트리 콘텐츠가 탄생했다.

예전에 날 많이 도와주던 한 파워 블로거가 침대에 아로마 테라피 용품을 두면 좋을 것 같다고 조언했던 것이 떠올랐다. 그래서 아로마 용품 라탄 바구니를 객실 침대 한가운데 놓아 봤다. 그런데 뭔가 약간 허전했다. 여러 가지 고민 끝에 동남아 호텔에서 유행하는 '타월 아트'를 우리 펜션에도 적용했다.

어머니와 청소 담당 직원들은 처음엔 뭐 이런 것까지 해야 하냐는 반응이었다. 타월 아트 중에 그나마 난이도가 낮은 '백조 타월 아트'를 연습했는데 다행히 금세 익숙해져 능숙하게 하얀색 백조 두 마리 모양의 타월을 침대 한가운데 올릴 수 있게 됐다. 손님들은 펜션 객실로 들어서자마자 침대 위에 있는 백조 타월과 아로마 테라피 용품을 보고 "와아!" 하는 탄성을 지르곤 했다. 좋아하면서 사진을 찍어 SNS에 올리는 건 물론이다.

가끔 고객들 중에는 사이즈가 어마어마한 물놀이용 튜브를 가져와 두세 명이 그 위에 누워 드위트리 풀을 즐겼다. 그 모습을 옆방 고객들은 부러운 듯 쳐다봤다. 때론 어머니께 "혹시 저거 펜션에서 빌려주신 거 아니에요?"라고 묻는 고객도 있었다. "아니에요. 저 손님이 직접 가져오신 거예요."라고 답하면 "아, 그렇군요." 하며 씁쓸한 표정을 지었다.

나중에 그렇게 여러 명이 올라타는 초대형 튜브의 상품명이 '풀 라운지'라는 걸 알게 됐다. 커다란 튜브 위에 두 명 이상이 앉거나 누울 수 있어서 '풀' 위의 '라운지'와 같다 해서 불리는 이름이다. 크기도 크고 모양도 예뻐 일반적인 튜브보다 훨씬 비싸다.

아버지께서는 어차피 한철 쓸 건데 저렴한 튜브를 여러 개 사다가 무료로 손님께 빌려주는 게 낫지 않겠냐 하셨다. 나는 아버지에게 풀 라운지 대여 사업을 제안 드렸다. 풀 라운지를 대여하고 하루에 1~2만 원을 받으면 한 달 정도만 해도 본전을 뽑을 것이라고 아버지를 설득해 허락을 받았다.

미국 아마존에서 열심히 검색해 마음에 드는 풀 라운지들을 찾아 직구로 구입했다. 세 가지 풀 라운지를 구입했는데 그중 두 명이 눕기에 적당한 크기에 캐노피가 달려 있는 카키색 모델이 가장 인기 있었

인스타그램 공모전에서 선정된 고객 사진

다. 소비자들의 취향을 파악한 나는 그 풀 라운지를 추가 주문했다.

역시 풀 라운지 위에 고객들이 올라 찍은 사진은 보기에 너무 좋았다. 인스타그램에 그런 사진이 올라오면 댓글엔 '부럽다', '가고 싶다'라는 반응이 달렸다. 풀 라운지라는 또 다른 콘텐츠가 생긴 것이다.

고객 상대로 여름에 인스타그램 사진 이벤트를 벌였는데 역시 풀 라운지에 올라 여유로운 한때를 보내는 모습의 사진이 많이 올라왔다. 사실 풀 라운지 대여로는 그렇게 큰돈을 벌진 못했지만, 그래도 이렇게 멋진 사진이 퍼 날라지면서 상당한 홍보 효과를 본 셈이기 때문에 내심 흡족했다.

돌이켜보면 펜션에 새로운 콘텐츠를 만드는 과정은 항상 고객이 무엇을 원하는지 파악하기 위한 '경청'에서 시작한다. 고객과 대화를 자주 나누고, 솔직한 평가를 들어 보고, 어떤 점이 불편한지 어떤 점이 만족스러웠는지 듣다 보면 어느새 고객의 마음이 이해가 된다. 더 깊이 듣다 보면 더 깊이 이해하게 되고 그러다 '아~ 그래서 고객이 그런

드위트리 스토리

말을 했구나.'라는 생각과 함께 '공감'이라는 현상이 일어난다. 그러면 고객이 무엇을 필요로 하는지 머리를 굴리는 것이 아니라 가슴으로 느끼게 되고, 그 허전함을 충족시키기 위한 아이디에이션을 비로소 할 수 있게 된다. 아이디에이션을 위해 혼자 고민하기보다는 각종 모범 사례, 해외의 멋진 사진과 영상을 검색하는 편이 더 빠르고, 더 혁신적인 결과물을 내는 데 유리하다. 그러한 '스터디'의 과정을 거쳐 어떤 특정한 이미지를 그려야 한다. 그 이미지를 잠재 고객에게 '검증'받으며 하나하나 실현하면 그게 펜션의 콘텐츠가 됐다. 이를 도식화하면 아래와 같다.

고객 경청 - 고객과 공감 - 혁신 사례 스터디 - 고객에게 검증 - 콘텐츠 생산

이러한 다섯 가지 과정은 어찌 보면 너무나 당연한 것일 수도 있고 뻔한 것일 수도 있다. 주말에 시간을 내거나 휴가를 내 가며 방 8개짜리 펜션을 꾸민 내가 이런 과정을 거쳤으니 다른 기업들이나 마케팅 전문가들은 당연히 이보다 더 세심하게 마케팅을 수행할 줄 알았다. 그런데 나중에 경제부 근무를 하며 많은 기업 마케팅 담당자들을 만날 기회가 생겼는데 예상 밖에도 아닌 경우가 적지 않았다.

안타깝게도 대부분의 기업 마케팅 담당자들은 고객보다는 상관의 말을 경청하고 있었다. 상관 비위 맞추고 눈치 보느라 고객과 공감하는 데 시간과 노력을 들일 여유가 없었다. 스터디도 해외 사례나 파격

2018년 초 '만지면 색이 변하는 터치 조명볼'을 설치해 펜션의 콘텐츠가 또 하나 늘었다.

적인 모범 사례를 통해 '혁신적인' 아이디어를 찾기보다는 경쟁 업체 사례를 주로 보면서 '당장 뒤지지 않기 위한' 아이디어를 찾는 데 더 혈안이 되어 있었다.

네 번째 단계인 '검증'도 고객에게 받기보다는 상관에게 받고 넘어 가는 경우가 많았다. 물론 시장조사를 거치며 고객의 말을 듣긴 하지만 그러한 고객 데이터조차 상관의 입맛에 맞게 활용되고 윤색된다는 것이었다. 그러다 보니 결과적으로 상관을 위한 콘텐츠가 나오고 말았다. 더 놀라운 건 이렇게 '상관만을 위한 콘텐츠를 만드는 현실'에 대해 마케팅 담당자들은 스스로 정확하게 자각하고 있었고, '그래도 월급 잘 받으며 회사 생활 잘하려면 어쩔 수 없다'는 생각으로 현실에 안주하고 있었다는 것이다. 기업의 사이즈가 크면 클수록 이러한 경향은 더욱 뚜렷이 나타났다. 안타깝게도 기업이 크면 클수록 상관의 고집은 더 셌고, 소통의 부재는 더욱 심각했다.

역으로 생각하면, 위 다섯 단계만 제대로 잘 거치면서 콘텐츠를 만들면 웬만한 대기업보다도 마케팅 분야에서 뒤지지 않을 수 있겠다는 생각이 들었다.

드위트리 스토리

고객이 최고의 마케터

드위트리 펜션은 확실히 여름에 잘 됐다. 겨울도 그나마 괜찮았다. 10분 거리의 하이원 스키장과 국내 유일의 아이스링크 펜션이란 마케팅 덕분이었다. 그런데 해가 갈수록 봄과 가을의 예약률이 떨어졌다. 다른 펜션들도 봄·가을엔 '비수기 할인 이벤트'를 벌이며 손님 한 명이라도 더 끌어들이려고 노력했다. 그래서 우리도 가장 비수기인 3월과 4월, 그리고 11월에 20% 정도 할인 이벤트를 열기로 했다.

할인 이벤트를 하기 전 우리 가족은 두 가지 방안을 놓고 고민했다.

A안: 숙박 가격을 25만 원으로 여기서 20%를 할인할까?
표기: 1박 25~~만 원~~ => 20만 원(할인가)

B안: 그냥 숙박 가격을 25만 원에서 20만 원으로 내릴까?

표기: 1박 20만 원

펜션 영업을 하면서 느낀 것은 손님들은 가격의 절대치를 기준으로 구매 의사를 결정하는 건 아니라는 것이다. 가격이 20% 싸지면 고객도 20% 정도 늘지 않을까 기대했지만(물론 아무런 과학적 근거 없는 기대다) 실제는 그때그때 달랐다. 합리적 소비자라면 가격이 싼 만큼 구입을 결정할 가능성도 커져야 하지만 반드시 그렇지 않다는 얘기다. 이런 걸 비합리적 소비 행태라고 하고, 이에 대해 전문적으로 연구하는 경제학 분과도 있다는 걸 알게 됐다.

그렇다. 고객들은 세상살이에 바쁘고, 머리는 아프고, 가격을 볼 때도 그렇게 공부하듯 따지며 보지 않는다. 그냥 가격을 본 순간 '이건 내게 손해인가, 이득인가'에 대한 '느낌과 감성'이 중요하다.

할인에도 정당성이 있어야 한다

서점에 가서 가격 결정 방법에 관한 다양한 책을 들여다보고, 온라인 블로그 등에서도 장사에서 가격 결정 방법에 대해 공부했는데 내가 펜션에서 느꼈던 것들과 크게 다르지 않았다. 정리하자면 이렇다.

1. 고객 입장에서 쌀수록 무조건 좋은 게 아니다. 비싼 만큼 좋으면 되는 거다.

2. '이렇게 좋으니 값이 이 정도다'라고 설득할 수 있을 만큼 가격을 올린 뒤 거기서 할인을 할 때 가장 구매로 이어질 가

능성이 크다.

3. 쉽게 말해 "원래 비싼 건데 싸게 해 드리는 거예요."라고 어필하는 게 판매자 입장에선 가장 유리하다.

가격이란 것은 그 물건의 가치다. 다른 펜션과 비교할 때 드위트리 펜션은 25만 원을 받아도 충분하다는 생각에 가족들이 모두 동의했다. 그래서 가격을 25만 원으로 잡고 비수기엔 20%를 할인하는 A안을 택했다.

할인은 고객에게 '일정량의 돈'을 선물하는 셈이다. 지하철을 이용할 때마다 화장품 가게를 지나게 되는데, '50% 할인'이라는 문구를 자주 본 것 같았다. 그래서 유심히 봤는데 정말 '50% 할인'을 자주 했다. 그럼에도 불구하고 매장엔 파리가 날렸다. 물론 화장품 회사 전 오너의 비리라는 유탄을 맞은 탓도 있지만, 할인을 너무 자주 하면 소비자들이 할인을 체감하지 않게 된다. 할인을 선물로 받아들이기는커녕 '안 팔리니까 할인하겠지.'라고 생각하게 된다. 최악의 경우 '저 가게 곧 망하겠네.'라고 오해하게 될 우려마저 있다. 그러면 할인이라는 게 오히려 해가 될 수 있다.

그래서 할인이라는 것도 정당성이 있어야 한다는 걸 알게 됐다. '고객 5천 명 돌파 기념 할인', '창립 5주년 기념 할인' 등 할인 이벤트를 할 때 꼭 이유를 제시하는 것도 그 때문이었다. 일부 장사 관련 서적에서는 '없는 이유라도 애써 만들어서 가게 대문 앞에 붙인 뒤 할인 이벤트를 하라'고 조언하기도 했다.

도와준 고객에게만 보상하는 상품권

할인의 정당성을 제시하기 위해 거짓말을 하고 싶지 않았다. 오히려 더 적극적으로 정당성이란 콘셉트를 중심으로 새로운 아이디어를 찾아보기로 했다. 고민 끝에 나온 아이디어는 '할인받을 자격이 있는 고객에게만 할인하기'였다. 즉 드위트리 펜션을 위해 뭐라도 해 준 고객에게 감사의 뜻을 담아 제대로 할인을 하는 것이다. 정당성을 고객 스스로 만들게 하는 것이다.

그렇게 해서 창안한 것이 '공유 상품권'이다. 내가 만든 말이다. 일단 드위트리 펜션 페이스북 페이지에 '5만 원'이라고 쓰인 공유 상품권 이미지를 올린다. 그 이미지를 자기 뉴스피드로 공유하며 친구들에게 퍼 날라 준 고객에게만 펜션 숙박권의 20% 할인 금액에 해당하는 상품권을 제공하는 것이다. 별도로 상품권을 출력해서 일일이 배송하는 건 너무 번거로워 그냥 펜션에 방문했을 때 자기 뉴스피드에 '드위트리 펜션 공유 상품권'이라고 쓰인 이미지를 올려놓은 것만 보여 주면 현장에서 즉시 현찰 5만 원을 지급했다.

처음에 부모님은 이 공유 상품권 콘셉트에 대해 매우 어려워하셨다. 그냥 숙박료 할인을 20% 하고 처음부터 적게 받으면 될 일을 왜 이렇게 복잡하게 SNS를 일일이 확인하고 정산하게 하는지 이해하기 어렵다는 반응이었다. 또 현찰을 미리 뽑아 두는 것도 여간 성가신 일이 아니었고, 도난 우려도 있다며 난색을 표하셨다. 그래서 난 세 가지 이유를 들었다.

1. 25만 원에서 20% 할인하면 원래 20만 원짜리 펜션이라고 인

식한다. 드위트리 펜션은 25만 원은 받아야 마땅한 펜션이지 않나?

2. 이렇게 홍보 이벤트를 벌이고 참여한 고객에 한해 5만 원을 제공 하면 할인 효과와 홍보 효과를 동시에 본다.

3. 현장에서 5만 원을 현찰로 받으면 일단 기분이 좋아서 바비큐 세 트나 과자, 라면 등을 구입할 가능성이 커진다.

그렇게 간신히 부모님을 설득했고, 결과는 예상대로 좋았다. 일단 공유 상품권 이미지를 올린 페이스북 게시물이 고객들의 공유 덕분에 널리 확산되며 적지 않은 홍보 효과를 거뒀다. 페이스북을 쓰지 않는 고객을 위해 카카오스토리에서도 같은 이벤트를 벌였다. 또 카카오스 토리마저 쓰지 않는 고객을 위해 카카오톡의 단체 채팅방에서 드위트 리 펜션을 소개한 고객에게는 마찬가지로 5만 원 캐시백을 제공했다.

5만 원을 받은 고객들 표정은 밝았다. 펜션을 홍보해 준 데 대한 감 사의 뜻으로 드린 정당성 있는 보상이었다. 현장을 찾은 고객들은 현 찰 5만 원을 받더니 확실히 씀씀이가 커져 바비큐 주문량도 늘었다. 처음엔 고객에게 이 이벤트에 대해 안내하고 페이스북 앱을 켜게 한 뒤 뉴스피드의 해당 공유 게시물을 찾는 작업이 번거로웠지만, 어머 니는 페이스북을 열심히 공부해 나중엔 손쉽게 공유 여부 확인을 하 실 수 있게 됐다.

다만 한 계절이 지나고 나서 어머니는 5만 원 짜리 현찰을 다량 뽑 아서 관리하는 건 좀 부담스럽다고 하셨다. 그래서 나중에는 펜션 프 런트에서 공유 여부를 확인 한 뒤 곧바로 고객 계좌로 5만 원을 입금

초창기 공유 상품권 이미지들

하는 방식으로 바꾸셨다.

페이스북에서 더 많은 사람들이 콘텐츠를 보게 하려면 광고를 집행해야 한다. 그런데 나는 페이스북에게 줄 돈을 고객에게 직접 주고 공유를 하도록 유도해 홍보 효과를 봤다. 게시물을 보는 사람 수로 치면 아마 페이스북에 돈을 내고 광고를 하는 편이 더 효율적일지도 모른다. 하지만 직접 드위트리 펜션을 찾아 겪어 본 사람들이 직접 게시물을 퍼 날랐을 때 더욱 의미 있다는 게 내 생각이다. 광고비를 쓰고, 마케팅비를 쓰느니 차라리 고객에게 직접적인 보상을 하면서 고객이 우리 펜션을 홍보하게 하는 편이 낫다는 생각을 하게 된 것이다.

고객을 직접적인 마케팅 창구로 생각하고, 고객에게 직접적으로 보상을 하면, 그 고객이 곧 최고의 마케터가 될 수 있다는 생각의 위력에 대해 그땐 잘 알지 못했다. 그냥 할인 대신 상품권 방식으로 공짜 홍보 효과를 봤다는 사실에 좋아했을 뿐이었다.

CHAPTER · 13

위기관리

블로그 글 하나가
영업에 미치는 영향

기자 2년차 때부터 〈뉴스추적〉이라는 시사 고발 프로그램에서 취재의 기본을 배웠다. 사회의 부조리를 파헤치고, 악한 사람들을 뒤쫓아 가 그들의 추행을 폭로하는 건 힘들지만 보람 있는 일이었다. 그 뒤로 사회부, 경제부 등을 거치면서도 나는 '고발 뉴스' 발굴을 좋아했고 또 그쪽에 재능이 있다는 칭찬도 들었다.

전국으로 방송되는 뉴스에서 한 가지를 고발하면, 누군가는 반드시 책임을 져야 한다. 그래서 그런 고발 뉴스 방송 직전엔 여러 곳으로부터 청탁 전화가 걸려 온다. '이번 한 번만 봐 달라'는 전화다. "하 기자, 진짜 우리 앞으로 잘할 테니 한 번만 봐 줘."라고 부탁하다 급기야 "이거 나가면 나 잘려요, 하 기자! 한 번만 살려 줘."라며 노골적으로 나오는 경우도 있다.

처음엔 그런 전화를 받을 때마다 마음 아파하며 나도 적잖은 스트레스에 시달렸다. 그런데 해가 갈수록 '이거 나가면 나 잘리니 한 번만 봐 달라'는 전화에 익숙해지다 보니 대수롭지 않게 느껴졌고, 그런 전화가 걸려 오면 퉁명스럽게 받다가 '바쁘다'며 끊어 버렸다. 사실 '잘린다'는 말은 과장이고 평점을 낮게 받거나 최악의 경우 보직이 바뀌는 정도라는 걸 나도 잘 알고 있었기 때문이다.

내가 전화를 안 받으면 그 사건 관련자 또는 담당자들은 SBS 목동 사옥 1층까지 찾아왔고, 난 그러면 "방송 나가고 만납시다."라며 만나 주지 않았다. 내가 봐도 난 엄청 차가웠다. 사회정의를 구현하기 위해 저런 사사로운 감정까지 헤아릴 수 없다는 생각으로 그렇게 기다리고 애걸하는 이들이 겪는 고통에 대해 눈감았다.

무서운 솔직 후기가 떴다

그 고통을 부모님 펜션 때문에 내가 직접 겪게 되리라고는 상상도 못 했다. 2014년 늦은 봄 네이버에서 '드위트리'라는 이름으로 검색을 했는데 맨 위의 블로그 제목이 심상치 않았다. '정선 몰디브형 풀빌라 펜션 드위트리, 솔직한 후기'라는 제목이었다. 내용을 읽어 보고 난 기겁했다.

> "풀장 물 위에 벌레가 둥둥 떠다니고, 바닥 면도 깨끗하지 않아서
> 실제 입수하여 노는 사람도 없고"
> "잘 정돈되어 있는 식기라면 사용 전 간단히 헹궈서 쓰면 좋은데 하

나하나 전부 다시 설거지를 해야만 했던 청결 상태"

"대체 뭐에 탄 건지 바닥에 패인 자국부터가 보여 주는 관리가 전혀 안 되고 있는 이곳… 고작 2년 된 펜션이라고 하기엔 10년쯤은 된 낡은 느낌이었다."

"심지어 테이블엔 정체 모를 소스들이 묻어 있었고, 정말 관리 안 해도 이렇게 안 할 수 있나 싶을 정도로 엉망이었다. 이 부분에선 정말 인상을 찌푸리지 않을 수 없었고"

친구와 함께 넷이서 펜션에 온 뒤 크게 실망하고 돌아간 20대 고객으로 보였다. 평소 블로그 활동을 열심히 하고 있는 분이셨기에 이 블로그는 곧바로 순위가 급격히 올라갔고, 급기야 네이버에서 드위트

드위트리를 검색하면 펜션 문제점을 지적한 고객의 블로그가 최상단에 올랐다.

리, 혹은 드위트리 펜션을 검색하면 최상단에 떴다.

펜션의 관리상 문제점을 조목조목 비판한 이 블로그 한 편의 위력은 어마어마했다. 당시는 한창 예약 문의가 늘어야 할 초여름이었는데 문의 수가 뚝 떨어졌다. 급기야 이 블로그를 보고 예약을 취소하겠다는 전화도 걸려 왔다. 인터넷에서 돌아가는 상황에 대해 별다른 관심이 없던 어머니와 아버지도 이 블로그 한 편이 영업에 미치는 엄청난 타격에 많이 놀라셨다.

나도 처음엔 흥분했지만 침착하게 마음을 가다듬고 그 블로그를 한 20번쯤 보고 또 봤다. 전문적인 글쓰기를 직업으로 하는 내가 보기에도 잘 쓴 글이었다. 펜션 방문 당시 보고 들은 것을 솔직하게 그리고 아주 날카로운 시선으로 풀어내고 있었다. 모든 주장에는 이를 입증할 사진을 보여 주고 있기에 확실히 설득력이 있었다. 큰돈 들여 펜션을 예약하고 멋진 여행을 즐기기 위해 최선을 다했지만 펜션의 미비점 때문에 여행을 망친 안타까운 심경이 고스란히 전달됐다.

보면 볼수록 내 심장이 쪼그라드는 느낌이었다. 많이 아팠다. 그리고 후회됐다. 사실 나도 발견해서 부모님께 말씀드렸던 미비점들이었다.

청소하는 직원 관리에 더 신경 쓰셔야 한다고 말씀드렸지만 어머니는 "요즘은 직원들도 고집이 세서 너무 높은 수준을 요구하면 중간에 그만둔단다."라면서 어쩔 수 없다고 하셨다. 벌레에 예민한 고객이 많았지만 딱히 방법이 없어 고민이었다. 이 지역이 워낙 깊은 산골인데다 에메랄드빛 밝은 색의 풀과 노란색 건물이어서 곤충들이 더 꼬일 수밖에 없었다. 그래서 풀 위의 벌레를 치우는 사람을 별도로 두자고 했지만 인건비가 늘어서 쉽게 결정할 수 있는 문제가 아니었다.

나는 어머니에게 전화해 손님의 기대 수준에 못 미쳐 이런 후기가 올라왔다며 안타까워했고, 어머니도 '관리를 잘하고 싶지만 내 욕심만큼 직원들이 움직여 주지 않는다'고 하소연하셨다.

어쨌거나 그 후기를 넋 놓고 바라만 보고 있을 수는 없었다. 일단 네이버에서 드위트리라는 고유명사를 쳤을 때 그 '솔직 후기' 블로그가 최상단에 떠 있는 한 모두들 예약하려다가도 말 것이어서 영업 자체가 불가능해보였다.

블로그를 올린 고객에게 내가 직접 전화를 걸었다. 그 블로거는 펜션 방문 당시 얼마나 실망감이 컸는지, 즐거워야 할 여행을 망쳐 얼마나 스트레스를 받았는지에 대해 거침없이 이야기했다. 그걸 듣고 있는 나는 한없이 작아지는 느낌이었다. 솔직히 변명할 게 없었고 할 말도 없었다. 죄인이 된 것만 같았다. 내가 미처 잡아내지 못했던 미세한 펜션 관련 문제점까지 그 블로거는 상세히 알고 있었다. 기자인 나보다도 예리한 관찰력을 갖춘 20대 블로거였다. 계속 듣고만 있던 나는 기어들어 가는 목소리로 말했다.

"너무 죄송합니다. 진짜 다 맞는 말씀인데… 그 블로그 때문에 저희 망하게 생겼어요. 한 번만 봐주시면 안 될까요?"

TV 화면에서 마이크 잡고 준엄한 표정과 우렁찬 목소리로 리포트를 하던 나의 인격과 자존감은 온데간데없이 사라졌다. 그런 비굴한 말이 내 입을 통해 나갔다는 사실이 믿겨지지 않았다. 너무 쪽 팔렸다. 하지만 그렇다고 도망갈 곳은 없었다. 나는 계속해서 준비한 멘트를 날렸다.

"그렇게 실망이 크셨다면 저희도 숙박비 받을 자격이 없는 것 같아요. 숙박비 전액 돌려드릴게요. 저희한테 기회 주시는 셈 치시고 제발 한 번만 도와주세요."

이쯤 사과하고 애걸복걸하면 숙박비를 전액 환불받고 블로그를 내려 줄 줄 알았다. 오산이었다. 그 블로거 고객은 사명감을 갖고 있었다. 다른 사람들노 이 쉔선이 허울만 좋을 뿐 실체는 관리가 제대로 되지 않는다는 걸 알려야 한다며 환불은 전혀 필요 없고, 블로그 내릴 생각이 없다는 말만 반복했다. 그리고 내게 계속 펜션의 문제점에 대해 얘기했고, 나는 계속 봐달라고 애걸만 하다 결국 전화를 끊어야 했다.

그 블로그가 계속 네이버에서 '드위트리'라고 검색했을 때의 메인 화면에 떠 있는 상황을 확인할 때마다 너무나도 고통스러웠다. 그동안 내가 살아오면서 참 많은 고발 뉴스를 제작했는데, 그때마다 나를 상대하느라 고통받았던 언론 홍보 담당자들의 마음이 그제야 조금은 이해가 되었다. 그때 한마디라도 친절하게 할 걸 하는 후회가 됐다.

고객의 꾸짖음에 귀를 기울이다

충격에서 약간 회복한 어머니는 하나하나 챙기기 시작했다. 고객이 얘기한 '테이블의 정체 모를 소스'는 예전의 한 손님이 김치를 쏟고 곧바로 치우지 않은 바람에 스며들어 생긴 얼룩이었다. 아무리 닦아도 지워지지 않았다. 청소하는 직원들은 안 지워지는 걸 어떻게 하냐고 그냥 방치해 둔 것이었다. 어머니는 테이블을 아예 새 걸로 바꿨다. 이 밖에도 청소 담당 직원들과 그 블로그를 꼼꼼히 보면서 청소상 문제점을 하나씩 발견해 고쳐 나가셨다.

"벌레가 떠다니는 건 자연현상인데 그걸 나보고 어쩌라는 거야."라면서 처음엔 흥분했던 아버지도 생각이 바뀌었다. 비용은 더 들더라도 풀장 관리 직원을 별도로 배치하기로 하셨다. 또 실내라도 벌레가 덜 들어오도록 친환경 벌레 퇴치 장치를 사다가 객실에 설치했다.

펜션을 찾았다가 실망한 고객들은 대부분 우리 부모님께 한마디도 안 하다가 SNS에 실망했다는 글을 올리거나 펜션 관련 게시물에 날선 비판 글을 단다. 이런 일을 예방할 방법은 없을까 고민하다가 펜션의 예약 시스템에 자동 문자 발송 기능을 활용했다. 원래 입실 퇴실 시점에 맞춰 안내 문자를 보내는 용도인데, 퇴실 시점에 맞춰 '혹시 저희 펜션에 부족한 점은 없었나요? 말씀해 주신 분께 재방문시 할인 혜택을 드립니다.'라고 문자를 보냈다. 이후 어머니는 간간히 고객들의 불만 문자를 받게 됐고, 덕분에 문제점을 그나마 빨리 알고 대처할 수 있

고객의 불만을 직접 들을 수 있게 자동 문자 발송 기능을 이용했다.

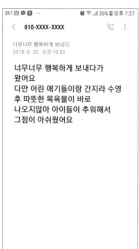

게 됐다.

며칠 뒤 나는 다시 그 블로거 고객에게 전화를 걸었다. 정말 다행히 전화를 받아 주었다. 좀 더 솔직하게 어필하기로 했다. 예전처럼 쪼그라드는 목소리로 애걸하지 않고 담담하게 말했다. 부모님께서 연로하셔서 펜션 관리를 제대로 못했다는 사실, 그리고 이 블로그를 보고 많이 힘들어 하셨다는 사실, 처음엔 충격을 받으셨지만 다시 힘을 내 지적대로 지금 하나하나 개선하고 계신다는 사실을 담담하게 말했다.

잠시 머뭇거리던 그 블로거는 한숨을 내쉬더니 "그럼 제목에서 드위트리라는 고유명사만 빼 드릴게요. 그러면 드위트리라고 쳤을 때 검색에 걸리지는 않을 거예요."라고 말했다. 우릴 살려 준 것이었다. 다행이었다. 나는 길거리에서 그 블로거와 전화를 하다 실제로 몸을 90도로 꺾어서 절하며 "정말 감사합니다. 정말 감사합니다."라고 말했다.

그 블로거가 제목을 변경한 이후 예약률은 다시 회복됐다. 천만다행이라는 말이 가슴에 와 닿은 날이었다. 그제야 나와 우리 부모님은 발 뻗고 잠을 잘 수 있게 됐다. 그리고 드위트리 펜션의 청소와 풀장 관리는 예전보다 훨씬 개선됐다.

욕을 먹으면 오래 산다는 말이 맞는지는 잘 모르겠지만, 난 욕을 먹으면 그만큼 좋은 일이 언젠가 생길 거라는 믿음을 갖고 있다. 욕을 먹은 뒤 스스로를 돌이켜 보고 문제점을 고칠 수 있기 때문이다. 욕을 먹지 않았으면 그 문제점을 발견하지 못했을 것이다. 욕먹고 개선하는 과정은 참 많이 아프다. 하지만 아프다고 숨지 말고, 천천히 하나씩 고쳐 가면 조금씩 조금씩 좋아진다. 드위트리 펜션이 그랬다. 이후 인터넷과 페이스북에서 5점 만점에 5점을 받는 빈도가 점차 높아졌다.

블로거 사태를 겪은 이후 부모님도 바뀌었다. 부모님들은 설사 당신 눈에는 이해가 안 되더라도 젊은 고객들의 취향과 시선을 존중하기 시작하셨다. 그걸 존중하지 않으면 무서운 일을 겪을 수도 있다는 걸 알게 되신 것이다. 그때 우리 가족을 살려 준 블로거가 혹시 이 글을 보게 된다면 다시 한 번 진심으로 감사를 전하고 싶다.

<성공을 원한다면 딱 1%씩만 바꿔라. 그리고 그것을 축적하라>

영국 사이클 대표팀은 2004년 아테네 올림픽까지만 해도 금메달을 1~2개 정도 따내는 '보통 팀'이었다. 그러다 2008년 베이징 올림픽부터 압도적인 기량으로 금메달을 무려 8개나 획득하며 세계적인 주목을 받았다. 4년 뒤인 런던 올림픽에서도 영국 사이클 대표팀은 금메달을 8개 획득하며 우연이 아닌 실력으로 사이클 최강국에 올랐음을 여실히 드러냈다.

무엇이 이를 가능하게 했을까? 2003년 사이클 대표팀 단장을 맡은 데이브 브레일스포드(Dave Brailsford)의 아주 작은 이득(marginal gain) 철학 덕분이었다.

"우리 팀의 원칙은 자전거를 타는 것과 관련한 모든 작은 요소들을 생각해 낸 뒤 1%씩 향상시키는 뭔가를 계속해서 하는 것입니다. 그것을 합했을 때 상당한 성과를 얻을 것이라는 아이디어에서 나온 것입니다."

—2012 BBC 데이브 브레일스포드 인터뷰

선수들 역량에 영향을 미치는 요소는 어떤 것들이 있을까? 우선 대표팀 선수들의 영양 상태와 식사 메뉴부터 신경썼다. 자전거 디자인을 최적으로 개선하

데이브 브레일스포드 전 영국 사이클 대표팀 단장(우)

기 위해 끊임없는 연구로 개선했다. 자전거 안장을 인체 공학적으로 설계했
고, 타이어 무게도 최적화했다. 이 정도는 사실 다른 국가 대표팀도 하는 것들
이다.

데이브 브레일스포드 단장은 감염 전문가를 섭외해서 선수들에게 손을 잘 씻
는 법을 가르쳤다. 익숙하지 않은 현지에서 병균에 감염되는 일을 예방하기
위해서였다. 또 선수들이 잘 잘 수 있도록 숙면을 위한 최고의 베개를 구입해
선수들에게 나눠 줬다.

주요 경기를 앞두고는 실제 현지 경기장의 온도, 습도를 예측한 뒤 훈련장에
도 똑같이 적용했다. 훈련 뒤 꼭 받는 마사지의 효과를 높이기 위해 최고의 마
사지 젤을 찾고 또 찾았다. 심지어 올림픽 선수촌의 건물 설계도를 미리 구해
짐을 가장 효율적으로 잘 싸는 방법을 미리 연구하기도 했다.

어찌 보면 하찮은 것들로 치부할 작은 것들에 최대한 집중하며 조금씩 조금씩
개선했다. 그렇게 쌓아올린 것들의 위력은 엄청났다. 2008년 베이징 올림픽에
서 크리스 호이가 금메달 3관왕(경륜, 팀, 개인 스프린트)에 올랐고, 빅토리아 펜
들턴도 개인 스프린트에서 금메달을, 니콜 쿡이 120km 도로 경주에서 금메달
을 획득했다. 브래들리 위긴스도 2개의 금메달을 따냈다. 영국 사이클 대표팀
의 베이징 올림픽 최종 성적은 금메달 8개, 은메달 4개, 동메달 2개! 금메달 2
개, 은메달 3개를 기록한 2위 프랑스와도 격차가 컸다.

2012년 런던 올림픽에서도 '아주 작은 이득(marginal gain) 쌓아올리기'의 효과는 여실히 입증됐다. 영국은 이번에도 금메달 8개, 은메달 2개, 동메달 2개를 따내며 세계 최강에 올랐다. 런던 올림픽에서 금메달을 복수로 따낸 팀은 영국 팀뿐이었다. 2위인 독일이 금메달 1개, 은메달 4개를 기록했고, 3위인 프랑스도 금메달 1개, 은메달 3개에 그쳤다.

영국 사이클 대표팀 일화는 내게 '축적'의 놀라운 힘에 대해 일깨워 줬다. 이후 내 일상에서 작은 것들을 조금씩 개선해 봤다. 스마트폰만 잘 활용해도 내 삶을 1%씩 개선할 것들이 적지 않았다. 알람 기능을 활용해 잊어버리는 일을 대폭 줄였다. 집이나 회사에 도착하면 스마트폰을 자동으로 와이파이 모드로 변환해 주는 앱을 쓰면서 데이터를 대폭 아꼈다. 맛집을 가면 지도 앱에 기록해 다음에 맛집 고르느라 걸리는 시간을 줄였다. 엑셀의 함수 기능을 익혀서 생활 곳곳에 적용했더니 작업 속도가 조금씩 더 빨라졌다. 작은 변화들이 쌓여 내 삶의 효율성이 크게 바뀐다는 사실을 체감할 수 있었다.

장기적인 목표를 세우고 그 목표를 구성하는 작은 요소와 요소를 쪼갠 뒤 그것들을 하나하나 개선해 1%씩 성장시켜 쌓아 나갔을 때 목표에 도달할 수 있다.

플랫폼의
한계를 뛰어넘는
콘텐츠의 힘

사람들이 펜션을 예약하기까지 과정에서 꼭 한 번은 통과해야 할 절차가 있다. 바로 플랫폼이라는 관문이다. 드위트리 펜션의 이름과 홈페이지 주소를 기억하고 한 번에 들어오는 고객은 그리 많지 않다. 네이버라는 플랫폼, 페이스북이라는 플랫폼, 소셜 커머스라는 플랫폼에서 검색을 하며 다양한 정보를 취하다 드위트리 펜션을 발견해야 비로소 홈페이지로 입성하게 된다.

펜션 영업을 위해선 또 펜션 포털이라고 불리는 웹사이트를 공략하는 게 중요했다. 전국의 수많은 펜션을 지역별 특징별로 정리해 놓은 웹사이트다. 가장 유명한 펜션 포털은 우리펜션이었다. 이 밖에도 스파 시설을 잘 갖춘 펜션만 모아 놓은 스파펜션이라는 펜션 포털도 꽤 알려져 있었다. 이 밖에도 안드로이드나 아이폰 앱 중에 펜션들을 모아 놓은 예약 대행 서비스가 있었다. '펜션, 어디까지 가봤니' 같은 앱이나 '야놀자' 같은 숙박 전용 웹사이트와 앱도 무시할 수 없는 플랫폼이었다. 여기에 인터파크, 옥션, 지마켓 등 오픈 마켓도 펜션 숙박권 판매 대행의 주요 창구였다.

플랫폼 가진 자가 부러웠다

챙겨야 할 플랫폼이 너무 많아 어지러울 정도였다. 각 플랫폼과 거래를 하려면 일일이 계약서를 쓰고 수수료율을 정하고, 사진을 전달하고, 문구를 검수하는 등 챙겨야 할 것이 한두 가지가 아니었다. 다른 일도 아닌 기자를 하면서 투잡으로 이런 플랫폼들을 모두 관리한다는 것은 사실상 불가능했다.

그때 든 생각은 이런 플랫폼들이 부럽다는 것이었다. 플랫폼사들은 펜션들을 모은 뒤 일목요연하게 정리만 해 놓고 중간에 적지 않은 중개 수수료와 결제 수수료를 가져간다. 이들은 실질적으로 많은 일을 하는 것 같아 보이지 않았지만 보통 15%가 넘는 높은 수수료를 요구했다. 우리 같은 자영업사들은 이들이 정해 놓은 가이드라인에 따를 수밖에 없다. 특히 플랫폼사가 펜션을 자사 웹페이지에서 어느 위치에 배치해 주느냐에 따라 예약률이 영향을 받았다. 상단에 배치할수록, 메인 페이지에 배치할수록 고객의 눈에 띌 확률이 높아지기 때문이다.

플랫폼사는 완전 갑, 펜션은 완전 을일 수밖에 없다는 생각은 마케팅을 해 나가면서 조금씩 달라졌다. 어느 날 쿠팡에서 연락이 와 입점을 요청해 왔다. 당시 소셜 커머스는 거의 반값으로 대량 처분할 때나 이용하는 플랫폼이라고 생각해 관심을 두지 않았다. 그런데 쿠팡 담당자는 요즘 소셜 커머스 전략이 달라지면서 일반적인 오픈 마켓과 크게 다르지 않다고 설명했다.

즉 일정 시기를 정해 공농 할인 구매를 유도하는 방식은 점차 사라지고, 일단 온라인 마켓처럼 소폭 할인해 장기간 노출하는 게 가능해졌다는 설명이었다. 당시 쿠팡은 대체로 20% 넘는 수수료율을 받는다는 사실을 알고 있었기에 계약이 어렵다고 생각했다. 그런데 그 담당자는 '회사에서 펜션 부문을 크게 키우려고 해서 드위트리 펜션이 꼭 필요하다. 그러니 수수료는 다른 업체보다 훨씬 싸게 해 드리겠다'며 설득했다. 정말 소셜 커머스 업계에서는 파격적인 수수료율을 제안받았다. 고급 펜션을 지향하기 때문에 할인하는 것 자체가 싫다고 했더니 그 담당자는 더 놀라운 제안을 했다.

"그럼 딱 1,000원만 할인해서 들어오세요."

상식적으로 그게 소셜 커머스 맞나 싶었지만, 어쨌거나 아주 낮은 수수료율에 홈페이지의 숙박권 가격보다 단 1,000원 싼 가격에 쿠팡이라는 커다란 플랫폼의 메인에 노출될 수 있다는 건 확실히 유리하다는 판단이 들었다.

그래서 쿠팡에 입점하기로 결정했다. 쿠팡에 펜션 사진을 줬더니 더욱 멋지게 디자인을 해 드위트리 펜션 엔드 페이지를 만들어 줬다. 쿠팡은 확실히 젊은 유저들이 많은 것 같았다. 단 1,000원 할인인데도 불구하고 쿠팡을 통해 드위트리 펜션을 처음 접한 고객들은 놀라워하며 사진을 퍼 날랐고, 덕분에 상당한 홍보 효과를 봤다.

콘텐츠가 강력하면 플랫폼사 앞에서 당당할 수 있다

이윽고 티켓 몬스터에서 전화가 왔다. 쿠팡에서 딜 하는 것을 봤다며 티몬에 입점해 달라는 것이었다. 나는 쿠팡만큼이나 수수료율을 요구했다. '그런 수수료율은 한 번도 적용해 본 적이 없다'고 난색을 표하던 담당자는 부장님께서 특별히 허락하셨다며 내 요구를 수용했다. 이어 위메프로부터도 연락이 왔고, 나는 마찬가지로 하기 싫으면 말고 식으로 수수료율을 불렀고 그쪽은 수용하지 않을 수 없었다.

소셜 커머스 3개사와 계약을 하면서 나는 그때 플랫폼사들이 무엇을 원하고 무엇을 두려워하는지 알게 됐다. 플랫폼이라는 사업은 굉장히 큰 규모이고, 수많은 작은 사업자(자영업자)들을 등록시켜 거느리고 있다. 중간 수수료를 받거나 광고 상품을 판매해 왠지 손쉽게 돈을 버는 구조 같다.

하지만 플랫폼 사업의 속을 들여다보면 매우 위험한 구조다. 자기만의 영역을 구축하기가 너무 어렵고, 글로벌 규모의 엄청난 경쟁 구도에서 살아남아야 한다. 쉽게 말해 구글한테 따라잡히거나 유튜브한테 따라잡히거나 페이스북에게 따라잡히거나 네이버한테 따라잡힐 수 있다. 모든 사람이 다 쓰던 프리챌이 네이버 카페 때문에 망했고, 모든 젊은이들의 사진첩이었던 싸이월드도 페이스북에 한순간에 왕좌를 내주지 않았던가.

즉 플랫폼사가 가장 두려워하는 것은 경쟁 플랫폼이다. 한순간에 고객들이 우르르 저쪽으로 몰려갈까 늘 두려워한다. 더 정확히 말하자면 플랫폼사는 경쟁 플랫폼이 우수한 콘텐츠를 확보해서 고객들을 한꺼번에 데려갈까 봐 무서워한다. 당시 펜션 업계에서 드위트리 펜션은 매우 유명하다 보니 플랫폼사들이 너도 나도 러브콜을 던진 것이고, 우리 측에서 낮은 수수료율을 요구해도 수용할 수밖에 없었던 것이다. 그래서 정확히는 '플랫폼이 갑'인 게 아니고 '콘텐츠가 갑'인 것이다.

강원도 정선 산골에 있는 방 8개짜리 펜션도 그것이 '콘텐츠'로서의 경쟁력이 있다면 거대한 플랫폼사들을 상대로 수수료율 협상을 벌일 수 있다는 사실은 충격이었다. 이후 인터파크 등 오픈 마켓 플랫폼사를 비롯해 다양한 플랫폼사로부터 러브콜을 받았다. 나는 그때마다 당당하게 협상했고, 처음 기대했던 것보다 더 많은 걸 얻어 낼 수 있었다.

숙박 관련 다양한 스타트업들로부터도 입점 제의를 받았다. 입점 여부를 타진하기 위해 그들의 수익 모델에 대해 자세히 설명을 들을 수 있었다. 숙박 플랫폼 또는 펜션 플랫폼을 꿈꾸며 투자를 유치해 열심히 젊음을 바치다 투자금을 다 소진하고 결국 망하는 사업가들을 본의 아니게 많이 보게 됐다. 플랫폼사는 아무나 오래 살아남는 게 아니다. 구글 또는 네이버와 한판 붙어도 살아남을 수 있을 만큼 차별화된 경쟁력을 갖추거나 아예 구글 또는 네이버와 적절한 협력 공생 관계를 구축한 업자만 살아남는다는 교훈을 얻었다.

플랫폼 사업에 비하면 콘텐츠 사업은 훨씬 성공 가능성이 크다. 다양한 플랫폼사에 콘텐츠를 다 올려 두고 여유 있게 기다리면 된다. 내 콘텐츠가 잘 팔리는 플랫폼에 더욱 정성을 들이며 팬들을 늘려 가면 된다. 새 플랫폼사가 나타나면 거기에 또 콘텐츠를 공급하며 활로를 모색한다. 모든 플랫폼사가 한꺼번에 망하는 일은 없기 때문에 콘텐츠 사업자는 그 콘텐츠의 경쟁력만 확고하다면 쉽게 망하지 않는다.

소셜 커머스에 입점한 드위트리 펜션(좌-쿠팡, 우-위메프)

결국 가장 중요한 건 사람들이 좋아서 보게 만들 수 있느냐의 여부, 즉 콘텐츠의 경쟁력이다.

'강력한 콘텐츠는 플랫폼의 한계를 뛰어넘는구나. 콘텐츠 비욘드 플랫폼(contents beyond platform) 전략을 쓰면 되겠네.'

그때 깨달은 이 노하우는 추후 SBS 스브스뉴스에서 멀티 플랫폼 전략을 펼치면서 네이버, 카카오, 페이스북 등 플랫폼사와 협상할 때 큰 도움이 되었다. 확실한 것 하나는 강력한 콘텐츠만 갖추고 있으면 거대 플랫폼사 앞에 위축될 필요가 없다는 것이다.

PART·3

미디어 잇셀프 전략

모든 것이
미디어다

CHAPTER 1

방 8개짜리
펜션인 줄 알았는데
미디어였다

드위트리 펜션을 짓고 마케팅을 하면서 이런 생각이 들었다. 드위트리 펜션은 물론 숙박업체지만 동시에 미디어와 다를 바 없구나. 살아남기 위해 분투하는 과정에서 방 8개짜리 펜션에서 아로마 테라피, 아이스링크, 스케이트, 썰매, 수싱 자전서, 카누, 웨딩 촬영, 파티 스타일링 등 다양한 사계절 콘텐츠가 나왔다. 다양한 사계절 놀 거리를 만들자 고객들이 사진을 찍어 인스타그램에 올리면서 2차 콘텐츠가 생성됐다. 또 누군가 그 고객의 사진을 캡처해서 '가 볼 만한 여행지'란 제목으로 포스팅을 하는 식으로 3차 콘텐츠가 생성됐다.

'이렇게 끊임없이 콘텐츠가 나온다면 SBS랑 다를 게 대체 뭐람? 내가 회사에서 하는 일과 다를 게 없잖아.'

펜션의 매출은 철저히 온라인에서 얼마나 구전되고 있느냐에 좌우됐다. 즉 온라인에서의 미디어 현상이 일어날 때 매출이 급증했고, 미디어 현상이 없으면 매출이 줄었다. 실제로 어머니가 아무리 열심히 청소해도 미디어 현상이 일어나지 않으면 고객이 늘지 않았다. 아버지가 아무리 열심히 보일러를 수리해도 미디어 현상이 일어나지 않으면 고객이 늘지 않았다. 반면 파워 블로거가 찾아오면 매출이 늘었다. 즉 펜션의 생존은 미디어 현상에 달려 있었다.

SBS는	드위트리 펜션도
① 무대 세트를 만들고	① 펜션이란 무대를 만들고
② 스토리를 준비한 뒤	② 카누와 아이스링크 등 놀 거리 (스토리)를 준비한 뒤
③ 연기자를 불러 모아	③ 고객을 불러 모아
④ 그것을 촬영하고	④ 고객은 사진을 찍고
⑤ 방송으로 전달해 많은 이들이 보게 되고	⑤ SNS로 전송돼 많은 이들이 보게 되고
⑥ 광고 수익 또는 VOD 이용료라는 가치를 창출한다.	⑥ 숙박료 또는 장소 이용료라는 가치를 창출한다.

세상 모든 장사의 생존 조건은 단순하게 두 가지 변수로 설명 가능하다. 첫 번째 변수는 재구매율 지속, 즉 한 번 온 손님이 만족해서 또 오는 현상이다. 두 번째 변수는 미디어 현상 지속, 즉 TV에서든 잡지에서든 SNS에서든 이 업체에 대해 알게 돼서 찾아오는 현상이다. 이 두 가지 현상이 모두 일어나고 있다면 소위 '대박'이 날 것이다. 최소한 이 중 하나라도 있어야 손님이 계속 온다. 만약 한 번 온 손님이 또

오지 않고, 미디어 현상도 없어 아무에게도 노출되지 않는다면 망하는 수밖에 없다.

장사의 생존 조건 = 재구매율 지속 × 미디어 현상 지속

미디어 현상: 입소문, SNS상 바이럴 마케팅, 광고 및 홍보 등 다양한 매체를 통해 대중에게 노출되는 현상

음식점의 경우 두 가지 현상이 모두 작용한다. 예컨대 진짜 맛집은 홍보를 전혀 안 해도 단골만 계속 와 주면 잘 굴러간다. 그런데 펜션은 다르다. 펜션이라는 업태 특성상 한 번 온 손님이 또 오는 경우가 드물다. 한 번 여행하면 다음번엔 다른 여행지를 택하는 관광객이 많기 때문이다. 때문에 펜션은 미디어 현상만이 생존의 조건이다. 즉 펜션은 미디어 현상이 없으면 죽는다. 생각이 거기까지 이르자 난 인정하지 않을 수 없었다.

'그래, 펜션은 진짜 미디어 맞구나.'

그런데 문득 또 다른 의문이 들었다.

'강원도 정선 촌구석에 처박혀 있는 작은 펜션도 미디어인 게 확실하다면, 우리 주변에 대체 미디어가 아닌 게 뭐가 있지?'

우리 주변의 모든 것은 미디어가 되어 가고 있다. 집 안 구석구석의 물건들까지 센서와 인터넷을 장착하고 서로 연결되는 IoT(Internet of things) 시대가 되었다. 이는 모든 것이 커뮤니케이션을 할 수 있게 되었다는 것이고, 다른 말로 '모든 것이 미디어인 시대'가 왔다는 의미가

될 수 있다. 굳이 영어로 표현하자면 MoT(Media of things)라고 신조어를 붙일 수도 있겠다.

대한항공을 예로 들어 보자. 기업에서 미디어와 관련된 부분은 광고 홍보 파트 정도라는 게 일반적인 인식이었다. 그런데 요즘 어떤가? 오너 일가의 '추악한 갑질'이라는 콘텐츠가 대한항공을 구성하는 직원 한 명 한 명으로부터 끊임없이 생산되고 있다. 대한항공의 미디어 현상을 분석하자면 이렇다.

1. 오너 일가도 갑질 발원지로서 미디어 역할을 하고 있고
2. 직원도 갑질 폭로자로서 미디어 역할을 하고 있고
3. 갑질을 목격한 고객도 미디어 역할을 하고 있어
4. 심지어 전직 직원도 녹취를 폭로하며 과거 당사자로서 미디어 역할을 하고 있다.

인터넷과 SNS의 발달, 스마트폰의 대중화 등에 힘입어 대한항공을 구성하는 모든 사람이 실제로 미디어 역할을 하고 있다. 이들로부터 끊임없이 다양한 콘텐츠가 무차별 나오고 있고 이는 언론과 SNS를 통해 왕성하게 퍼 날라지고 있다. 이젠, 모든 사람이 미디어다(every person is media).

요즘 연예인보다 유명한 유튜버를 어렵지 않게 볼 수 있다. 이들은 자신의 식사 경험(먹방), 여행 경험(여행 동영상), 배우고 가르치는 경험(하우투 영상)을 수시로 올린다. 자기 방 안에 카메라 여러 대를 걸어 놓고 늘 찍고 있으며, 여행지를 걸어 다닐 때도 짐벌(gimbal, 나침반 크로

노미터를 수평으로 유지하는 장치)을 들고 스스로를 촬영하며 다닌다. 요컨대 이젠, 모든 순간이 미디어다(every moment is media).

모든 사람이 미디어(every person is media)고 그들의 모든 순간이 미디어(every moment is media)가 될 수 있다는 건 진짜 '모든 것이 미디어(everything is media)'인 시대가 열린 것이다. 과연 누가 이 명제를 부인할 수 있단 말인가!

everything is media

every moment is media

every person is media

홍보 · 마케팅? 그냥 미디어가 되라

드위트리 펜션이 미디어가 맞다면 내가 그 펜션 때문에 겪은 일들은 다 콘텐츠였다는 얘기다. 처음엔 집안을 살리려는 몸부림이었는데 돌이켜보니 펜션과 관련된 그 모든 경험이 꽤나 괜찮은 콘텐츠였다. 그냥 무덤까지 갖고 갈 뻔했던 내 소중한 경험들을 이 책을 통해 세상과 나누기로 결심한 것도 그런 깨달음 때문이었다.

예약 전화 새 전략	프론터	문자 오면 전화해 다른 날짜로 유도. 바로 전화하는 고객에겐 미리 준비한 문자 보내서 번호 수집 / 이벤트 유도. 친절함으로 승부
아로마 테라피용품샵 운영 (그랜파 활성화 뒤)	프론터(나중)	홈페이지에 아로마샵 올리고 네이버 페이로 결제하게 하기. 싼 도매품 가져와서 팔아도 됨
웰컴 서비스 도입	프론터	카트로 짐 날라 주기. 커피 1잔씩. 아로마 코스 선택. 직접 문 앞까지 안내
베딩 서비스 도입	프론터	타월 아트 & 손 편지 / 침대 갈아야 하는지 검토
물품 관리 + 구입 단일화	프론터	어머니 다른 휴대폰으로 새 네이버 계정 개설 프론터 사용 – 드위트리 전용 네이버 페이 (신규 아이디) 나, 어머니 사용
(NEW) 경품 제휴		한여름 노른자위 자리를 명품 업체에 제공하고 홍보 효과 보기 – 태안모터스? 백화점?
(NEW) 펜튀, 파랑새투어 등 채널 늘리기		야놀자 등 더 있나 알아 봐.
바비큐 플러스 메뉴		바비큐실에 메뉴 안내판 설치 / 모히또. 와인. 수입 맥주. 돌배주. 케이크
외국인 시장 공략	알바 + 프론터	중국인 대상 인바운드 여행사 접촉 현재 영어 사이트 활성화 (인천공항, 강릉공항에서 펜션 오는 최단기 코스 직접 체험 형식 소개) 자동 번역 앱 사용하며 요령 익히기
그 밖의 프론터 운영		SNS 관리. 이벤트 관련 콘텐츠 생산
설비 개선		침대 베개 정말 중요. 욕실 상품도 중요. 인원 많으면 가운 더
네이버 키워드 광고		중복 클릭 방지 잘 하나 봐야 함 – 일부 비싼 검색어는 2회시 무조건 차단으로 해 놔야 함 '클릭 초이스 플러스' => 1000원 이상짜리는 더욱 연관성 높아야 함 로그 분석기로 성과를 분석해야

펜션 관련 아이디어와 챙길 일을 표로 정리해 둔 것 중 일부 발췌(진짜 챙길 게 100가지가 넘는다)

부모님 펜션 영업을 도와 드리기 위해 내가 챙겨야 할 리스트를 뽑아 봤는데 100가지가 넘었다. 네이버 하나만 해도 키워드 광고, 지역 광고, 블로그, 지식iN, 카페, 파워 블로거, 네이버 바이럴 마케팅 업체 등 열 가지 이상을 관리해야 했다. 소셜 커머스와 오픈 마켓만 해도 연락해야 할 담당자가 4명이 넘는다. 파티 스타일링 유지를 위해 챙겨야 할 물품도 10가지가 넘는다. 아마존에서 매년 재고를 확인해야 하는 것만 해도 대형 풀라운지 튜브, 웨버 바비큐 그릴과 관련 용품 등 5가지는 될 것이다. 아로마 테라피 용품 관련 챙길 것도 바스 솔트, 바스 붐, 수제 비누, 아로마 오일, 어메니티(amenity, 생활 편의 시설, 즉 투숙객 편의를 위해 제공하는 물품) 등 4가지나 된다.

정말 펜션 관련해 많은 것을 챙기느라 머리가 아프고 힘도 들었다. 이것들을 내 인생의 짐으로 받아들인 적도 있었다. 하지만 관점을 바꿔서 보니 그 경험들은 다 소중한 콘텐츠였다. 또한 열심히 이 책을 쓰고 있는 이유도 나만의 기억으로 놔두면 날아가 버리지만, 텍스트로 기록되는 순간 그 경험이 소중한 콘텐츠가 되기 때문이다.

드위트리 펜션도 미디어가 맞다면 SBS나 CJ가 하듯이 얼마든지 사업을 확장할 수 있겠다는 생각이 들었다. 펜션 하나 가지고 확장할 수 있는 사업이 얼마나 될까? 올해(2018년) 초에 침대에 누워 스마트폰 메모 앱에 적어 본 것들이다.

드위트리 미디어 사업 확장 아이디어 브레인스토밍

* (출판 미디어) 드위트리 스토리 출판 => 인세는 얼마 못 벌겠지만 자연스레 펜션 홍보 효과

* (교육 미디어) 드위트리 펜션 건축 교실: 전원 생활을 꿈꾸는 은퇴 세대를 위해 아버지가 펜션 건축 교실 운영

* (교육 미디어) 드위트리 아로마 테라피 교실 & 아로마 테라피용품 온라인 숍

* (여행 미디어) 드위트리 정선 여행 매거진 창간: 펜션을 방문한 고객들이 선택한 정선 여행 코스를 같이 가 보며 유튜브 채널을 운영하고, 웹진으로 발간. 돈 못 벌어도 펜션 홍보 효과는 있음

* (신사업) 드위트리 공유 민박: 규제가 풀려 내국인도 받을 수 있으면 홍대에서 해 볼 만함. 펜션 운영 노하우 접목하면 홍대에서 만실 충분히 가능함(다만 규제가 안 풀릴 것 같아서 패스)

* (신사업) 드위트리 루프탑 바비큐: 펜션에서 연마한 바비큐 요리 노하우를 활용해 홍대 주변 상가 건물 옥상을 빌린 뒤 루프탑 파티 사업

* (신사업) 드위트리 파티 스타일링: 펜션에 파티 스타일링한 것을 그대로 일반 가정집에 해 주고 돈 받는 사업

물론 나는 현재 내 일에 만족하기 때문에 '드위트리 스토리' 출판을 제외하고는 다른 확장 사업을 시작할 생각은 없지만, 만에 하나 회사에서 쫓겨나도 드위트리 펜션 사업을 확장하기만 하면 할 게 매우 많다는 생각에 기분이 괜히 좋아졌다. 미뤄 뒀다가 노후에 해도 되고 말이다.

요컨대 끊임없이 콘텐츠를 발굴하고 널리 알려야 생명력을 유지할 수 있다는 점, 또 대중이 관심을 주지 않아 미디어 현상이 일어나지 않으면 망할 수 있다는 점은 드위트리 펜션에게나 SBS에게나 모두 적용

되는 공통점이다. SBS가 한류 콘텐츠 유통 사업, 기획 에이전시 사업, 중계권 사업 등 다양한 미디어 사업 영역으로의 확장이 가능하듯 드위트리 펜션도 출판, 건축 교실, 파티 스타일링, 여행 미디어 창간 등 사업 확장이 가능한 것도 비슷한 점이다. 이쯤 되면 방 8개짜리 펜션도 '미디어 사업'이라고 충분히 볼 수 있지 않은가?

만약 펜션을 그냥 숙박업으로만 본다면 사업을 확장해도, '옆에 한두 채 더 지어 볼까?' 정도의 생각을 할 것이다. 하지만 펜션을 미디어로 정의하면 출판, 교육, 여행 미디어, 새로운 숙박 문화(공유 민박) 사업 등으로 확장할 사업들이 무궁무진하게 나온다. 생각을 약간만 바꿔도 성장하는 궤도가 완전히 달라진다. 스스로에 대한 정의의 차이는 마치 DNA의 차이와도 같다. DNA가 약간만 달라도 완전히 다른 기관으로 성장하지 않는가.

스스로를 또는 자기 기업을 미디어로 정의하면, 세상에 달리 보이고, 가야 할 방향도 달리 보인다. 나는 어느 업계나 최강자는 스스로를 미디어로 정의하는 회사가 될 것이라고 조심스레 예측해 본다. 이유는 이렇다. 미디어가 되면 홍보 마케팅 광고 비용이 제로로 수렴될 뿐아니라, 그 콘텐츠 자체로 수익을 창출할 수 있다.

광고 홍보 마케팅만 하는 회사와 비교하면 미디어 회사는 그 영향력이 훨씬 클 수밖에 없다. 충성 독자는 충성 고객이 되고, 영향력 덕분에 그 충성도가 계속 유지되면서 매출도 꾸준히 오를 가능성이 크다. 결국 궁극적으로는 스스로를 미디어라고 정의하지 않는 회사는 서서히 도태될 것이라고 생각한다.

1. 방 8개짜리 펜션도 SBS도 한 가지 공통점이 있다. 알고 보면 둘 다 미디어다.

2. 구멍가게든, 대기업이든 모든 순간이 미디어가 될 수 있고, 모든 구성원이 미디어가 될 수 있고, 결국 모든 것이 미디어가 될 수 있다.

3. 앞으로 어느 업계나 최강자는 스스로를 미디어로 정의하는 회사가 될 가능성이 크다. 스스로를 또는 자기 기업을 미디어로 정의하면, 세상에 달리 보이고, 가야 할 방향도 달리 보인다.

트위트리 스토리

CHAPTER · 2

펜션에서 배운
노하우,
뉴미디어에도
통할까?

2014년 겨울 어느 날, 어머니로부터 SBS 촬영팀이 왔다 갔다는 전화가 걸려 왔다. SBS에 방송될 거라며 펜션 이곳저곳을 많이 찍고 갔다고 하셨다. 어머니는 "여기 온 피디님에게 너에 대해 물어보니까 모른다고 하시더라."라고 하셨다. 알고 보니 SBS에서 아침 8시 전후에 나가는 모닝와이드 3부에 납품하는 한 외주 제작사가 다녀간 것이었다. 난 교양국의 모닝와이드 제작진과 교류가 전혀 없었으니 당연히 우리 펜션에 와서 촬영한 외주사 관계자들과도 일면식도 없었다.

촬영팀은 한 가족들을 데려와 아이스링크에서 스케이트와 썰매를 타고 노천탕 즐기는 장면을 촬영해 갔고, 피디는 어머니께 "지상파 방송에서 꽤 비중 있게 나갈 테니 광고 효과를 좀 보실 거예요."라고 말

드위트리 펜션을 겨울 여행지로 추
천한 SBS 〈모닝와이드〉 방송 화면

했단다. 그래서 어머니는 잔뜩 기대에 부풀었다.

사실 나는 구설수에 휘말리기 싫어 SBS 방송에서 부모님 펜션이 나
가는 걸 원치 않았다. 누구든 내가 청탁을 해 방송에 나갔다고 의심할
것이고, 그러면 펜션 영업에야 도움이 되겠지만 나에게 좋을 게 하나도
없기 때문이다. 그런데 이미 촬영팀에서 왔다 갔으니 나로선 말릴 방법
도 없었다. 며칠 뒤 아침 방송에 어떻게 나오는지 지켜보기로 했다.

예정대로 SBS 지상파 방송에 드위트리 펜션이 2분 가까이 소개됐
다. 지상파에서는 홍보성이 심한 내용이 걸러지는 편인데 신기하게도
우리 펜션을 심할 정도로 홍보해 주고 있었다. 한 가족이 강원도 정선
의 한 유명 펜션에 찾아가더니 실내에 들어가 매우 좋아한다. 방송에
서는 '고급스럽고 아늑한 실내 공간'이라는 자막을 대놓고 보여 주며
마치 광고를 하듯 소개하고 있었다.

게다가 '얼마예요'라는 코너라 드위트리 펜션의 가격은 20만 원대
초반으로 매우 경제적이고 가성비가 뛰어나다고 노골적으로 칭찬을
해 주었다. 방송을 본 사람이라면 펜션에 당장이라도 달려가고 싶게
드위트리 펜션을 겨울 여행지로 추천한 SBS 〈모닝와이드〉 방송 화면

영상이었다. 솔직히 어리둥절했다. 홍보성이 강해 내가 부탁을 했다고 오해하지 않을까 걱정까지 됐다.

방송을 본 어머니는 너무 좋아하시며, 당분간 예약률 걱정은 없겠다고 잔뜩 기대에 부푸셨다. 그런데 일주일 뒤 내가 펜션을 찾았는데 펜션 예약률은 예전과 별반 다르지 않았다. 어머니는 의아한 표정으로 내게 물어보셨다.

"아니, SBS 보고 전화했다는 문의 전화가 단 한 통화도 없네. 페이스북이나 네이버에서 펜션 사진 몇 장만 띠도 전화통에 불이 나던데…. 이게 어찌된 일이냐?"

나도 알 길이 없었다. 오전 8시면 시청률이 약 3~4% 정도는 나오고 수도권 기준 30~40만 명은 본다는 계산이 나온다. 전국적으로는 50만 명 이상 볼 수도 있다. 그런데 방송 보고 전화했다는 문의 전화가 한 통화도 없었다는 것이다. 나는 "아침 8시면 젊은 사람들은 대부분 출근할 시간이고 나이든 분이나 주부들이 주로 보기 때문에 이게 어느 펜션인지 알아볼 생각을 안 했나 보죠."라고 나름의 분석을 내놨다. 하지만 어머니는 여전히 미심쩍다는 듯이 이렇게 물었다.

"아무리 그래도 그렇지 어떻게 전화 한 통이 없어? 너희 회사는 괜찮은 거니? 사람들이 TV를 갈수록 안 볼 텐데 앞으로 어떡하니?"

어머니의 그 질문이 한동안 뇌리에서 떠나지 않았다. 내가 다니는 SBS란 회사는 괜찮은 걸까? 정말 괜찮은 걸까? 드위트리 펜션이라는 똑같은 콘텐츠가 페이스북이나 네이버에서는 그렇게 사람들이 퍼뜨리고 화제가 되는데, 어떻게 지상파 본방송에 버젓이 2분간 거의 광고급으로 노출이 됐는데 아무런 반응이 없을 수 있단 말인가?

그때부터 나는 내 직장인 SBS의 미래에 대해 걱정하기 시작했다. 지상파의 쇠퇴에 따른 점점 떨어지는 시청률, 언론사에 대한 불신 풍조, 떨어지는 광고 수입 등 악재는 쌓이는데 미래의 새로운 먹거리는 찾기 힘들어 회사도 고민이 깊은 듯했다. 보도본부에서 그러한 고민을 공개적으로 하면서 변화의 필요성을 역설하는 부서가 '뉴미디어부'였다.

예전엔 '인터넷뉴스팀'이라는 이름이었던 뉴미디어부는 SBS 뉴스를 온라인으로 유통시키는 업무를 담당했다. TV에서 방송된 뉴스 영상을 녹화해 SBS 뉴스 홈페이지는 물론 네이버, 다음, 네이트 등 포털 사이트에 유통시키는 업무를 하는 부서였다. 페이스북과 트위터 등 SNS에 SBS 뉴스 공식 계정도 만들어 운영하고 있었는데 시작한지 얼마 되지 않아 자리 잡지 못한 상태였다. 부서 초창기인 2015년 페이스북 SBS 뉴스 계정의 페이지 좋아요(구독자) 수는 3만 명에 불과했으나 2018년 초에 100만 명이 되었다. 그 사이 무슨 일이 있었던 것일까.

드위트리 펜션과 스브스뉴스의 닮은 점

뉴미디어부에서 하는 일을 찬찬히 살펴보고 내린 결론은 발전 가능성이 무궁무진하다는 것이었다. 내가 펜션 온라인 마케팅을 하면서 쌓은 다양한 바이럴 마케팅 경험을 업무에 활용하면 좋겠다는 생각이 들었다. 그래서 뉴미디어부에 찾아가 지원 의사를 밝혔고 얼마 뒤 뉴미디어부로 발령받았다. 마침 1년 선배인 권영인 기자도 뉴미디어부에 자원해서, 우리 둘은 다양한 시도를 함께 하게 됐다.

월스트리트 저널의 삽화: 뉴미디어 시대의 도래로 TV의 떨어진 위상을 풍자

당시 뉴미디어부 부장은 월스트리트 저널의 삽화를 보여 주며 '개만 TV를 보는 시대'를 준비하자고 제안했다. '사람들이 점점 TV를 안 보는데 우리가 대안을 찾아야 한다'는 부장의 외침에 가슴이 뛰었다.

부장의 주문은 '뉴욕타임스만큼만 새로운 것을 만들어 보라'는 것이었다. 당시 언론업계에서 가장 큰 관심을 모은 시도가 뉴욕타임스의 크로스미디어 '스노우폴'(snowfall)'이었다. 신문이 지면의 한계에서 벗어나 웹상에서 영상, 컴퓨터그래픽 등 다양한 요소를 활용한 '인터랙티브'한 콘텐츠를 만들어 퓰리처상을 받은 작품이다. '신문의 미래'라는 예찬이 쏟아졌다.

그래서 우리도 스노우폴 같은 뭔가 '미래 지향적인 것'을 만들기로 했다. 마침 당시 국내에서 최초로 이동통신 전파를 송신한 지 정확히 30주년 되는 해였기에 '모바일 30년' 특집 뉴스를 제작하면서 이 뉴스를 온라인에선 구글 글라스를 닮은 새로운 미래형 뉴스 서비스로 즐길 수 있도록 기획했다. 화면 속 버튼을 누르면 순간 멈추면서 구글 글라스처럼 유리판이 위로 떠올라 해당 부가 정보를 즐길 수 있는 서비스다.

이 작품으로 우린 사내에서 적잖은 관심을 받았고, 방송기자연합회에 출품해 이달의 방송기자상 전문보도 부문을 수상했다. 어깨가 으쓱했다. 당시 뉴미디어부에서 상을 받는다는 것 자체가 이례적인 일이었기 때문에 동료들로부터 칭찬 세례를 받았다. 거나하게 회식도 했다. 하지만 거기까지였다.

외부 반응은 싸늘했다. SBS 뉴스 웹사이트까지 찾아 들어와서 이 웹 서비스를 체험해 봤다는 사람은 거의 없었다. 네이버와 다음에 이 웹 서비스를 홍보하는 온라인 기사를 내보냈지만 네이버와 다음 모두 야속하게도 그 기사를 메인에 걸어 주지 않아 보는 사람이 거의 없었다. 친구들에게 한번 봐 달라고 카카오톡 단체 채팅방을 통해 링크를 보냈더니 이런 질문이 돌아왔다.

"모바일에선 안 돼?"

아차 싶었다. 멋지게 구동되게 하려고 사실상 PC 전용 서비스로 만들었기 때문이다. 모바일 버전은 그냥 게시판에 사진과 글 올리듯이 대충 올려놓아 보여 주기 민망했다. 친구들한테 솔직하게 얘기해 달

'SBS 스마트 리포트 – 모바일 30년': 상은 받았지만 '공급자 중심 콘텐츠'의 한계를 넘지 못했다.

라고 부탁하자 '근본적으로 이런 서비스가 왜 필요한지 회의적이다'라는 비판까지 나왔다. 방송 중간에 재생을 멈추고 뭔가 디테일하게 찾아보도록 유도하는 서비스인데, 영상에 집중하고 싶어하는 사람들에겐 불필요한 기능이었다. 뒤통수를 맞은 것 같았다. 속이 끓었다. 걸핏하면 밤을 새며 열심히 만들었지만 결국 온라인에선 죽은 콘텐츠였다. 그렇게 3개월간 죽은 콘텐츠에 매달렸다는 것을 깨달았을 때의 참담함이란.

나중에 마음을 진정하고서야 내가 펜션을 기획하고 마케팅했을 때와 정반대로 가고 있었다는 것을 깨달았다. 펜션을 만들 때는 철저히 소비자만 뚫어져라 쳐다보며 온갖 역경을 극복했다. 그런데 'SBS 스마트 리포트 – 모바일 30년'은 돌이켜보니 공급자 중심의 콘텐츠였다. 이렇게 공급자 중심의 콘텐츠를 만들면 아무리 정성을 쏟고 홍보를 해도 온라인에서 파급력을 갖기 어렵다는 교훈을 얻었다. 우린 다시는 공급자 중심의 콘텐츠는 만들지 말자고 다짐했다. 그리고 상 못 받아도 좋으니, 멋지지 않아도 좋으니, 그냥 철저히 소비자를 위한 무언가를 만들기로 결심했다.

그 뒤부디 오직 소비자만 주목했다. 펜션을 기획하고 마케팅하면서 일관되게 가져간 원칙을 다시금 마음에 새기기로 했다. 그리고 2013년 가을 권영인 선배의 제안으로 '스브스뉴스'라는 새로운 프로젝트를 공동 기획하게 됐다.

"야 대석아, 우리 스브스뉴스라는 거 안 해 볼래?"

스브스뉴스라는 이름을 최초로 작명한 이는 권영인 선배였다. 자부심 강한 보도국이란 곳에서 SBS 뉴스라는 이름을 낮잡아 부르는 '스

초창기 페이스북 배경 화면: SBS 사옥에서 컨테이너 사무실로 쫓겨난 '스브스뉴팀'을 그렸다.

브스뉴스'라는 브랜드를 제시한 것은 정말 파격적인 일이었다. SBS라는 전통 미디어의 권위의식을 화끈하게 내던지고 오직 독자 또는 시청자만 쳐다보고 지은 이름이었다. 돌이켜 보면 그것은 '하심(下心)'이었다.

권 선배는 우리 뉴미디어부에서 브랜딩의 대가로 통했다. '카드뉴스'라는 것도 최초로 만들었다. 이미지에 글씨까지 입혀서 밀어서 보는 형식은 이미 존재했지만 여기에 카드뉴스라는 브랜드를 입혀 뉴스 전달 형식으로 정착시킨 것은 권영인 선배가 처음이었다. SBS 뉴스 하면 똑똑한 기자들이 단정하게 양복을 입고 마이크를 잡고 뭔가 멋지게 말하는 장면이 떠오르지만, 스브스뉴스 하면 왠지 독자들보다 잘난 것 하나 없는 친구 같은 기자가 나와 어눌하게 떠들 것만 같은 느낌이었다. 권 선배는 권위의식을 내려놓고 친근하게 먼저 다가가자는 하심의 가치를 스브스뉴스라는 브랜드에 담은 셈이다.

스브스뉴스라는 이름에는 세 가지 의미를 가지고 있다.

첫째로 스브스뉴스라는 이름은 젊은 네티즌과 눈높이를 맞추겠다는 의지를 담고 있다. 네티즌들이 쉽게 부르는 별명을 아예 이름으로 삼으며 친근함을 더하자는 전략이다. 20대들에게 가르치려 들고, 아

젊은 세대에게 다가가기 위해 스브스뉴스는 캐릭터를 적절히 활용했다.

는 척하는 기성 미디어와는 기본 태도부터 다르다는 걸 내포한 브랜드였다.

둘째로 SBS 뉴스에선 못하는 가벼운 것도 스브스뉴스에선 하겠다는 생각이 담겨 있었다. 'SBS가 어떻게 저런 가벼운 걸 해?'라는 생각이 들 만한 것들은 스브스뉴스로 소화해 보자는 전략이었다. 우리 동네 웃긴 아저씨의 소소한 이야기부터 장난스런 웹툰, 톡톡 튀는 패러디 등 연성 콘텐츠로 승부수를 던지기로 했다.

셋째로 그래도 스브스뉴스의 모태는 SBS 뉴스인 만큼 신뢰할 수 있고 정확한 정보를 전하자는 철학을 담았다. 가벼운 내용이라도 반드시 팩트 체크를 하고, 과학적으로 검증되지 않은 것은 함부로 일반화하지 않기로 했다. 가벼움 속에서도 진지함과 무거움을 추구하기로 했다.

예상대로 스브스뉴스라는 이름에 대해 사내에서 우려의 목소리가 나왔다. 너무 장난스럽게 이름을 지은 것 아니냐는 것이었다. 다행히 당시 뉴미디어부장과 보도국장 모두 생각이 젊고 깨인 분들이었다.

우여곡절 끝에 부장으로부터는 "내가 정말 간신히 국장을 설득했다."
는 얘기를 들었고, 국장으로부터는 "정말 힘들게 본부장을 설득했다."
는 말을 들었다.

　내 자신을 내려놓고 오직 고객만 보고 지은 스브스뉴스라는 이름의
새 뉴미디어 프로젝트가 이후 얼마나 크게 성장할 깃인지 그땐 짐작
도 못했다. 그냥 뭔가 새로운 걸 해 볼 수 있게 됐다는 기대감에 권 선
배와 나는 들떠 있었다.

　권 선배와 나는 SBS 목동 사옥 9층의 빈 회의실을 빌렸다. 좁고, 환
기도 잘 안 되고, 덥고, 인터넷도 느렸지만 꿈이 무럭무럭 자라나는 공
간이었다. 벤처기업 같았다. 인턴을 관리할 작가 1명과 기자 2명, 대학
생 인턴십 참가자 10명 이렇게 13명이 스브스뉴스의 첫발을 내디뎠다.

　스브스뉴스 초기 기획을 하면서 권 선배와 나는 한 번도 해 본 적 없
는 다양한 경험을 했다. 사람을 뽑고, 오피스를 구하고, 장비를 빌려
오고, 내부 규정을 정하고, 업무 방식을 정하고, 대외적으로 홍보하는
등 벤처기업을 창업해야 겪을 수 있는 모든 걸 겪어 본 시간이었다. 드
위트리 펜션을 지으면서는 부모님으로부터 많은 것을 배웠다면, 스브

스브스뉴스는 2015년 초 SBS
목동 사옥의 작은 회의실을 빌
려 시작한 실험이었다.

스뉴스를 만들면서는 권 선배로부터 많은 것을 배울 수 있었다.

　서비스를 개시한 지 6개월 뒤인 2014년 여름, 9층의 조그만 임시 회의실에서 19층의 넓은 정식 오피스로 자리를 옮겼다. 스브스뉴스는 2018년 현재 유튜브, 인스타그램, 페이스북, 카카오스토리 등 15개 소셜 미디어 플랫폼에서 100만 명이 넘는 구독자와 만나고 있는 뉴미디어 브랜드로 성장했다. 현재는 40명이 넘는 조직으로 성장해 비디오 머그와 함께 SBS 보도본부 뉴미디어국을 대표하는 핵심 브랜드로 자리 잡았다.

　돌이켜보건대, 드위트리 펜션과 스브스뉴스는 20~30대 젊은 소비자(독자)의 마음을 잡아야 성공한다는 공통의 전제에서 출발했다는 점에서 성격이 비슷한 사업이었다. 투자금이 부족해 별도의 광고를 동원할 예산 같은 것도 없었기에 오직 콘텐츠의 힘으로 승부했다는 것도 공통점이다. 처음엔 '여기서 대체 더 이상 어떤 콘텐츠를 만들어야 하지? 이게 한계 아니야?'라고 체념하다가도 새로운 도전을 하고 또 하다 보면 끊임없이 콘텐츠가 나왔다.

　드위트리 펜션은 온라인 마케팅 기반 자영업 경험을 해 볼 수 있는 기회였고, 스브스뉴스는 미디어 스타트업 경험을 선사했다. 작지만 꽤나 업계에서 주목을 받은 두 브랜드를 직접 운영해 보면서 나는 미디어 비즈니스의 기본을 익힐 수 있었다. 펜션에서 배운 온라인 마케팅 노하우를 스브스뉴스에 접목해 보면 대부분 잘 들어맞았다. 젊은 사람들이 좋아하는 게 무엇일지 고민하고 그것을 콘텐츠로 만들어서 시장에 내놓는 과정은 드위트리 펜션이나 스브스뉴스나 크게 다를 바 없었다.

이 두 브랜드 덕분에 다양한 강연 기회가 생겼고, 많은 기업들이 스스로 콘텐츠를 만들고 싶어하고 스스로 미디어가 되고 싶어하지만 마음대로 잘 안 돼 고민하고 있다는 걸 알게 됐다. 그래서 나름 고민한 끝에 '미디어 잇셀프 전략'이라는 방법론을 만들게 됐다.

1. 어떤 사업이든 공급자 중심의 오류에 빠지기 쉽다. 소비자가 원하는 게 아니라 공급자가 원하는 걸 만들면 성공하기 어렵다.

2. 스스로를 숙이고 오직 소비자에게 맞추는 것이 모든 사업의 성공 비결이다.

3. 드위트리 펜션에서 배운 온라인 마케팅 노하우는 스브스뉴스에도 적용할 수 있었다. 미디어 비즈니스라는 면에서 둘은 큰 차이가 없었다.

CHAPTER · 3

미디어 잇셀프
5단계 전략

요즘 마케팅 업계에서는 '마케팅을 버려라'라는 말이 유행하고 있다. '마케팅'은 그 단어 자체가 그것을 행하는 목적을 내포하고 있다. 즉 겉으로 어떤 메시지를 전하든 간에 진짜 숨은 목적은 '상품을 팔기 위해서'라는 속내를 마케팅이라는 단어 자체가 담고 있다. 전통적인 광고나 마케팅을 버리고 대신 제대로 된 콘텐츠를 만들어야 한다는 '콘텐츠 마케팅'이라는 전략도 주목받고 있다. 당장 매출을 올리겠다는 생각을 접고 소비자의 마음을 사로잡을 수 있는 콘텐츠를 제공해 충성 독자로 만든 뒤 충성 고객으로 연결시키는 전략이다. 브랜드에 대한 각인 효과만 노리고 상품에 대한 언급은 일부러 최대한 배제한 채 고품질 콘텐츠를 만드는 '브랜디드 콘텐츠'라는 분야도 각광받고 있다.

이러한 흐름에 맞춰 최근엔 기업들도 마케팅 예산을 들여 '콘텐츠' 생산에 열심이다. 직접 웹 드라마나 캠페인 영상을 제작한 뒤 자사 유튜브 또는 페이스북 계정으로 배포하는 경우가 많다. 그 속에 간접광고(PPL)로 자사 상품을 껴 넣기도 하지만, 아예 홍보 의도나 광고 의도 없이 오직 자사 브랜드만 노출하는 경우도 많다.

그렇다면 마케팅은 궁극적으로 어떤 방향으로 발전할까? 최고의 마케팅 효과를 보고 싶다면 마케팅이라는 단어만 버리는 데서 그치는 게 아니라 더 나아가 '스스로 미디어가 되라'고 제안하고 싶다. 기업이든 개인이든 자신의 존재 자체를 '미디어'라고 정의하고 시작하라는 것이다. 영어로 표현하면 '미디어 잇셀프(media itself)' 전략이다.

나는 드위트리 펜션이 미디어라고 생각한다. 이 책은 방 8개짜리 펜션이 미디어가 되어 가는 과정을 그린 것이다. 더 솔직히 말하면 이 책은 드위트리 펜션을 진짜 미디어가 되기 위한 실험이기도 하다. 드위트리 펜션이 생기는 과정, 유지되는 과정, 마케팅되는 과정 그 자체가 스토리로 잘 가공돼 책, 영상, 카드뉴스 등 다양한 형식의 콘텐츠로 시장에 유통됐을 때 과연 얼마나 값어치를 인정받을 수 있을까? 그리고 그 경험을 콘텐츠로 엮은 '나'라는 개인은 미디어로서 얼마나 기능을 할 수 있는지 몹시 궁금하다. 시장의 냉정한 평가를 받으면 그 가능성과 한계, 개선점이 보일 것이다.

내가 이 책을 통해 궁극적으로 하고자 하는 이야기는 당신도, 당신의 기업도 미디어가 될 수 있고, 시장에서 가치를 인정받으려면 실제로 그렇게 미디어가 되어야 한다는 것이다. 방 8개짜리 펜션도 미디어인데 당신이 그리고 당신 기업이 미디어가 되지 말란 법이 전혀 없다.

<table>
<tr><td colspan="1">

내가 생각하는 마케팅 발전 방향

전통적인 마케팅
(ex) 비싼 연예인 TV 광고

↓

콘텐츠 마케팅
(ex) 기업 블로그, 기업 후원 웹 드라마

↓

미디어 잇셀프
(ex) 옴니 플랫폼(레드불, 디즈니)

</td></tr>
</table>

미디어 잇셀프 전략은 콘텐츠라는 방식을 통해 마케팅을 해 매출을 올리려는 '콘텐츠 마케팅'에서 더 나아가 진짜 미디어가 되는 것을 목표로 삼는 것이다. 초코 우유는 아무리 초콜릿으로 치장해도 근본적으로 우유일 뿐이고, 콘텐츠 마케팅도 아무리 콘텐츠가 중요하다고 외쳐도 그 근본은 마케팅일 수밖에 없다. 예컨대 현대차가 직접 돈을 들여 웹 드라마 한 편 찍고 장면 중간중간에 소나타 신형 모델을 PPL로 넣는다고 해서 현대차를 미디어라고 보긴 어렵다. 전통적인 TV 광고를 좀더 지능적으로 '웹 드라마'라는 콘텐츠 형식을 빌려 효과적으로 전달한 것일 뿐이고 그 주체는 그러한 고도의 마케팅 전략을 세운 '자동차 제조사'일 뿐이다.

마케팅이라는 단어에 얽매여 콘텐츠를 제작하다 보면, 결국은 그것은 마케팅에 머물 수밖에 없고, 그러면 네티즌들은 귀신같이 알아챈

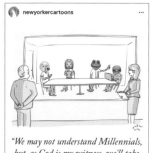

이젠 네티즌들이 워낙 똑똑해서 진심을 귀신같이 알아낸다. "밀레니얼 세대를 이해하긴 어렵겠지만 그들의 돈을 뜯어낼 것이다"라는 사업가 및 마케터들의 이중성을 풍자한 카툰(왼쪽)/네티즌 수사대가 밝혀낸 박미선 씨의 미소 속 '본심(?)'(오른쪽)

다. 뭔가 진실되지 않고 교묘하게 접근하는 콘텐츠 또는 마케팅 행위에 대해 젊은 세대들은 강한 반감을 갖고 있다. 또는 그런 어른들의 이중성을 조롱하는 콘텐츠를 스스로 생산하기도 한다. 쉽게 말해 마케팅이 아닌 척 '마케팅'하다가는 젊은 세대의 날카로운 촉수에 딱 걸리기 좋다.

만약 매출이 제1의 목적인 한 그것은 마케팅일 뿐이다. 당장 매출을 일으키기 위한 콘텐츠를 만든다면 진정한 의미에서 '미디어 잇셀프'라할 수 없다. 사실 매출이 그렇게 중요하면 그냥 '이거 마케팅 맞아요'라고 대놓고 마케팅을 하는 게 낫다. 괜히 콘텐츠의 탈을 쓰고 교묘하게 마케팅을 하다 보면 보는 이들에게 '상업적'이라는 프레임으로 각인될 수도 있다. 최근 영향력이 큰 유튜버들은 기업의 협찬을 받아 영상을 제작하곤 하는데 "여러분 사실 이거 다 광고였어요? 속았죠? 깔깔" 하면서 오히려 쿨하게 속내를 드러내는 경우도 있다. 속였다는 인상을 주면 요즘 네티즌 수사대들이 가만 두지 않는다. 조롱거리가 될 수도 있다. 솔직한 게 최선이다.

미디어 잇셀프 전략은 드위트리 펜션과 스브스뉴스를 운영하면서 배운 것을 응용해 이론화한 전략이다. 5가지 단계를 거치면 어느 개인 이나 어느 기업이나 미디어가 될 수 있다. 일단 철학에서 출발하고, 기록 시스템, 큐레이션, SNS 홍보, 커뮤니티 등 다섯 가지 단계를 거치면 미디어가 될 수 있다는 게 골자다. 다섯 가지 중 하나도 빠뜨리지 않아야 좋다.

미디어 잇셀프(media itself) 전략 5단계

1. 철학 정립: 진정성 있는 나만의 철학을 정립하라. 구체적인 실현 방안을 갖춰야 좋다.

2. 기록 시스템: 철학과 관련된 모든 것(경험)을 늘 기록하는 시스템을 만들라.

3. 콘텐츠 큐레이션: 기록한 것들로 콘텐츠를 만든 뒤 홈페이지에 잘 정리해 큐레이션 하라.

4. 옴니 플랫폼: 그 콘텐츠를 유튜브, 인스타그램, 페이스북 등 온갖 SNS 플랫폼으로 확산하라.

5. 커뮤니티: 철학에 공감해 홈페이지로 모여든 사람들을 팬 또는 커뮤니티로 만들어 미디어를 완성하라.

미디어 잇셀프 전략 1단계: 철학을 정립하라

대중의 사랑을 받을 수 있는 진짜 미디어가 되기 위한 미디어 잇셀프 전략의 제1 조건은 '공익적인 철학'이다. 공익이라고 너무 거창할 필요 없다. '진짜 유용한 정보를 알려 주고 싶다', '진짜 재미있게 해 주고 싶다'는 것도 젊은 소비자들 입장에서는 공익에 부합한다. 진짜 미디어가 되기 위해선 공익적인 목적을 달성하는 것을 단기적 매출보다 우선순위 목표로 놓고 꾸준히 추진하는 게 중요하다.

커피를 팔든 아이스크림을 팔든 그 안에 공익적 철학을 얼마든지 담을 수 있다. 예컨대 커피 분야에서는 산지에서 벌어지는 아동 노동 착취 등 문제를 개선하기 위한 '공정 무역 커피'라는 철학이 사랑받고 있다. 아이스크림 업계에서도 최근엔 '아이스크림으로 다이어트하세요'라는 새로운 이슈가 관심을 모으고 있다. 미국의 헤일로 탑(Halo Top)이라는 작은 아이스크림 회사가 기존 아이스크림 열량의 4분의 1 수준으로 낮추었는데 맛도 좋은 아이스크림을 시장에 내놔 선풍적인 인기를 끈 것이 계기였다.

미국의 저열량 아이스크림 '헤일로 탑'

철학을 구체화하기 위해서는 상품을 구입한 소비자에게 어떠한 행복감을 전할 수 있는지를 일단 생각해 보고, 이 상품에 담긴 생각이 세상을 조금이라도 바꾸는 데 기여하는 부분이 있는지 숙고해 보는 작업이 필요하다. 그렇게 구체화한 철학을 매출 못지않은 주요 가치로 삼고 널리 알리려는 콘텐츠를 제작해 미디어 활동을 하면 된다.

철학을 제대로 구축하기 위해선 일단 자기 자신, 자기 기업에 대한 정의부터 정확히 내리는 게 중요하다. 나는 무엇이고, 무엇을 하는 사람인가? 우리 기업은 무엇이고, 무엇을 하는가? 이 질문에 대해 자기 자신과 다른 사람들 모두 고개를 끄덕일 수 있는 문구가 바로 튀어나와야 한다.

시지온(CIZION)이라는 벤처기업이 있다. 대한민국 IT 분야 제1호 소셜 벤처(사회적 기업)인 시지온은 2007년 한 유명 연예인의 자살 사건이 계기가 되어 악성 댓글 문제를 해결하기 위해 탄생했다. 실명제의 대안으로 SNS 계정을 댓글창과 연동시키는 아시아 최초의 소셜 댓글 '라이브리(LiveRe)'를 2009년 개발했다. 라이브리를 쓰는 관계사는 현재 1,000곳이 넘는다. 대부분의 언론사와 기업 홈페이지에 있는 댓글 서비스가 이 '라이브리' 솔루션으로 돌아가고 있다고 해도 과언이 아니다.

시지온에서는 당초 스스로의 정체성을 '커뮤니케이션 인터페이스를 만드는 회사'라고 정의했다. 댓글은 그야말로 양방향 커뮤니케이션이 이뤄지는 공간이고, 이 때문에 자신이 파는 상품을 '커뮤니케이션 인터페이스'라고 정의한 것이다.

그런데 이 정의는 너무 범위가 넓고 추상적이라는 내부 지적이 나

스스로의 정체성과 철학을 끊임없이 고민해 온 벤처기업 시지온의 임직원들

왔다. '세상에 커뮤니케이션 인터페이스를 만든다고 주장하는 회사가 얼마나 많은가. 페이스북 같은 소셜 미디어 플랫폼, 구글의 화상 채팅 서비스도 모두 '커뮤니케이션 인터페이스'라는 말로 설명 가능하다. 그렇다면 다른 곳이 아닌 시지온만의 역량과 역할에 대해 제대로 규정하는 정의가 필요하지 않을까?' 이런 문제의식으로 외부 전문가 자문까지 구한 끝에 시지온은 댓글에 대한 정의부터 바꿨다.

시지온은 댓글을 '리액션 콘텐츠'라고 새롭게 정의했다. 그들이 만드는 라이브리는 '리액션 콘텐츠가 생산되고 교류되는 공간'으로 세팅됐다. 이윽고 직원들은 '아하 우리가 궁극적으로 만드는 것은 결국 콘텐츠구나'라는 생각을 하기 시작했고 그 뒤부터 '이 리액션콘텐츠가 잘 나오도록 개발하는 것이 곧 우리가 세상에 기여하는 방법이겠구나'라는 생각에 이르렀다고 한다. 시지온은 스스로의 철학을 이렇게 정립했다.

"민주주의 사회 구성원인 사람들의 리액션 콘텐츠를 활성화하고, 그 리액션 공간을 통해 더 행복한 세상을 만드는 데 기여하자. 그게 우리의 철학이다."

시지온의 김미균 대표에 따르면, 그렇게 철학을 재정립한 뒤 직원들의 관점도 바뀌었다고 한다. 회의 시간에 네티즌들의 댓글을 '콘텐츠'라고 지칭하다 보니, '더 좋은 콘텐츠가 나오게 할 방법은 없을까'라는 식의 발상을 하게 됐고, 전에는 상상도 못 했던 좋은 개선 아이디어가 나왔다. 그리고 그 아이디어는 중국과 동남아 등 세계시장에 진출할 때 결정적인 역할을 했다고 한다.

자기 스스로에 대해 정의하고, 자신이 판매하는 것이 무엇인지 정의하는 작업은 그리 쉬운 작업이 아니다. 끊임없이 고민해서 최적의 답을 찾아야 한다. "그래 그거였어!"라는 탄성이 나올 때까지 끝까지 찾아내야 한다. 말의 힘은 정말 무섭다. 그 말에 담긴 에너지의 방향이 조직원들의 생각에까지 영향을 끼친다. 깨끗한 댓글 문화를 염두에 두고 솔루션을 개발할 때엔 악성 댓글을 차단하는 방어적인 아이디어가 주로 나왔지만, 리액션 콘텐츠로서의 댓글을 염두에 두고 회의를 하자 더 좋은 리액션을 유도하는 기능과 같은 진취적인 아이디어가 나왔다고 한다. 말은 생각을 지배한다.

요컨대 철학을 정립하려면 스스로에 대해 근원적인 질문을 던지고 최고의 답을 찾아야 한다. 그런 다음 그 철학으로 어떻게 세상을 바꿀지를 고민한 뒤 '가장 간결하고 정확한 문장'으로 슬로건을 만들면 된다.

당신 또는 당신의 기업이 가장 중시하는 공익적인 목표는 무엇인가? 그것이 정말 공익적이고, '세상은 이렇게 바뀌어야 한다'고 말할 수 있을 정도의 구체성을 띠고 있다면 그것을 '철학'이라고 부를 수 있을 것이다. 다시 말해, '철학'이라는 말을 쓰기에 부끄럽지 않을 정도로 구체적인 공익적 목표가 있다면 미디어 잇셀프 전략을 택했을 때 성공할 가능성이 충분히 있다. 그 철학에 얼마나 많은 이들이 공감하느냐에 따라 이후 단계에서 만들 콘텐츠와 그렇게 구축한 미디어의 영향력이 결정된다.

미디어 잇셀프 전략 2단계: 모든 것을 기록하라

당신의 기업을 구성하는 모든 멤버들의 활동과 경험 가운데 철학과 관련이 있는 모든 것을 최대한 기록하라. 영상, 사진, 글, 데이터 등 어떤 방식으로든 최대한 많이 기록하고 그것을 늘 실천할 수 있도록 시스템화하는 게 중요하다. 사내 이벤트를 열거나 직원들이 다 함께 대외 활동을 다녀올 때 별도로 촬영 인력을 배치하는 노력이 필요하다. 그러한 일상의 경험이 최고의 콘텐츠 재료이기 때문이다. 일부러 비싸게 연예인 부르고 행사장에서 경품 나눠주는 것보다는 멤버들의 꾸밈없는 일상이 훨씬 좋은 콘텐츠 재료다. 그 콘텐츠가 철학을 담고 있으면 그걸 보고 매료된 사람들은 연예인이 없더라도 그 행사장에 모인다.

SBS 뉴스 제작을 위해 취재를 하다 보면 다양한 기업들의 스토리를 다룰 때가 있다. 그때 그 기업이 자사 활동에 대한 기록을 얼마나 잘 모아 놨는지 알 수 있다. 좀 더 열려 있고, 대외관계를 중요시하는 기업일수록 관련 영상, 관련 사진, 관련 기록이 체계적으로 정리돼 있는 걸 볼 수 있었다. 반면 대부분의 기업들은 취재진이 자료를 요청하면 뒤늦게 부랴부랴 직원들 상대로 "그때 행사할 때 영상 찍어 놓은 거

없어? 사진이라도 좀 줘 봐." 하며 자료와 기록을 모으곤 한다. 하지만 대부분 '그때 기록'을 찾기란 쉽지가 않다. 기껏해야 사장님 주변에 다 같이 모여서 단체 사진 한 장 찍은 게 전부인 경우도 많다.

개인은 기록을 습관으로 만들어야 하고, 조직은 무조건 기록을 해야 하는 시스템을 구축해야 한다. 그래야 '그때 잘 찍고 적어 두고 정리해 둘 걸!'이라고 후회하지 않는다.

미디어 잇셀프 전략 3단계: 고객 중심의 콘텐츠 큐레이션

철학과 관련한 일상의 경험을 기록해 모아 뒀다면 반드시 그것을 일목요연하게 정리정돈해야 한다. 영상이라면 편집을 해야 하고, 사진이라면 스토리에 맞게 사진첩이나 카드뉴스로 만들어야 한다. 그것을 우리는 콘텐츠라고 부른다. 그 콘텐츠를 홈페이지에 차곡차곡 정리해 둬야 한다. 그리고 수시로 업데이트해야 한다. 이런 정리 과정이 워낙 중요하게 인식되다 보니 요즘은 박물관 큐레이터처럼 전문성 있게 정리를 한다는 의미로 '큐레이션'이라고 부르기도 한다.

큐레이션을 하는 가장 좋은 방법은 고객이나 방문객 입장에서 생각해 보면서 배열하는 것이다. 대부분의 기업 홈페이지나 기업 블로그를 보면, 소비자 또는 독자의 이목을 끄는 순서라기보다는 그 기업의 홍보 전략과 판매 의도 등만 느껴지는 경우가 많다. 이렇게 자칫 공급자 중심의 배열이 되기 쉬운데, 우리 기업과 아무런 관련이 없는 사람들이 원하는 것을 제일 위에 올려야 한다. 그러려면 소비자에게, 독자에게 물어봐야 한다. 물어보지 않고 부장님, 팀장님 결재를 득해서 일을 진행하면 결국 그 회사에 취직하고 싶은 사람만 열심히 보는 홈페

이지가 될 가능성이 크다.

자사에서 나오는 다양한 콘텐츠를 한데 모아 일목요연하게 정리를 잘 한 예는 2018년 7월에 생긴 현대카드·현대캐피탈의 뉴스룸(http://newsroom.hcs.com)이다. 뉴스룸은 단순히 미디어에 일방적으로 노출시키고자 하는 메시지 위주가 아닌, 현대카드를 포함한 금융업에 관한 다양한 기획 콘텐츠, 기사 등을 통해 대중에게 전달될 만한 가치가 있는 콘텐츠를 전하고 있다. 내부 소식들은 물론, 기자 간담회 보도 자료와 슈퍼 콘서트 등 현대카드를 둘러싼 모든 커뮤니케이션과 콘텐츠를 한데 모아 '큐레이션'을 한 것이다. 상품 홍보나 기업 설명, 브랜드 관리 등의 차원을 넘어서 현대카드가 만들어 내는 영상·인포그래픽·뉴스 등은 '콘텐츠 자산'이라고 스스로 정의하고 있다.

미디어 잇셀프 전략 4단계: 옴니 플랫폼 전략

홈페이지의 콘텐츠를 다양한 온라인 플랫폼과 SNS 플랫폼을 통해 최대한 홍보해야 한다. 즉 유튜브, 인스타그램, 페이스북 등에 그 콘텐츠를 올려야 한다. 다만 홈페이지로 최대한 유입되도록 노력해야 한다. 그러면 대중 가운데 그 철학에 공감하는 사람들이 홈페이지로 모여들게 된다.

스브스뉴스는 현재 15개 플랫폼에 콘텐츠를 업로드하고 있다. 콘텐츠의 성격에 따라 어느 플랫폼에서는 많이 보고, 또 다른 플랫폼에서는 묻히기도 한다. 유튜브와 네이버에서 많이 본 콘텐츠가 카카오와 페이스북에서는 적게 보는 경우가 있고, 그 반대의 경우도 있다. 그래서 최대한 많은 곳에 업로드하는 게 좋다. 언제 누군가 그곳에 와서 퍼 가면 난데없이 뒤늦게라도 그 플랫폼의 조회 수가 치솟는 경우도 있다.

만약 일반인은 이해하기 힘들거나 관심이 없는 전문적인 내용을 다룬다면 해당 독자들이 이용하는 창구, 즉 미디어 플랫폼들을 분석해 공략하면 된다. 세계적인 전자 부품 유통 회사인 애로우 일렉트로닉스가 애로우닷컴(https://www.arrow.com)이라는 웹 페이지를 개설해 반도체, 회로기판 관련 부품을 구입하는 엔지니어들에게 끊임없이 유용한 정보를 제공하다 급기야 미디어사가 되기로 결심한다.

스브스뉴스는 SBS, 유튜브, 인스타그램, 페이스북 등 총 15개 플랫폼에 콘텐츠를 퍼뜨리고 있다.

애로우 일렉트로닉스는 2014년에 리서치 '엔지니어의 사고방식 (Mind of Engineer)'을 진행해서 엔지니어들이 어떤 플랫폼(창구)을 통해 필요한 정보를 얻는지 분석했다. 그 결과 엔지니어들이 정보를 얻는 데 18가지 플랫폼이 있다는 것을 알게 되었다.

① 제조사 웹 사이트(70%) ② 전기 관련 미디어 웹 사이트(45%) ③ **FAEs가 공유하는 정보(45%)** ④ 온라인 커뮤니티 및 포럼(43%) ⑤ 전기 관련 미디어 e뉴스레터(42%) ⑥ 온라인 동영상/교육몰(42%) ⑦ **영업부 직원이 공유하는 정보(41%)** ⑧ 공급 업체 웹 사이트(40%) ⑨ 웹세미나(39%) ⑩ 제품 검색/부품 정보 제공 사이트(38%) ⑪ 산업 관련 인쇄 출판물(36%) ⑫ **오프라인 세미나(34%)** ⑬ **산업 콘퍼런스 및 박람회(34%)** ⑭ 인쇄 카탈로그/홍보 브로셔(32%) ⑮ 블로그(20%) ⑯ 멤버십/협회 자료(16%) ⑰ 링크드인 트위터, 페이스북 등 소셜 미디어(16%) ⑱ 팟캐스트(6%)

이 연구 결과를 토대로 이 전기 부품 유통 회사는 아예 미디어사가 되기로 결심해 '파워 일렉트로닉스 뉴스' 등 뉴스 매체와 '일렉스토닉 프로덕트'라는 잡지를 창간하는 등 총 50가지가 넘는 미디어 자산을 보유하고 있다.

멀티 플랫폼 전략이 아니라 옴니 플랫폼 전략을 쓰라 말하는 이유는 온라인 플랫폼에서 더 나아가 오프라인까지 공략하는 공격적인 전략이 필요하기 때문이다. 당신의 철학이 깃든 메시지와 콘텐츠를 단지 페이스북, 유튜브, 트위터 등 소셜 미디어에만 올리는 게 아니라,

티셔츠로 만들고 음악으로 만들고 캠페인으로 만들어서 충성 독자들의 일상생활과 함께할 정도까지 나아가 보자는 것이다. 그래서 '옴니 플랫폼 전략'이다. 옴니 플랫폼의 대가는 바로 월트 디즈니다. 월트 디즈니의 전략에 대해서는 뒤에 더 자세히 다룰 것이다.

미디어 잇셀프 전략 5단계: 커뮤니티를 만들어라

당신 또는 당신 기업의 철학에 공감한 한 사람이 홈페이지로 들어온 그 순간이 중요하다. 미디어와 잠재적 팬이 마음을 열고 교류하는 순간이다. 그 순간의 의미를 극대화하기 위해선 교류를 지속할 수 있도록 팬들을 커뮤니티로 초대하는 것이다.

2015년 창업한 유료 독서 모임 '트레바리'의 사업 모델은 독특하다. 모임에 참가하려면 4개월간 19만 원의 적지 않은 참가비를 내야 한다. 독서 모임에 참가하려면 반드시 이틀 전까지 독후감을 제출해야 한다. 그런데도 책을 읽고 제대로 토론을 해 보고 싶어하는 회원들이 점점 몰려들어 2015년 80명에서 출발한 회원 수는 2018년 현재 3천 5백 명을 넘어섰다.

세계고전문학 모임, 시집 모임, 영화평론 모임, 미스터리소설 모임 등 책을 중심으로 다양한 클럽을 결성해 모임을 갖는다. 강제성 있는 독서 커뮤니티에 들고 싶은 사람들이 그만큼 많았던 것이다. 이 강제성을 유지하기 위해 트레바리 직원들은 다양한 노력을 한다. 설문과 리서치를 거쳐 어떤 콘텐츠로 클럽을 만들지 연구하고, 파트너를 섭외하고, 클럽을 홍보하고, 독후감을 쓰지 않으면 못 오게 하는 등 관리를 한다. 이 같은 노력 끝에 수준 높은 독서 모임이 개최되고, 참가자

들은 참가비가 아깝지 않을 만큼 큰 만족감을 얻는다.

미디어 가운데는 '닷페이스'라는 사회 참여형 미디어 스타트업이 커뮤니티를 가장 잘 활용한 예이다. 닷페이스는 상식이 통하는 사회를 만들자는 철학을 구축하고, 실질적인 사회 변화를 이끌어 내기 위한 콘텐츠를 지속적으로 만들어 내는 것이 특징이다. 특히 성매매 근절 캠페인, 여성 등 사회적 약자에 대한 차별에 반대하는 캠페인, 여성의 성 해방을 위한 캠페인을 지속적으로 펼쳐 왔다. 자연스레 독자들은 캠페인 참여자로 연결된다.

온라인뿐 아니라 오프라인에서도 다양한 행사를 열고, 또 관련한 굿즈(상품)를 팔아 수익화하기도 한다. 닷페피플이라는 멤버십 회원을 모집하면서 커뮤니티를 수익 모델의 핵심 축으로 삼고 있다. 젊은 세대가 공감하는 캠페인을 온·오프라인에서 진행함으로써 독자들의 참여를 극대화하고 독자 커뮤니티의 결속력을 이어 가는 전략을 펴고 있다. 특히 젊은 여성 가운데 닷페이스의 취지에 공감하고 강력한 지지를 보내는 팬이 상당히 많다.

스브스뉴스에서 제작한 닷페이스 소개 영상(좌) / 닷페이스 멤버십&굿즈 이벤트(우)

미디어가 되기 위해서는 팬들을 꾸준히 모아 교류를 돕고 활동을 체계화하는 게 중요하다. 회원 가입을 유도해 고객 정보를 받고 성실하게 관리하는 것이 출발이다. 네이버 카페, 네이버 밴드, 페이스북 그룹 등 커뮤니티 기능을 활용하는 것도 좋다. 정기적인 온라인 뉴스레터를 보내는 것도 효과적이다. 어떤 식으로든 서로를 알아 가면서 지속적으로 교류하면 커뮤니티가 된다.

커뮤니티 결속력을 다지는 데는 사실 오프라인 이벤트가 가장 효과가 크다. 소모임, 파티, 세미나, 콘퍼런스, 팟캐스트 공개 방송 등 다양한 형식 중 적절한 것을 택해서 정기적으로 진행하면 된다. 오프라인으로 인연이 맺어진 팬들은 별도의 데이터베이스로 관리해야 한다. 일단 그런 팬이 100명만 넘어도 작은 미디어가 될 수 있고, 1,000명이 넘으면 미디어로서 사회적인 영향력을 발휘할 수 있게 될 것이다.

CHAPTER 4

세상을
바꾸는
콘텐츠

세상을 바꾸는 것, 즉 자신이 처한 환경을 능동적으로 바꿔 가고 싶어 하는 것은 인간의 본능이다. 연세대 언론홍보영상학부 김주환 교수에 따르면, 아이들이 색종이를 접고, 모래집을 만들고, 블록을 쌓는 놀이에 몰입하는 것은 스스로 능동적으로 자신이 원하는 방향으로 뭔가를 바꿔 가는 것에 본능적인 흥미를 느끼기 때문이다. 만약 색종이 접기나 모래집 짓기가 자신이 아닌 타의에 의해 이뤄져야 한다거나 자신이 원하는 대로 바꿀 수 없을 때 아이들은 흥미를 잃는다. 아이들이 게임을 좋아하는 것도 자신이 능동적으로 게임 속 세상을 바꿔 갈 수 있기 때문이다.

세상을 바꿀 수 있다고 믿는 사람은 눈빛부터 다르다. SBS 스브스뉴스팀에서 함께 일하는 20대들에게 "네가 만든 콘텐츠가 세상을 바꿀 거야."라고 말해 주면 그들의 눈망울이 초롱초롱 반짝인다. 시민단체에서 세상을 바꾸기 위해 노력하는 인사들의 눈빛도 살아 있다. 아이처럼 반짝이는 눈빛이다.

혁신적인 기업을 이끈다거나, 새로운 사회 트렌드를 선도하는 인물을 보면 보통 재기 발랄하고 아이 같은 캐릭터를 갖고 있는 경우가 많다. 가끔 비현실적인 이야기를 하다 보니 '몽상가', '4차원' 또는 '똘아이'라는 말을 듣기도 한다. 하여간 분명한 건 세상은 성숙한 어른들보다는 아이 같은 몽상가들에 의해 혁신되며 바뀌고 있다는 것이다. 2018년 초 경기도 포천의 평강식물원에서 나이는 나랑 동갑인데 정말 아이 같은 한 덴마크인 친구를 만났다.

경기도 포천의 평강식물원에는 2018년 초 거대한 나무 거인들이 들어섰다. 덴마크 코펜하겐의 한 이름 없는 숲을 세계적인 관광지로 등극시킨 그 나무 거인이다. 아시아 최초로 한국에 설치된다는 소식을 접하고 2018년 3월 포천 평강식물원을 찾았다. 높이 5~7미터의 나무 거인을 처음 본 순간 탄성이 절로 나왔다. 그렇게 큰데도 입체적인 얼굴과 거친 털, 손톱 발톱 다 있는 손발 등 그야말로 '디테일'이 살아 있었다. 가만히 거인 얼굴을 쳐다보면, 당장이라도 살아 숨쉴 것만 같은 느낌에 압도됐다.

더 놀란 것은 이 나무 거인이 쓰레기로 만들어졌다는 것이다. 얼굴의 합판을 제외하고 모든 재료는 공사판에서 버려진 폐목 자재였다. 인간에게 한 번씩은 버림당한 전력을 가진 나무들이 얼기설기 엮이더니 동화책에서 튀어나온 듯한 아름다운 조형물로 되살아나 인간에게

토마스 담보의 작품들.
전 세계 10개국 30여 개
대형 작품을 만들었다.

감동을 주고 있는 것이다.

이 나무 거인의 창조주는 세계적인 업사이클링 아티스트인 토마스
담보(Thomas Dambo)다. 그는 4년 전부터 10개국에 35개의 나무 거인
을 만든 덴마크의 자랑이다. 포천 평강식물원의 초청으로 지난 2월 한
국을 찾은 그는 낮엔 나무 거인을 만들고 밤엔 동료들과 맥주 파티를
벌였다. 그러기를 약 한 달… 어느새 숲속에 나무 거인 다섯 개를 세
웠다.

그는 내가 본 1인 기업 중 가장 완벽하게 '미디어 그 자체'였다. 일

단 매우 멋지고 공익적인 철학을 확고하게 구축하고 있었다. 그와의 인터뷰는 시작부터 끝까지 쓰레기 얘기였는데 이토록 흥미롭고 창의적인 '쓰레기 스토리'는 처음이었다.

"사람들이 잘 모르지만, 사실 쓰레기는 섹시한 것이고, 행복한 것이고, 재밌는 것이에요. 또 쓰레기는 돈이고 비즈니스 기회예요. 그 사실을 세상 사람들에게 알리는 게 저의 일이죠. 제가 만든 나무 거인은 핀란드 전통 동화에 나오는 숲속 요정 트롤(troll)인데, 제가 만든 트롤은 이렇게 말하죠. '쓰레기 버리지 마세요. 쓰레기는 징말 가치 있는 것이니까요'라고요."

그는 길을 가다 폐목 자재, 폐비닐, 플라스틱, 병 등을 보면 수레에 담는다. 그걸로 가구도 만들고, 집도 만들었고, 조각품도 만들고, 심지어 파티를 벌일 수 있는 궁전도 만들었다. 사람들은 쓰레기로 만든 궁전에 놀러 와 림보를 즐기고 파티를 열며 즐거워했다. 모두 쓰레기 덕분에 가능한 일이었다. 더 정확히는 쓰레기가 행복을 줄 수 있다고 믿는 한 남자 덕분이었다.

'쓰레기가 섹시하다'는 그의 표현은 전혀 과장이 아니었다. 그가 쓰레기로 만든 작품은 실제로 '월드 클래스 매력'을 뿜낸다. 그의 손길이 닿은 숲은 나무 거인이 살고 있는 동화 속 숲으로 탈바꿈했고 세계적인 관광지가 됐다.

"세상 사람들을 끌어당긴 그 매력적인 나무 거인이 사실 다 쓰레기예요. 다시 한번 눈을 비비고 보세요. 쓰레기란 얼마나 아름다운가요?"

그는 나무 거인뿐 아니라, 그 지역의 고유문화에 맞는 다양한 조형

토마스 담보의 미디어 잇셀프 5단계 전략

① 철학
쓰레기는 섹시하다.
행복하다. 아름답다.

② 기록 시스템
모든 활동을 영상으로 기록한다

③ 콘텐츠 큐레이션
영상과 사진을 콘텐츠로 만들어
홈페이지 구성

④ 옴니 플랫폼 전략
유튜브, 페이스북 등 SNS에 업로드/
책 출판 계획/방송 출연

⑤ 커뮤니티
자원봉사자를 모으고, 현지인과
협력하고, 구독자를 모으고,
관련 업체 관련 기관과 제휴하기

물을 만들었다. 미국 플로리다에는 초대형 나무 거미를 만들었고, 호주 시드니에서는 대형 나무 캥거루를 만들었다. 그가 무언가를 만들면 아이들이 몰려온다. 그리고 그 작품 위에 올라타 뛰어논다. 어른들이 작품을 보호하려고 아이들을 제지하면 토마스 담보는 이렇게 얘기한다.

"아이들이 올라타서 놀게 하려고 만든 작품이에요. 제 작품은 자연 그 자체이기 때문에 아이들이 올라가 노는 것이 더 자연스럽죠. 좀 기스 나면 어때요? 그 자체가 바로 자연인 거죠."

그는 사실 돈도 잘 번다. 살아 움직이는 중소기업이다. 이렇게 나무 거인을 하나 만드는 데 남자 다섯이서 열흘 정도 걸리는데 식물원으로부터 상당한 제작비를 받았다. 하지만 그는 돈만 보고 움직이지는 않는다. 돈을 아무리 많이 줘도 자신의 취지와 맞지 않게 후원자가 무리한 요구를 하면 제작을 거절한다. 돈보다 철학이 먼저다.

그는 목수들을 고용해 팀을 구성해 세계 곳곳을 다닌다. 그의 팀엔 항상 '고프로(GoPro) 촬영' 담당자가 있다. 숲속에 나무 거인이 생겨나는 과정을 고프로로 미속 촬영을 한다. 때때로 담보는 카메라 앞에서 1인 방송을 한다. 이 프로젝트의 취지와 진행 과정을 상세히 설명하는 브이로그(vlog, 자신의 일상을 동영상으로 촬영한 영상 콘텐츠)를 꾸준히 기록해 놓는다. 나중에 편집해서 훌륭한 영상을 만든다.

이렇게 그의 일상을 기록한 영상과 사진은 그의 홈페이지(http://thomasdambo.com)에 일목요연하게 정리돼 있다. 아트, 디자인, 비디오, 워크숍, 지도, 자기소개 등 메뉴를 구성하고 체계적으로 콘텐츠를 정리해 둬 누구나 토마스 담보의 작품과 업적에 대해 한눈에 볼 수 있게 해 놨다.

이렇게 홈페이지에 정리해 놓은 콘텐츠를 유튜브와 인스타그램, 트위터를 모두 활용해 널리 알린다. 개인이 이렇게 여러 플랫폼을 관리한다는 건 쉬운 일이 아니다. 낮에 숲속에서 나무 거인을 만드는 고된 작업을 한 뒤 그는 밤에 유튜브와 SNS를 관리한다. 그냥 습관처럼 SNS를 늘 들여다보고 사람들과 소통을 한다.

그는 항상 그 지역의 사람들을 자원봉사자로 불러 모은다. 쓰레기로 세상을 아름답게 바꾸는 그의 프로젝트에 항상 자원봉사자들의 지원이 쇄도한다. 나도 평강식물원에서 그가 나무 거인을 만들 때 휴가를 내고 자원봉사자로 참여했다. 세상 사람들의 생각을 바꾸기 위한 철학이 담긴 작품이기 때문에 만드는 과정에서 팬들이 최대한 많이 참여하도록 노력한다.

토마스 담보의 미디어 잇셀프 5단계 전략을 요약하면 아래와 같다. 그는 99%도 아니고, 100% 미디어 그 자체다. 그가 미디어가 될 수 있었던 것은 '쓰레기는 아름답다'는 확고한 철학과 그 아이디어로 세상을 바꾸겠다는 신념 덕분이다. 그 두 가지 갖고 변함없이 꾸준히 눈앞에서 할 수 있는 일을 실천한 것 밖에 없다. 아무나 그렇게 꾸준히 정진할 수 있는 것 아니지만, 누구나 마음만 확실히 먹으면 할 수 있는 것이다.

한국에서의 프로젝트를 마친 뒤 그의 다음 행선지는 멕시코다. 그곳 아이들과 함께 '플라스틱 숲'을 만들 예정이다. 온갖 플라스틱 폐기물을 모은 뒤 사람 키보다 큰 꽃을 무려 1,000개나 만들 거라고 했다. 조악할 거라 생각했는데, 그가 예전에 만든 플라스틱 꽃 작품을 보니 생각보다 예뻐서 놀랐다.

　그는 앞으로도 전 세계를 돌면서 '쓰레기가 만드는 기적'을 몸소 보여 줄 계획이다. 쓰레기의 가능성을 세상 사람들에게 보여 준 뒤 그 이야기를 영화와 책으로도 만들어 더 널리 퍼뜨릴 예정이다. 제목도 정해 놨다고 했다. '작은 사람들과 큰 트롤의 위대한 이야기(the Great Story about little people and big trolls)'. 홈페이지뿐 아니라 책을 통해서도 콘텐츠 큐레이션을 하는 것이다. 전형적인 미디어의 원소스 멀티유즈 전략이다.

　세상 사람들의 눈에 쓰레기가 아름다워 보이게 하겠다는 그의 글로벌 프로젝트는 과연 성공할 수 있을까? 결과는 지켜봐야겠지만 가능성이 매우 크다는 생각이 들었다. 왜냐하면 그는 혼자가 아니다. 그는 미디어다. 전 세계 많은 팬들이 그와 함께하고 있다. 나도 그 팬들 중 하나다.

CHAPTER 5

미디어가 되면
벌어지는 일

2012년 10월 4일 미국 뉴멕시코주에서 작은 캡슐이 우주를 향해 솟아 올랐다. 캡슐은 지구의 대기권을 지나 2시간여 만에 성층권에 멈춰 섰다. 무려 지상 39km에 자리 잡은 캡슐 안에서 오스트리아의 스카이다이버 펠릭스 바움가르트너(47)가 모습을 드러냈다.

"높은 곳에 와 봐야 자신이 얼마나 작은 존재인지 깨닫게 되죠. 이제 집으로 돌아갈게요."

화면을 보며 짧은 경례를 한 바움가르트너는 캡슐 밖으로 몸을 던졌다. 엄청난 속도로 지구를 향해 떨어졌다. 최고 속도는 시속 1357㎞ (마하 1.25). 과연 인간은 얼마나 빠른 속도까지 견뎌 낼 수 있는지 전 세계가 숨죽이며 지켜봤다. 4분 19초가 지난 뒤에야 낙하산이 펴졌고

성층권에서
자유낙하에 도전한
'레드불 스트라토스'
중계 장면

얼마 뒤 그는 지표면에 안착했다. 이것은 인류 최초로 맨몸으로 초음속 낙하에 성공한 순간이었다. 전 세계에서 이 장면을 지켜본 사람은 어림잡아 750만 명. 전 세계 거의 대부분의 뉴스 미디어가 이 소식을 다뤘으니 지구인의 상당수가 이 모습을 지켜본 셈이다.

기상천외한 이 도전의 이름은 '레드불 스트라토스(Red bull Stratos)'. 오스트리아의 에너지 드링크 제조사 레드불의 작품이다. 3시간짜리 이벤트를 위해 레드불은 5년간 약 700억 원을 투자했다. 300명이 넘는 전문가가 동원됐다. 레드불은 이 무모한(?) 프로젝트의 성공 덕분에 무려 45조 원의 마케팅 효과를 얻은 것으로 추산됐다. 그해(2012년) 레드불은 전년 대비 16% 증가한 약 6조 원의 매출을 올렸다. 레드불 스트라토스 프로젝트는 익스트림 스포츠를 통한 콘텐츠 마케팅의 대표적인 성공 사례로 전해지고 있다.

레드불이 미디어가 된 계기
1984년 설립된 레드불은 세계에서 가장 많이 팔리는 에너지 드링크 제조사로 유명하다. 그런데 최근 10년 사이 미디어 회사로 확실히 자리매김했다. 2005년 레이싱 스포츠 대회인 포뮬라원의 스폰서였던 레드불은 포뮬라원의 정보지를 발행하는 작은 미디어 사업을 시작한다. 경기가 열리기 전에 선수들의 스토리를 취재하고, 과거 레이싱 히스토리도 모아서 기사를 준비했다. 경기가 끝나면 결과 스코어만 기사에 채워 넣은 뒤 곧바로 정보지를 만들어 경기장에서 빠져나가는 관객들에게 배포하는 사업이었다.

이 정보지 사업에서 자신감을 얻은 레드불은 2007년 자회사 레드불 미디어 하우스(Red Bull Media House)를 설립한다. 그리고 이 정보지를 '남성 스타일 잡지'로 발전시켰다. 잡지 이름은 '레드 블러틴(Red Bulletin)'. 이 잡지는 선풍적인 인기를 끌며 5개 국어로 번역돼 11개 나라에서 2백만 부씩 팔렸다. 55만 독자에게는 이메일 뉴스레터 형식으로 서비스됐다.

레드 블러틴 잡지

이후 레드불은 모터스포츠, 바이크, 서핑, 스케이트보딩, 스노보딩 등 익스트림 스포츠와 관련된 모든 미디어 사업에 진출해 스포츠 미디어업계에서 ESPN 다음 가는 입지를 구축하기에 이르렀다. 익스트림 스포츠를 중계하는 방송 채널, 레드불 TV를 개국하고, 익스트림 스포츠 관련한 TV 시리즈, 다큐멘터리를 끊임없이 생산했다.

'레드불 콘텐트 풀(Red Bull Content Pool)'이라는 영상 사진 라이브러리 사업도 한다. 익스트림 스포츠와 관련된 5만여 건의 고화질 사진과 영상을 모아 놓고 '게티 이미지(Getty Image)'처럼 저작물의 라이선스를 판매하는 사업이다. 이후 세계인이 즐기는 익스트림 스포츠 영상에는 언제나 붉은 황소로 통하는 레드불 로고가 곳곳에 노출되기 시작했다.

음원 사업에도 나섰다. 뉴욕, 런던, 파리 등 10곳의 대도시에 뮤지션들이 최신 장비로 음악 작업을 할 수 있도록 장소를 대여해 주는 레드불 스튜디오(Red Bull Studio)를 운영하면서 아예 독립 레이블인 레드불 레코드(Red Bull Records)까지 세웠다. 이 밖에도 스마트폰 앱, 도서, 온라인 게임, 영화 등 다양한 미디어 플랫폼을 총동원하고 있다. 에프

레드불 TV 홈페이지

원(F1) 레이싱 팀을 두 개나 갖고 있고 세계 곳곳에 풋볼 팀과 아이스하키 팀까지 보유한 스포츠 구단주 역할까지 병행하고 있는 레드불은 레드불 미디어 하우스를 통해 미디어 사업으로 확장해 명실상부한 '익스트림 스포츠업계 미디어 제국'을 건설했다.

레드불 CEO의 철학 "우리는 모험과 도전을 사랑하는 미디어 회사"

레드불은 스스로를 '에너지 드링크를 판매하는 미디어 회사(Red Bull is a media company that happens to sell energy drinks)'라고 정의하고 있다. 레드불의 창립자이자 CEO인 디트리히 마테피츠(Dietrich Mateschitz)는 2012년 패스트컴퍼니와의 인터뷰에서 레드불의 정체성과 철학에 대해 이렇게 설명했다.

> "레드불이라는 브랜드의 핵심은 날개를 달아 준다(gives you wings)는 것입니다. 날고자 하는 사람(도전하는 사람)들에게 기술과 능력과 힘을 전달한다는 의미죠. 사람들을 가장 활동적이고, 모험을 즐기는 (익스트림 스포츠) 세계로 초대하는 것이 저희의 임무입니다."

레드불은 에너지 드링크 제조사인가, 미디어 회사인가라는 질문에 디트리히 마테피츠는 이렇게 답한다. 음료 제조 영역과 미디어 영역이 각각 어떤 역할을 담당하고 있는가에 대해 그는 두 영역의 역할이 '레드불 세계(The World of Red Bull)'를 구축하고 있다는 점에서 동일하다고 강조했다.

레드불의 창립자이자
CEO인 디트리히 마테피츠
(Dietrich Mateschitz)

"레드불은 에너지 드링크 제조사인 동시에 미디어 회사입니다. 두 영역이 모두 '레드불의 세계'를 구축하고 있죠. 레드불이라는 브랜드는 그냥 음료를 잘 팔기 위한 마케팅 차원에서 지은 게 아니에요. 처음부터 레드불이라는 브랜드에 '세상을 어떻게 볼 것인지에 대한 철학'을 담으려 했죠. 우리는 세상의 익스트림 스포츠 선수들의 활약상과 성과들, 그리고 그와 관련한 문화, 이벤트 등 모든 소식을 전하려 합니다. 에너지 드링크와 미디어 등 두 분야가 모두 그 역할을 하죠. 상호 보완적인 역할을 하면서요." (패스트컴퍼니 'Red Bull CEO Dietrich Mateschitz On Brand As Media Company' 기사 중 발췌)

콘텐츠 마케팅 전문가인 조 풀리지(Joe Pulizzi)의 《킬링 마케팅(Killing Marketing)》(2017)에 따르면, 레드불의 콘텐츠 마케팅은 네 가지 전략을 기본으로 한다.

＊ (소비자의) 관심을 끌 수 있도록 세밀히 계산된 브랜드 노출

Subtle branding that grabs attention

* 모든 소비자의 관심을 받을 수 있는 주제 An everyman theme

* 소비자의 참여와 엔터테인먼트 Audience engagement and entertainment at its core

* 과장 없는 최상의 퀄리티 High production quality without an overproduced look

그 덕분에 레드불이라는 브랜드는 익스트림 스포츠 관련 최고의 브랜드로 확실한 자리매김했다. 레드불 미디어 하우스는 미디어 사업을 통해 직접적인 이익을 창출하고 있을 뿐 아니라 레드불이라는 브랜드에 대한 인지도도 상승시키는 효과를 거두고 있다. 사실 코카콜라 등 거대 음료 제조사는 세계적으로 어마어마한 마케팅 홍보 비용을 집행하지만 레드불은 자사가 보유한 미디어 덕분에 마케팅 및 홍보 비용을 크게 줄이고 오히려 적극적으로 수익을 창출하고 있는 셈이다. 레드불은 일반 에너지 음료보다 훨씬 비싼 편이다. 경쟁 음료는 가격을 낮춰도 레드불은 높은 가격을 고수하고 있다. 레드불이 구축한 세계에 매료된 팬들이 비싸도 레드불 드링크를 사기 때문이다.

디트리히 마테피츠 CEO가 밝힌 레드불의 궁극적 목표는 뭘까? 그는 'TV, 모바일, 음악, 잡지, 뉴미디어 등 모든 미디어 분야를 섭렵한 글로벌 미디어 네트워크가 되는 것'이 목표라고 선언했다.

1. 에너지 드링크 음료 제조사인 레드불은 ESPN 다음 가는 스포츠 미디어 기업이기도 하다.
2. 레드불의 창업자는 "레드불은 미디어 회사다. 다만 음료도 팔고 있다."고 스스로를 정의하고 있다.
3. 스스로 미디어가 되면 광고 마케팅 비용이 획기적으로 줄고, 오히려 미디어 사업을 통해 수익을 창출한다.

CHAPTER·6

콘텐츠가
끊임없이 나오는 코드,
나눔

"스스로가 미디어가 되라고요? 그런데 우리 기업은 그리 대단할 게 없는데…. 콘텐츠라고 할 만한 게 없는데 무엇을 콘텐츠로 만들죠?"

기업 블로그, 기업 SNS 운영을 담당하거나 사내 방송을 만들거나 사내 웹진을 만드는 일을 담당하는 분들은 항상 '콘텐츠의 부족'을 호소한다. 어떻게 하면 좋은 콘텐츠를 발굴할 수 있는지 늘 궁금해 한다.

그래서 보통 어디서나 쉽게 찾을 수 있는 맛집, 여행 정보, 영화 정보, 생활 상식 정도를 모아서 콘텐츠로 만든다. 물론 거기에 CEO나 간부의 어색한 인터뷰가 추가되는 정도다. 그러다 보니 어느 회사의 어느 사내 방송이나 사내 웹진이라 해도 내용면에서 별 차이가 없다. 제작 담당자도 이런 콘텐츠만 다루는 게 싫지만 어쩔 도리가 없다고 털어놓는다.

드위트리 펜션과 스브스뉴스에서 새로운 콘텐츠를 개발하면서 깨달은 것은 콘텐츠가 끊임없이 나오는 코드는 '나눔'이라는 것이다. 내가 스브스뉴스팀에서 20대들을 관찰한 결과, 요즘 20대들은 나눔을 실천하는 기업 또는 사람에게 매우 큰 매력을 느낀다. 특히 불쌍한 사람을 돕겠다는 차원이라기보다는 당장 불행한 사람을 최소한 나만큼은 행복하게 해 주겠다는 '존중'을 담은 나눔을 20대들은 추앙한다. 마치 소개팅에서 만난 이상형에게 느낀 것처럼 강한 끌림을 느낀다. 궁금하면 주변의 20대에 마음을 열고 나눔을 실천하는 사람을 보면 어떤 느낌을 받는지 직접 물어보기 바란다.

보통 '나눔'이라고 하면 사회 공헌을 생각한다. 나는 '나눔'이라는 가치가 좀 더 폭넓게 해석되고 쓰여야 한다고 생각한다. 기업이 실천해야 할 나눔은 크게 세 가지다. 첫째는 경험 나눔, 둘째는 기쁨 나눔, 셋째는 수익 나눔이다. 자신이 가진 것을 적극적으로 나누는 기업을 많은 이의 사랑을 받는다.

경험 나눔: 신용카드 회사가 왜 이렇게 스토리가 많을까?

저녁에 친구들 또는 직장 동료와 밥을 먹고 술을 마시면서 우리들은 자신만의 삶의 노하우를 열심히 나눈다. 좋은 배우자 찾는 방법, 아기 잘 키우는 방법, 골치 아픈 직장 상사 다루는 방법, 건강관리 방법 등등 셀 수 없이 많은 노하우를 늘 공유한다.

그렇게 밥 먹으면서 일상적으로 공유하는 걸 세상 사람들에게 나눠 주면 안 될까? 그걸 실천하는 사람들은 유튜브에 가 보면 정말 많다.

버블디아라는 유명 유튜버는 자신이 연마한 '노래 잘 부르는 방법'에 대한 모든 노하우를 공유한다. 또 자기 경험을 바탕으로 '연애 노하우'도 아낌없이 나눠 준다.

자신만의 레시피를 나누는 요리 유튜버, 예쁜 몸을 만들기 위한 운동 노하우를 나누는 유튜버도 많다. 이들이 나누고 있는 게 그렇게 대단한 콘텐츠인가? 대단하다고 할 수 있다. 직접 겪어서 터득한 것이기에 진솔하고 살아 있는 정보다. 하지만 누구나 마음만 먹으면 만들 수 있는 콘텐츠다.

유명 요리 유튜버 꿀키의 구독자는 1백만 명이 넘는다. 꿀키와는 비교할 수 없는 많은 인원과 많은 노하우를 보유한 우리나라 최고의 기업, 삼성전자의 유튜브 계정 구독자만 몇 명인지 아는가? 3만 명이다. 요리하는 개인이 1백만 명을 모으는 사이 국내 최고의 기업이 모은 구독자는 왜 3만 명에 그쳤을까? 나눔에 대한 태도 차이 때문이라는 게 내 해석이다.

꿀키는 자신의 모든 노하우를 아낌없이 나눈다. 영상을 보다 보면 요리 하나하나에 정성이 깃들어 있다. '이 영상을 보시는 분들도 내가 느낀 이 맛을 똑같이 느꼈으면 좋겠다'는 그 마음이 오롯이 담겨 있다. 댓글을 통해 팬들과 교류도 열심히 한다. 이런 게 나누려는 마음이다.

반면 삼성전자 유튜브 계정은 어떤가? 나름 최신 트렌드라고 불리는 웹 드라마 콘텐츠도 눈에 띈다. 콘텐츠 마케팅 정도는 하고 있다. 일부 영상의 조회수는 백만 건에 달하는 경우도 있다. 하지만 추측컨대, 수천만 원의 광고비를 집행한 결과로 보인다. 대부분의 국내 대기업 유튜브 계정의 사정은 삼성전자와 크게 다르지 않다.

꿀키와 삼성전자의 페이스북

삼성전자 유튜브 계정은 얼마나 자신의 경험을 나누고 있나? 삼성 전자는 얼마나 공유와 나눔에 열린 기업인가? 유튜브 구독자 수만 놓 고 보면 꿀키라는 요리 유튜버 한 명보다도 경험을 나누겠다는 의지 가 훨씬 적은 것 같다.

웹 드라마 같은 콘텐츠를 올리며 뭔가 재미난 것을 제공하려는 것 처럼 보이려고 하지만 사람들은 너무나 잘 알고 있다. 삼성전자 유튜 브 계정은 온통 기업 이미지 제고와 제품 홍보에 대한 의지로 가득 차 있다는 것을 말이다. 삼성전자가 뭘 잘못했다고 말하려는 게 아니다. 그냥 현상을 말하는 거다. 나누려는 의지가 유튜버 1명보다도 부족한 그 현상 말이다. 다른 대기업도 대부분 마찬가지다.

한 기업이 영업 활동을 하는 과정에서 그 구성원이 배우게 되는 것 들은 정말 많다. 그런 노하우와 경험을 가장 열심히 나누려는 회사를 하나 뽑으라고 한다면 나는 현대카드를 뽑고 싶다. 정태영 부회장 특

현대카드의 콘텐츠를 담은 다양한 책

유의 쇼맨십 탓도 있겠지만, 현대카드는 자사의 성장 스토리와 노하우를 끊임없이 공유하려고 한다. 관련한 책도 여러 권 나왔다. 자사의 디자인 철학을 담은 책도 발간했다. 디자인 라이브러리를 만들며 문화 예술 분야의 사회 공헌에도 애쓴다. 현대카드는 기업 내부에서 겪은 일화도 적극적으로 공개하며 마케팅에 활용한다. 다른 기업에 비하면 훨씬 열린 자세다.

혹자는 고도로 계산된 마케팅 전략이라고 하지만, 어쨌거나 그런 경험 콘텐츠를 접한 사람들은 현대카드로부터 뭐라도 받고 배우게 되는 셈이다.

기쁨 나눔: 고객이 더 즐거워하는 이벤트

오래 전 얘기다. 대기업 계열사에 다니다 이직한 한 지인이 있다. 그분은 대학 시절부터 이벤트 기획에 재능을 보였는데 입사 뒤 하필이면 재벌 그룹 총수 회장의 생일잔치 기획을 맡았다. 그룹 내 모든 계열사 사장단이 모이고 회장과 가족들이 모두 모이는 절체절명의 자리다.

그 지인은 '그해 하는 모든 기획 중 가장 중요한 기획이 바로 회장 생일잔치 기획'이라고 말했다. 승패 여부는 오로지 회장의 표정에 달려 있었다. 그 지인은 회장이 사랑하는 역대 강아지의 과거 사진을 줄줄이 보여 주는 비디오를 제작해 회장의 눈물을 간신히 끌어냈다고 털어 놨다. 그 눈물 한 방울 짜내려고 너무너무 힘들었다고 했다.

사업을 해서 돈을 번 사람은 보통 자신의 기쁨을 위해 돈을 쓴다. 성대한 생일잔치를 위해 호텔의 비싼 공간을 빌리고 비싼 술을 주문하고 비싼 공연팀을 부른다. 그렇게 비싸게 노는 것이 가장 기쁘고 즐거운 것으로 알고 있는 것 같다. 대부분의 부자들은 그렇게 기쁨을 독식하려고 한다. 자기 돈으로 자기가 그렇게 기쁨을 만끽한다는데 뭐라 할 사람은 없다. 그런데 그 기쁨을 나누면 안 될까? 그런 기쁨을 느껴 보고 싶은 다른 사람에게 나눠 주면 내 즐거움이 과연 줄어들기라도 하는 걸까?

기쁨은 나눌수록 커진다는 말에 그 누가 반론을 제기할 수 있을까. 기쁨은 나눌수록 가치가 커진다. 국내에서 이 '기쁨 나눔'을 제일 잘 하는 기업을 하나 뽑으라면 배달의민족을 뽑겠다. 배달의민족은 공감할 수 있는 이벤트를 자주 한다. 최근엔 '치믈리에 콘테스트'를 진행했다. 배민 직원들끼리 치킨 관련 농담을 하다가 '이런 치킨 관련한 재미를 고객들도 느끼게 하면 어떨까' 하는 생각에 만든 콘테스트다. 그야말로 치킨을 즐기는 기쁨을 나누는 것이다.

구미권에서는 모두에게 문을 활짝 연 파티 문화가 발달했다. 온갖 페스티벌과 콘테스트가 끊임없이 열린다. 나눌수록 기쁨이 커진다는 것에 대해 너무도 잘 알고 있기 때문이다. 혼자 먹는 것보다 나눠 먹을

배달의민족에서 진행한 치믈리에 콘테스트

때 더 맛있고 행복하다.

각종 이벤트, 파티로 고객과 기쁨을 나누려는 기업은 배달의민족처럼 콘텐츠가 끊임없이 나온다. 고객과의 교류가 활발해질수록 콘텐츠는 더 많이 나온다. 기뻐하는 고객들은 스스로 그 콘텐츠를 자기 SNS에 올리고 그렇게 2차, 3차 콘텐츠가 생성된다. 그래서 콘텐츠의 샘이 마를 새가 없다.

반면 '고객 이벤트 잘못하다가 사고 나면 어떡해'라고 딴지거는 간부가 있는 조직은 고객과의 사이에 '보이지 않는 장벽'이 존재하는 셈이고, 콘텐츠가 쉽사리 나오지 않는다. 또 콘텐츠가 나와도 그 간부 입맛에 맞게 윤색돼 나와서 별다른 주목을 못 받는다. 그래서 우리나라의 대기업에서는 그 엄청난 사이즈에도 불구하고 기쁨을 나누는 콘텐츠가 별로 나오지 않는다. 오너 관련한 갑질 또는 부정부패 같은 부정적 콘텐츠가 그 빈자리를 채우고 있는 것 같다.

수익 나눔: 신발 하나 사면 하나는 기부

유튜브에서 성담 스님이라는 분의 '부자 되는 방법'에 대해 인상 깊게 본 적이 있다. 스님은 부자의 정의를 바꿔야 한다고 주장했다. '많이 버는 사람이 아니라 많이 베푸는 사람이 부자다'라고 정의하셨다.

요즘 젊은 세대는 진심을 담아 나눔을 실천하는 개인 또는 기업에 상당한 매력을 느끼고 응원하는 경향이 있다. 여기서 중요한 건 '진심' 이다. 그 마음에 반하는 것이지 액수에 반하는 것이 아니다. 어느 정도의 매력을 느끼냐면, 소개팅에 처음 나갔을 때 마음에 드는 이성을 만나 약간 설레는 정도의 매력을 느끼는 것 같다. 이건 내가 스브스뉴스에서 20대들과 회의를 할 때 "우와 이 기업 진짜 멋있다!"라고 격하게 반응하는 걸 유심히 보고 얻은 결론이다.

기왕 나눔을 하려면 '힙(hip)'하게 해야 주목을 받는다. 불쌍하니까 도와준다는 식의 전통적인 나눔은 젊은이들이 오히려 경멸한다. 진정한 나눔은 돈 몇 푼 손에 쥐어 주고 생색내는 게 아니라 사회적 약자의 자존감을 되찾아 주고 그들이 당당하고 떳떳하고 행복하게 웃을 수 있게 해 주는 것이라는 게 요즘 젊은 세대의 생각이다.

사회적 약자와 깊이 공감하면서 아픈 곳을 감싸 주거나, 그 나눔의 방법이 기발하면, 또 나름의 철학이 확고할 경우 그 나눔이 힙하다고 느낀다. 즉 감성적으로 교류하고 싶을 만큼 매력적이고, 뭔가 앞서가는 듯하다는 느낌을 받는다. 아이돌을 응원하듯이 힙한 나눔에 응원을 보내게 된다.

신발 한 켤레를 사면 아프리카 빈민에게도 한 켤레를 선물하는 탐스 슈즈, 독거 노인에게 찾아가 팔찌 재료를 전달한 뒤 팔찌를 수거해

자사 신발 한 켤레를 구입하면 불우 이웃에게 한 켤레를 선물하는 '탐스 슈즈'

판 돈으로 다시 독거 노인을 돕는 마르코로호, 장애인 등 사회적 약자를 대거 고용하는 사회적 기업이 만드는 전주의 명물, 전주비빔빵, 폐차장에서 재료를 주워 멋진 가방을 만드는 친환경 스타트업 모어댄 등 스브스뉴스가 소개한 이른바 힙한 나눔 기업들은 20대들 사이 크게 회자됐다.

나눔에 열린 회사 = 줄 게 많은 회사 = 콘텐츠가 많은 회사

여러분이 일하는 기업은 얼마나 나누는 기업인가? 삼성전자는 수익은 많이 나누는 것 같다. 사회복지공동모금회에서 한 해 삼성전자로부터 들어오는 수천억 원의 기부금을 처리하느라 따로 인력을 배치하고 있다는 사실을 들은 적이 있다. 하지만 업계 특성상 보안이 중요하다 보니 경험을 나누려 하지는 않는 것 같다.

삼성뿐 아니라 대부분의 반도체 회사는 사내에서 촬영 자체가 금지돼 있고, USB 반출조차 엄격히 금지돼 있다. 자사 직원들의 경험은 나눌 게 없으니 대학생 서포터즈를 뽑아서 제품을 써 보고 후기를 올

도위트리 스토리

리게 하는 정도의 얕은 경험 나눔을 하고 있는 것으로 보인다. 기쁨 나눔에도 큰 관심이 있는 것 같지는 않다.

갤럭시 시리즈가 출시될 때 대대적으로 언박스 이벤트를 열긴 하는데, 이건 홍보 마케팅이지 기쁨을 나누는 건 아니다. 고객 감사 할인 이벤트 정도는 늘 해 왔지만 그 이상 기억에 남는 이벤트나 행사가 없다.

경험 나눔, 기쁨 나눔, 수익 나눔. 이 세 가지 나눔을 중시하는 기업은 고객과 사회로부터 '열린 기업'이라고 인정받는다. 태도 자체가 바깥으로 열려 있는 기업은 자기만의 노하우를 감추지 않고 어느 정도는 공개하며 후학 양성과 교육에 관심이 많다. 세상을 바꾸려는 생각을 갖고 있는 기업은 노하우 공개에도 인색하지 않은 편이다. 예컨대 테슬라는 전기차 관련한 자사 노하우를 오픈 소스로 공개하며 전기차 시대를 앞당기겠다는 포부를 밝힌 바 있다.

기쁨을 나누려는 기업도 바깥으로 열려 있는 느낌을 준다. 배달의 민족과 같은 기업은 고객에게 감사하는 마음을 갖고 뭐라도 재밌는 이벤트를 열어 주고 싶어 하는 경향이 있다. 이러한 기쁨은 사내에서부터 시작된다. 치믈리에 콘테스트처럼 직원들이 재미있게 농담 따먹기를 하던 것을 그대로 바깥에 옮겨 세상 사람들과 그 기쁨을 공유한다. 이런 기업의 직원들은 자기 회사에 대해 자부심을 갖고 있기 때문에 고객을 대할 때도 당당하고 자신감이 넘친다.

수익 나눔에 애쓰는 기업들은 사실 많은데, 그 나눔이 실제로 어떤 변화를 일으키는지까지 관심 갖고 지켜보는 기업은 그리 많지 않은 것 같다. 그냥 "이만큼 사회 공헌 했으니 된 거 아닌가요?" 정도의 태도에 그치는 기업이 적지 않다. 연탄을 선물할지 도시락을 선물할지

김장김치를 선물할지에 대한 판단을 할 때 과연 수혜자에게 제대로 물어보고 결정한 것인지 의심스럽다.

그냥 그런 행사를 하고 사진 촬영 열심히 한 뒤 보도 자료 뿌리고, 신문 C섹션에 협찬금을 내고 기사가 실린 뒤 그거 오려서 상부에 보고하는 업무 과정을 매년 거친다. 그런 구태의연한 사회 공헌 사업을 진행하는 직원들도 간혹 만나 봤는데 그분들 얼굴이 그리 행복해 보이지 않았다. 국회 대관 업무와 사회 공헌 사업을 같은 부서가 처리하는 경우도 있다. 즉 국회의원이 민원 넣는 곳에 자선금을 갖다 바치는 후진적인 관행이 아직도 사라지지 않고 있는 것이다.

나누는 기업일수록 열린 기업이다. 직원들 얼굴부터 열려 있다. 직원들이 상관 눈치를 보지 않고 소비자와 진심으로 교류하려는 시도를 많이 한다. 그 교류의 과정에서 다양한 사연과 이야기가 꽃을 피운다. 자동으로 콘텐츠가 샘솟듯 나온다. 즉 나누려는 태도만 갖추고 그것을 일관되게 가져갔을 때 콘텐츠 걱정을 할 이유가 없게 된다.

세상 모든 스토리는 혼자 고립된 채 고심만 한다고 나오지 않는다. 누군가와 대화를 하고, 마음을 주고받고, 먹을 것도 주고받고, 기쁨도 주고받고, 경험도 주고받으면 그게 다 사연이고 스토리고 콘텐츠다. 한 기업의 블로그, SNS, 잡지, 웹진 등에서 나오는 콘텐츠가 사내 직원들에게조차 소비되지 않는다면 이유는 딱 하나다. 그 콘텐츠에 영혼이 없기 때문이다. 특히 젊은 20~30대들은 '영혼 없는 것'을 보면 정말 싫어한다.

정리해 보자. 최고의 마케팅을 하려면 마케팅을 접어 두고 미디어가 돼야 한다. 내가 속한 기업도 미디어고, 나를 비롯한 모든 임직원하나하나가 다 미디어다. 모두의 순간순간 경험을 영상이든 글씨로든 데이터로든 기록을 해 두고 그것을 정리한 뒤 세상 사람들과 나누고 공유한 뒤 그렇게 모인 사람들과 교류하며 커뮤니티를 만들면 된다.

누구나 분명히 미디어가 될 수 있다고 난 믿는다. 누구든지 철학이 확고하며, 그 철학을 세상에 알리기 위한 노력을 꾸준히 하고 있다면, 그 과정에서 얻게 되는 것을 나누려고 한다면 더 빨리 미디어가 될 수 있을 것이다. 그리고 그 마음이 진심이라면, 더 많은 사람들이 함께할 것이다. 이때가 미디어 그 자체가 되는 순간이다.

1. 미디어가 되려면 끊임없이 콘텐츠가 나와야 한다.
2. 열린 자세로 경험 나눔, 기쁨 나눔, 수익 나눔이란 3가지 나눔을 실천하겠다고 결심하면 콘텐츠가 자동으로 끊임없이 나온다.
3. 가정주부도 레시피를 나누겠다는 생각 하나만으로 대기업의 수십 배에 달하는 구독자를 보유한 1인 미디어가 됐다. 나누면 누구나 미디어가 될 수 있다.

CHAPTER 7

3차원 좌표법으로
콘텐츠 만들기

스브스뉴스팀도 처음엔 콘텐츠의 부족에 시달렸다. 인턴 10명이 주축이었던 2015년 당시로서는 사실 프로페셔널 기자나 피디도 아닌 대학생들이 훌륭한 아이템을 발굴하기 힘들 것이라고 생각했다. 그래서 SBS 교양 프로그램 중 뉴스적 성격을 갖는 영상에서 이미지들을 캡처한 뒤 카드뉴스로 재활용하는 경우가 대부분이었다.

그러다가 아이템을 발굴할 수 있겠다는 희망을 찾은 건 아이템 회의 시간에 '질문의 힘'을 발견하면서부터다. 20대의 생각을 제대로 들어 보면서 그 속에서 핵심이 되는 질문을 발굴할 수 있었다. 나는 생각해 본 적도 없는 보석 같은 질문이 쏟아졌다. 그러한 질문을 뽑아내기 위한 회의를 시작한 뒤부터 스브스뉴스만의 젊고 감각적인 콘텐츠를 발굴할 수 있었다.

일단, 각자 SNS를 둘러보다 관심 있는 이슈가 있으면 가져와서 공유하도록 했다. SNS에서 현재 뜨고 있는 소재나 이슈를 테이블에 올리고 자유롭게 토론하다 보면 "그게 왜 그런 것인지 엄청 궁금한데 누가 알아봐 주면 안 돼?"라는 질문이 나왔고 그럼 그 궁금한 걸 취재해 콘텐츠로 만들었다.

즉 20대 간의 대화에 집중했고, 특히 그 대화 속에서 모두의 마음을 사로잡는 질문을 놓치지 않았다. 드위트리 펜션을 짓고 마케팅하는 과정에서 20대 여성에게 물어보며 격한 반응을 관찰하면 놓치지 않고 기록한 것처럼 스브스뉴스 아이템 회의 때에도 격한 반응이 나오면 그런 반응을 나오게 한 '마음속 질문'이 무엇인지에 집중했다.

예컨대 이런 식이었다. 2014년부터 온라인 세상에서는 '보라색 눈동자의 아이' 사진이 퍼지고 또 퍼졌다. 사진에는 '1천만분의 1 확률로 걸리는 희귀병인 알비노(백색증) 환자'라는 설명 글귀가 붙어 다녔다. 멜라닌 세포에서의 멜라닌 합성이 결핍되는 선천적 유전 질환인 이 알비노에 걸리면 피부암에 쉽게 걸리는 것으로 알려져 있다. 네티즌들은 아이가 불쌍하다고 댓글을 달며 동정했다.

그런데 스브스뉴스팀 회의에서 "이 아이가 정말 알비노 환자 맞아?"라는 질문이 나왔고, 우리는 직접 확인해 보기로 했다. 그 결과, 이 사진의 최초 출처는 누군가 유튜브에 올린 영상을 캡처한 것으로 밝혀졌다. 그 유튜브 영상 아래 설명에는 '평소엔 파란 눈동자인데 어떨 땐 신기하게도 이렇게 보랏빛으로 카메라에 찍힌다'라는 문구가 있었다. 그 아이는 알비노 환자도 아니었고, 파란색 눈동자의 평범한 아

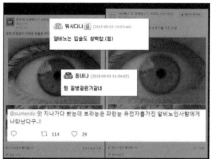

2014년쯤 온라인에 많이 실린 '보라색 눈동자 아이'는 알비노 환자로 불렸다.

이였던 것이다. 그 아이 입장에서는 한국이라는 나라에서 수백만 명
의 네티즌들이 자신의 사진을 돌려보며 "알비노 환자라 불쌍해."라고
말하고 있다는 사실을 알게 되면 얼마나 황당할까?

게다가 안과 전문의에게 문의한 결과, 눈빛이 보라색이라고 반드시
알비노 환자인 것도 아니었다. 알비노 환자 중에 눈빛이 보라색인 경
우가 적지 않지만, 눈빛이 보라색인 사람들 가운데 알비노와 아무런
상관이 없는 사람이 태반이었다. 대한민국의 수많은 네티즌들이 오해
하고 있던 보라색 눈동자 아이 사진의 진실을 알려 준 그 카드뉴스는
이런 과정을 통해 태어났다. "그거 사실이야?"라는 질문 하나 덕분에
좋은 콘텐츠를 발굴할 수 있었던 것이다.

요컨대 보석 같은 콘텐츠를 발굴하는 방법은 아이디어와 아이디어
가 만나는 대화의 장을 마련하고 그 속에서 나오는 '좋은 질문'을 뽑아
내는 게 핵심이다. 특히 회의 참여자들이 박장대소하거나, 다들 격노
하거나 궁금해 하는 등 격한 반응이 관찰되면 '왜 이런 반응이 나온 것

이지?'라는 의문을 갖고 좋은 질문을 뽑아내야 한다. 추후 스브스뉴스 팀에서는 좋은 질문의 정의를 '좀 더 깊이가 있는 질문, 좀 더 본질적인 것을 건드리는 질문, 좀 더 인사이트가 있는 질문'이라고 내렸다. 팀 내에서는 이런 좋은 질문을 '인뎁스 퀘스천(in-depth question)'이라고 부르기도 했다.

이렇게 깊이가 있는 질문을 던진다는 건 사실 쉬운 일이 아니다. 그런 질문이 잘 떠오르지 않는다. 상당한 노하우와 연습도 필요하다. 그런데 이걸 자동으로 쉽게 해 주는 방법이 하나 있어 소개한다. 이름 하여 3차원 좌표법이다. '세상을 바꾸는 시간 15분'이라는 프로그램에 출연해 이 방법에 대해 강연한 적이 있는데 그때 세바시의 구범준 피디가 '3차원 좌표법'이라는 이름을 붙여 줬다.

3차원 좌표법이란

3차원 좌표법은 '과거 – 현재 – 미래 축'과 '이면 – 현상 – 외연 축'을 그어 가며 생각의 지평을 넓혀 보는 아이템 발굴법이다.

① 과거 – 현재 – 미래 축

그 뉴스라는 현재가 있다면 반드시 그 뉴스를 나오게 한 과거가 있고, 그 뉴스로 인해 앞으로 벌어질 미래가 있다. 현재 내가 보고 있는 뉴스를 중심으로 '과거 – 현재 – 미래'라는 축을 하나 마음속으로 그려 보는 것이다. 과거에 대해 질문을 던지고 또 던지면 그 현상을 일으킨 본질과 원리가 보인다. 그러면 그 본질과 원리를 제대로 알게 되고, 응용할 수도 있다. 본질과 원리는 항상 통하기 때문에 현재뿐 아니라 미래에도 동일하게 작용한다. 즉 원리를 제대로 알면 미래를 내다보며 예측할 수 있다. 자, 이런 질문을 던져 보자.

(과거) 과거에 무슨 일이 있었기에 이런 일이 일어난 것인지?
(미래) 미래엔 과연 이 현상이 어떻게 변모하게 될까?

② 이면-현상-외연 축

'과거-현재-미래'의 시간 축에 대해 생각해 볼 것을 다 해 봤다면 이번엔 다른 축을 하나 더 그려 보자. 이번엔 신문을 중심으로 좌우가 아니라, 신문의 지면 뒤에 가려진 뒷면과 지면 위쪽에 있는 드넓은 바깥 세상을 상상한다. 지면 아래 가려진 뒷면이 '사건의 숨겨진 이면'이고 지면 위쪽의 넓은 세상이 '사건의 외연'이다.

세상의 모든 현상에는 눈으로는 잘 보이지 않는 이면이 존재한다. 그 이면엔 세상에 알려져 있는 것과 다른 진실이 숨어 있는 경우가 많다. 표출된 현상과 본질이 다른 경우다. 예컨대 위에서 사례로 든 '보

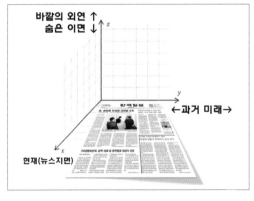

좋은 질문을 뽑아내는
발상을 위한 3차원 좌표법

라색 눈동자의 아이 사진'의 경우도 그 이면을 알아보니 알려진 소문과 전혀 다른 진실이 숨겨져 있었다.

이번엔 시각을 좁히지 말고, 반대로 넓혀 보자. 그 현상의 외연을 확장해 보는 것이다. 사고의 틀을 넓히면 전에는 없던 통찰력이 생긴다. 완전히 새로운 발상을 할 수도 있다. 우리나라에서는 당연해 보이는 어떤 현상이 다른 나라에선 이상한 일로 보일 수 있다. 우리가 처한 현실을 좀 더 객관적인 시각으로 볼 수도 있다. 자, 이런 질문을 던져 보자.

(이면) 보이는 것이 정말 사실일까? 숨겨진 진실은 다르지 않을까?
(외연) 우리나라에선 그렇다 쳐도 나라 밖에서도 마찬가지일까? 세계인들은 이 현상을 어떻게 볼까?

스브스뉴스에서 제작한 아이템을 중심으로 3차원 좌표법의 활용 방법을 자세히 설명하겠다.

'과거'에서 찾은 아이템

2017년 여름, 문재인 대통령 당선 직후 '파격의 연속'이라는 제목으로 대통령의 행보를 전하는 기사가 자주 나왔다. 아이스드 아메리카노를 들고 터벅터벅 산책하는 문 대통령과 참모진의 모습은 일반 직장인들과 다를 바 없었다. 이런 사진과 기사를 대충 보면 그냥 지나치기 쉽다.

스브스뉴스팀에서는 이 사진을 좀 더 째려봤다. 이 현상을 있게 한 과거는 무엇일까? 어디서 비롯된 것인가? 찾고 찾아보니 '대통령의 파격 행보'의 원조는 고(故) 노무현 대통령이었다. 때는 15년 전으

조선일보 2017년 5월 10일 기사

로 거슬러 올라간다. 선거에서 승리한 직후 당선인 시절 노 대통령은 2002년 초 여의도 대중목욕탕에 가서 시민들과 대화했다. 그때는 나라가 발칵 뒤집혔다. 일부 신문에서는 '대통령의 품격'에 문제를 삼았다.

이후 노 전 대통령이 파격 행보를 보일 때마다 '리더십이 흔들리고 있다'라는 시선이 제기됐고 '그래서 국민들이 불안해 한다'라는 논리로까지 발전했다. 취임 초기부터 공격받는 대통령이 안쓰러워 보였는지 당시 유시민 작가는 한 언론 인터뷰에서 '이런 장면이 낯설 수밖에 없지만 언젠간 인정하는 날이 올 것'이라며 노 대통령은 두둔하기도 했다.

이렇게 '과거'를 헤집어 보는 과정을 거쳐 스브스뉴스팀에서는 '오늘, 목욕탕에서 대통령을 만났다'라는 제목을 카드뉴스를 제작했다. 노 전 대통령이 대중목욕탕에 간 그날, 대한민국 사회에서는 전무후무한 새로운 역사가 쓰이고 있었다. 바로 국민들 사이 '대통령도 사람이네.'라는 생각이 싹트기 시작한 것이다. '불안하다', '리더십의 부재

드위트리 스토리

스브스뉴스 2017년 5월
'오늘 목욕탕에서 대통령을 만났다'
(정유정 인턴)

다'라는 신문 헤드라인이 끊이지 않았는데도 노 전 대통령은 끊임없이 탈권위 행보를 이어 갔고, 그것은 '대통령다움'에 대한 새로운 역사가 쓰인 순간이었다. '대통령다움에 대한 새 역사를 쓴 인물이 남긴 이 말은 이제 진짜 현실이 됐습니다'로 이 카드뉴스는 끝을 맺었다. 이 카드뉴스는 '과거 – 현재 – 미래 축'을 살펴본 뒤 얻어 낸 아이템이었다.

'이면'을 들여다보다 발견한 아이템

2017년 5월 대선을 앞두고 홍준표 자유한국당 후보를 둘러싸고 돼지 발정제 사용 논란이 일어났다. 자서전에서 마음에 드는 여성을 유혹하기 위해 돼지 발정제를 먹인 친구의 일화를 다소 흥미 위주로 전했다는 사실이 알려지면서 논란이 촉발됐다. 당시 그는 자신의 페이스북에서 사과문을 올리고 용서를 구했다. 드러난 현상만 보면 후보가 사과 의사까지 밝혔으니 이제 더 이상 이 논란과 관련해 이슈화 할 것

스브스뉴스 2017년 4월
'돼지 발정제를 바라보는
따뜻한 시선'
(김경희 에디터, 이희령 인턴)

이 없어 보였다.

스브스뉴스팀은 그 현상의 이면을 살펴봤다. 홍준표 후보 페이스북 사과문 아래 달려 있는 댓글들을 하나하나 분석해 보니, 상당수의 사람들이 여전히 여성에게 불법 약물을 먹이는 행위에 대해 관용적인 시선을 갖고 있는 것으로 파악됐다. 댓글 분석 결과, 여성을 유혹하기 위해 돼지 발정제를 먹이는 행위에 대해 3가지 코드가 발견됐다. 첫째, 누구나 해 봤던 '장난'이므로 이해할 수 있다는 시선이었다. 둘째, 혈기왕성한 '어린 시절' 일이므로 이해할 수 있다는 시선도 있었다. 셋째, 여성의 지위가 낮았던 45년 전 '옛날' 일이므로 그럴 수도 있었다는 반응도 있었다.

그래서 스브스뉴스팀은 여성에게 몰래 약물을 먹이는 행위에 대해 우리 사회의 관용적인 시선은 45년 전이나 지금이나 별로 달라진 것이 없다는 점을 지적하는 카드뉴스를 제작했다. 영화, 소설 등 미디어에서도 최음제 먹이기를 장난 정도로 그려 낸 사실과 여전히 인터넷 쇼핑몰에서는 이런 불법 약물이 공공연히 거래되고 있다는 사실도 언급했다.

한 대선 후보의 사과 게시물을 자세히 들여다보고 그 이면에 숨어 있는 '돼지 발정제를 바라보는 우리 사회의 관용적인 시선'을 발견해 이를 콘텐츠로 제작할 수 있었고 적지 않은 반향을 일으켰다.

'외연'을 넓혀 보다 발견한 새로운 시각

2017년 11월 10일자 조선일보에는 '예산 털어 최저임금… 전례 없는 실험'이라는 기사가 실렸다. 최저임금이 갑자기 오르자 소상공인들의 부담이 커져 정부가 무려 3조 원이라는 엄청난 지원금을 책정해 전례

조선일보 2017년 11월 10일자 1면

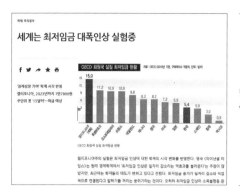

한겨레신문 2016년 3월 31일자 기사
〈세계는 최저 임금 대폭 인상 실험 중〉

없는 실험에 나섰다는 소식이다. 문재인 정부가 추진하는 최저임금 인상의 효과와 관련한 우려와 논란을 부각하고 있다. 언론으로서 최저임금 인상의 효과에 의구심을 던지는 시각은 충분히 타당하다고 생각한다. 그런데 '전례 없는 실험'이라는 말이 전하는 '경각심'은 사실 우리나라 안에서만 통하는 이야기일지도 모른다. 이미 이전부터 세계적으로 최저임금을 올리는 실험을 여러 차례 해 왔기 때문이다.

　자, 이 '최저임금 인상에 3조 원 투입한 전례 없는 실험'이라는 현상을 가지고 외연을 넓혀 보자. 시각을 넓게 가지고 세계적으로 보니, 세계 곳곳에서는 지금 최저임금 인상 실험이 진행 중이었다. 2016년도 한겨레신문 기사에 따르면 캘리포니아에서는 2023년까지 17,000원까지 올리는 파격적인 실험을 해서 세계적인 주목을 받았다. 이제는 학자들도 최저임금을 높임으로써 기본 소득이 올라야 경제도 잘 돌고, 소득 불평등이 완화된다는 쪽에 관심을 가지기 시작했다고 이 신문은 전한다. 어찌 보면 우리나라의 최저임금 실험은 '전례 없는 실험'이라기보다는 '세계적으로 봤을 때 조금 늦은 실험'이라고 볼 수도 있다. 외연을 넓히면 이렇게 보다 본질에 가까운 통찰력이 생긴다.

좋은 질문을 뽑아내는 10가지 코드

어떤 현상을 3차원 좌표법으로 봐도 아이템이 잘 나오지 않으면 내가
쓰는 또 다른 방법이 있다. 스브스뉴스 초창기 인턴 교육 때 활용하려
고 나름 정리해 놓은 방법론이다. SNS에서 널리 퍼지는 좋은 콘텐츠
를 긁어 모은 뒤 '이 아이템은 어떤 발상을 바탕으로 만들어졌을까?'
라고 질문을 던지며 스스로 연구한 결과, 10가지 발상법을 발견했다.
어떤 현상이든 많은 사람들이 관심을 갖고 있다면, 이 10가지 발상법
을 대입해 질문과 답을 찾다 보면 아이템이 쏟아져 나온다.

인뎁스 퀘스천(in-depth Question)이 있는

콘텐츠 제작을 위한 10가지 발상법

1. 〔궁금증〕 이와 관련해 내가 진짜 진짜 궁금한 건 무엇인가?

    ▷ 궁금증 해결 아이템

2. 〔이해〕 이게 쉽게 말해 무슨 밀인가?

    ▷ 단순화해 쉽게 설명한 아이템

3. 〔나와의 관련성〕 왜 이걸 꼭 알아야 하나? 그것이 독자의 인생과

    무슨 상관이 있나?

    ▷ '내 인생과의 관련성' 설명 아이템

4. 〔풍자〕 이것은 마치 무엇과도 같은 일인가?

    ▷ 풍자 아이템 (비유, 은유)

5. 〔원리〕그 속에 숨어 있는 근본적인 과학 원리는?

    ▷ 과학 아이템, 의학 아이템

6. 〔역사〕예전에도 비슷한 일이 있었나? 그 속에 숨어 있는 역사적

    인 배경은?

    ▷ 인문학 아이템, 역사 아이템

7. 〔이면〕숨겨진 이야기, 미공개 영상은 없을까?

    ▷ 사건의 이면 아이템

8. 〔팩트 체크〕정말 그 팩트가 맞나? 오해의 여지는 없나?

    ▷ 검증 아이템

9. 〔다른 프레임〕세상이 보는 프레임과 다른 시각에서 본다면?

    ▷ 발상의 전환 아이템. 새로운 관점 발견 아이템

10. 〔큐레이션〕바로 써먹을 수 있도록 그와 관련된 것을 모두 모아

    준다면?

    ▷ 총정리 아이템, 큐레이션 아이템, 꿀팁 아이템

한 금융 기업 사내 방송팀에서 모든 사원이 보고 싶어할 만한 콘텐츠의 주제를 찾아야 한다고 가정하자. 먼저 할 일은 콘텐츠를 보게 될 직원들과 진솔한 대화를 나눠 보는 자리를 갖는 것이다. 대화 도중 어떤 이야기를 할 때 소위 '빵 터지는지' 혹은 표정이 돌변하는지 관찰하고 기록해 둔다. 즉 격한 반응이 나오는 지점을 관찰한다.

직원들 사이 이야기꽃을 피우다 보면 다양한 소재가 튀어나올 것이다. 애인에게도 가입시키고 싶은 금융 상품, 내가 봐도 이건 아니다 싶은 금융 상품, 직원들이 궁금해 하는 CEO의 인사 정책, 진상 고객에

지혜롭게 대처하는 방법, 개인별 신규 가입자 할당에 따른 스트레스 문제 등 직원들이 진짜 궁금해 하는 이슈가 많이 나온다. 대화를 통해 그렇게 소재들을 모아 기록한 다음 하나씩 보면서 10가지 발상법을 대입하며 주제를 좀 더 좁혀 본다. 예컨대 '진상 고객'이라는 소재 하나만 갖고도 10가지 발상법을 적용해 아래와 같이 10가지 질문 혹은 답을 던지면서 핵심 주제를 뽑아낼 수 있다.

1. [궁금증] 대체 그 사람들은 왜 그러는 것일까? 궁극적으로 무엇이 문제인가?
2. [이해] 진상 고객의 유형별 발생 원인을 이해하기 쉽게 설명한다면?
3. [나와의 관련성] 지점에 있지 않은 직원들도 알아야 한다. 왜냐하면…
4. [풍자] 진상 고객은 마치 ○○과도 같은 사람들이다.
5. [원리] 분노 속에 숨어 있는 근본적인 심리학적인 원인은 무엇인가?
6. [역사] 역대급 진상 고객 베스드 10
7. [이면] 진상 고객 관련한 숨겨진 이야기
8. [팩트 체크] 진상 고객으로 보고가 올라온 사건. 혹시 우리 직원 잘못은 없었나?
9. [다른 프레임] 발상의 전환! 진상 고객 대처법을 바꿔 오히려 매출을 올린 기업 사례는 없나?
10. [큐레이션] 바로 써먹을 수 있는 진상 고객 대처법 BEST 5

자, 그 다음 위의 10가지 아이템 관련해 좀 더 자료와 증언을 수집한 다음, 이 중 어느 것이 가장 좋은 콘텐츠가 될 것인지 투표에 부쳐 본다. 그런 다음 즐겁게 제작한다. 콘텐츠 만들기 정말 쉽지 않은가?

1. 뉴스에서든 대화에서든 소재를 찾는다.
2. 그 소재를 과거 – 현재 – 미래의 축으로 입체적으로 살펴보며 다양한 질문을 던진다.
3. 그 소재의 숨겨진 이면엔 뭔가 있지 않을까 의심해 보고, 바깥 세계로 외연을 넓혀 본다.
4. 그래도 아이템이 나오지 않으면, 10가지 발상법을 대입해 보며 '좋은 질문'을 찾는다.
5. 누구나 사로잡을 만한 좋은 질문을 찾았다면 그게 바로 아이템이다. 그 아이템에 대해 더 자료를 모으고 글을 쓰고 이미지를 붙여서 콘텐츠로 만든다.

CHAPTER 8

미디어가 되기 위한
큰 그림을 그려라

상상한 것을 손으로 그려 낸 것을 우리는 '그림'이라고 한다. 인류가 상상한 역사가 곧 그림의 역사다. 인간의 상상이 돌이나 나무, 종이 등에만 그려지던 시대에서 그것에 생명력을 불어넣어 움직이게 하는 애니메이션을 산업화시킨 장본인이 바로 월트 디스니(1901~1966)다.

그는 상상을 시각화(visualization)하는 데 있어 천재였다. 1920~1930년대만 해도 애니메이션은 가벼운 스낵 같은 콘텐츠였다. 만화(cartoon)에 움직임을 줘 짧은 코믹 애니메이션을 만들어 일반 영화 상영에 앞서 5~10분간 보여 주는 식으로 소비됐다. 1930년대 월트 디즈니는 애니메이션 자체를 장편 영화로 만드는 데 성공하며 세상을 놀라게 했다. 그 최초의 장편 애니메이션은 '백설공주와 일곱 난쟁이

(Snow White and the Severn Dwarfs)'다.

월트 디즈니는 애니메이션이 예술 작품이라고 생각했고, 애니메이션을 보는 관객도 감동을 받아 눈물을 흘리는 장면을 꿈꿨다. 그리고 백설공주의 첫 시사회 때 그 꿈이 이루어졌다. 백설공주가 마녀가 건넨 사과를 먹고 숨진 뒤 일곱 난쟁이들이 슬퍼하며 흐느껴 울자 적지 않은 관객들도 눈물을 흘렸다.

상상을 현실화하는 그의 천재성은 작품뿐 아니라 경영 전략을 짜는데 있어서도 결정적인 역할을 했다. 창업주 월트 디즈니가 상상한 것을 현실화한 것이 월트 디즈니 컴퍼니의 역사라고 해도 과언이 아니다. 그는 아이 같은 순수함, 꿈과 모험, 가족의 사랑으로 가득한 환상적인 세계를 그렸고, 그 철학을 온 세상에 퍼뜨리는 미디어 제국을 꿈꿨으며, 그 꿈을 세상에서 가장 완벽하게 구현했다.

스스로 미디어가 되기로 결심했다면 역사상 최고의 미디어 전략 고수인 월트 디즈니의 전략을 벤치마킹하는 것이 큰 도움이 될 것이다.

'미디어 전략 보드'를 그려라. 디즈니처럼

월트 디즈니 프로덕션의 미디어 전략 보드는 가치 있는 것 중심으로 회사의 주요 자산을 정의하고 그것들 사이의 상호작용을 규정해 놓은 것이다. 반세기가 지난 지금도 월트 디즈니 컴퍼니의 사업 전략은 이 그림에 그려진 내용에서 크게 달라지지 않았다.

한가운데 창의적 재능이 가득한 스튜디오(creative talent of studio)에서 만들어지는 애니메이션 영화(theatrical films)가 있다. 영화가 만들어지면 극장 상영용 영화(16mm films)와 TV로 유통하고 TV 광고(TV

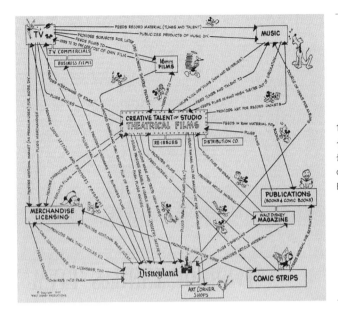

1957년 월트 디즈니 프로덕
션의 '미디어 전략 보드'
출처: What Is the Theory
of Your Firm? / Harvard
Business Review 2013.6

commercials)와 비즈니스 필름(business film)으로도 수익을 창출한다. 영

화의 캐릭터와 소재를 그대로 활용한 연재 만화(comic strips), 책과 만

화책(books & comic books), 잡지(magazine)를 별도로 제작해 발간한다.

영화에 등장하는 음원(music)을 활용한 음반 사업도 전개한다. 영화

개봉 시 음반도 출시해 홍보 효과(help 'kick off' films)를 거눈다. 음악은

오랫동안 듣고 또 듣기 때문에 영화가 극장에서 내려진 뒤에도 영화

와 그 캐릭터를 계속 떠올리게 하는 효과를 거눈다(keeps films in mind

when they're out of circulation). 그 음반 상품은 TV를 통해 대중에게 노

출시킨다(publicizes product of music div.).

또 영화에서는 간접적으로 디즈니랜드를 홍보하고(promotes

Disneyland) 영화 속 캐릭터는 디즈니랜드 테마파크의 또 다른 소재로

활용한다. 디즈니 상품 라이선싱도 중요한 수입원인데, 우선 영화 속 캐릭터를 갖고 상품으로 만들고, 디즈니랜드에서 이 상품을 진열해 팔고, 연재 만화(comic strips)와 TV에서는 이 상품을 홍보한다.

하나의 콘텐츠가 극장, 책, 만화책, 잡지, 음반, 테마파크, TV 등 온갖 미디어 채널을 통해 광범위하게 유통되면서 가치를 극대화하는 전략이다. 동시에 장난감, 문구, 의류 등 캐릭터 상품 라이선싱까지 영역을 확장하며 사람들의 일상생활 곳곳으로 뻗어 있다. 이 그림은 오늘날의 미디어 전략의 원형이라고 할 수 있다. 마치 미디어 업계의 미래를 내다본 듯한 소름 돋는 통찰력을 보여 주고 있다. 사실 반세기가 지난 오늘날의 미디어 기업들 중에서도 이 그림만큼 통합적으로 시너지 효과를 내는 미디어 전략을 펴는 곳이 그다지 많지 않은 것 같다.

월트 디즈니가 이렇게 거미줄처럼 복잡다단한 미디어 전략을 굳이 폈던 이유가 뭘까. 핵심적 이유는 충성 관객(loyal audience) 또는 충성 고객(loyal consumers) 구축이다. 애니메이션에서 한번 캐릭터와 사랑에 빠진 고객은 TV에서도 그 캐릭터를 보고, 잡지와 책을 통해서도 그 캐릭터의 세계에 더 깊이 빠져 든다. 디즈니랜드(로스앤젤레스 위치) 또는 디즈니월드(플로리다 위치)에 가서 그 캐릭터와 함께 휴가를 즐기고, 그 캐릭터가 부르는 음악을 들으면서, 그 캐릭터가 새겨진 티셔츠와 문구 완구를 소비하게 된다. 그 디즈니 캐릭터는 한 관객의 생활 곳곳에 편재하고 일상을 함께한다. 디즈니 캐릭터와 늘 함께하면서 디즈니의 세계관과 철학은 자연스럽게 마음속에 녹아들고 충성 고객이 된다.

디즈니 흥망성쇠 역사는 어찌 보면, 고객의 충성도와 직결돼 있

월트 디즈니는 캐릭터 상품 라이선싱 시장의 선구자로서 충성 고객의 일상과 함께하는 전략을 폈다.

다. 미국 유타대학교의 토드젠저(Todd Zenger) 교수의 《What Is the Theory of Your Firm?》(HBR 2013.6)에 따르면, 사실 이 전략은 월트 디즈니가 사망할 때까지 디즈니사의 성장을 견인했지만 이후 디즈니는 본원 경쟁력인 애니메이션 영화에 역량을 집중하지 않는다는 비판을 받았다. 수익도 떨어졌으며, 정체성에 혼란을 겪었다. 캐릭터에 대한 충성도가 약화되면서 총체적인 어려움에 빠진 것이다.

1984년 디즈니는 파라마운트 픽처스의 사장이었던 마이클 아이스너(Michael Eisner)를 전격 영입한다. 마이클 아이스너는 콘텐츠의 핵심인 애니메이션 분야에 대한 투자를 확충해 창업주의 전략을 다시 부활시켰다. 그 뒤부터 인어공주(The Little Mermaid), 미녀와 야수(Beauty and the Beast), 라이온킹(The Lion King) 등 애니메이션 히트작을 냈고, 디즈니는 다시 애니메이션 영화의 명가로 확고히 자리매김했다.

이에 힘입어 디즈니의 시가 총액은 1984년 19억 달러에서 10년이 지난 1994년 280억 달러로 경이적인 성장을 기록했다. 영화 수입도 컸지만 책, 음반, TV 시리즈, 캐릭터 상품의 수입도 치솟은 덕분이었고, 그것은 아이뿐 아니라 어른까지 디즈니의 캐릭터와 세계관에 대해 높은 충성도를 보였기 때문이다.

2000년 아이스너의 뒤를 이어 사장이 된 로버트 아이거(Robert Iger)는 당시 최고의 애니메이션 제작사로 꼽히던 픽사(Pixar)를 인수한 데 이어, 최근엔 최고의 영웅 캐릭터를 보유한 마벨(Marvel)과 스타워즈를 제작한 루카스필름(Lucasfilm)까지 인수하며 '영화 애니메이션' 분야의 코어 콘텐츠 경쟁력에 집중하는 행보를 이어 가고 있다. 2018년엔 루퍼트 머독(Rupert Murdoch)의 20세기 폭스까지 인수에 나서면서 이제 콘텐츠 경쟁력과 충성 고객 구축에 관한 한 지구상에 디즈니의 경쟁자가 사라진 것 아니냐는 분석까지 나오고 있다.

스토리보드로 마음을 모아 함께 가라. 디즈니처럼

지금은 모든 영상 콘텐츠 제작의 기본으로 여겨지는 스토리보드는 1920년대 월트 디즈니가 미키마우스 애니메이션을 만들면서 적용한 것이 최초라고 알려져 있다. 월트 디즈니 이전엔 글씨만 빼곡한 시나리오를 보며 영화를 찍던 게 관행이었다. 월트 디즈니는 종이에 연필로 간단히 캐릭터의 동작을 그린 다음 그 그림을 벽에 붙여 전체적인 스토리 흐름을 공유하면서 아이디어를 모았다. 구성원이 모두 모여 최종 결과물을 함께 미리 체험해 보는 경험이었다. 스토리와 캐릭터 성격의 일관성과 통일성을 높일 수 있었을 뿐 아니라 작업 효율성도 크게 개선할 수 있었다.

10분 이하의 단편 애니메이션 일색이었던 그 시대 흡입력 있는 장편 애니메이션을 성공시킬 수 있었던 1등 공신도 이 스토리보드였다.

드위트리 스토리

백설공주 캐릭터는 사실 애니메이터들이 붓을 들고 그리기 전부터 스토리보드 속에서 태어난 것이었다. 스토리보드에서 백설공주의 모습과 성격을 이미 체험했기에 여러 애니메이터들이 본격적인 그리기 작업에 들어갔을 때 백설공주라는 한 인물을 실제로 살아 있는 것처럼 자연스럽고 또 일관성 있는 캐릭터로 그려 낼 수 있었던 것이다.

즉 스토리보드는 모든 작업자의 마음을 하나의 동화 속 세계로 끌어당겨 같은 것을 경험시켜 줬다. 즉 같은 경험을 공유하게 함으로써 최고의 커뮤니케이션이 가능하게 했다. 스토리보드 덕분에 애니메이터들은 백설공주를 직접 만나 본 것이다. 또 일곱 난쟁이들을 바로 옆에서 직접 보는 생생한 경험을 한 것이다. 스토리보드 속 세상에 흠뻑 빠져든 채 애니메이터들은 스토리 전개와 화면 속 요소에 대해 밤새도록 수없이 많은 대화를 나눴을 것이다. 직접 본인이 백설공주가 되어 보거나, 난쟁이에게 감정이 이입될 만큼 몰입한 애니메이터도 있었을 것이다. 스토리보드보다 더 효과적이고 효율적인 커뮤니케이션 도구가 또 있을까.

월트 디즈니의 스토리보드는 전 세계에서 가장 혁신적인 숙박 서비스를 제공하는 공유 경제의 상징 '에어비앤비'의 경영 전략에 지대한 영향을 끼쳤다. 에어비앤비의 CEO인 브라이언 체스키(Brian Chesky)는 크리스마스 휴가 때 월트 디즈니 평전을 읽다가 백설공주 제작 과정과 스토리보드의 역할에 대해 큰 감명을 받았다.

체스키는 휴가에서 돌아와 공동 창업자인 조 게비아(Joe Gebbia)에게 고객의 경험을 스토리보드로 시각화해 영감을 얻어 보자고 제안했다. 그렇게 시작된 것이 에어비앤비의 '스노우 화이트 프로젝트'다. 픽사 애니메이션에서 일하던 닉 성(Nick Sung)을 고용해 스토리보드를 그리게 했다. 다양한 여행객(guest) 캐릭터를 만들었고, 또 다양한 집주인(host) 캐릭터를 만들었다. 스토리보드를 그리면서 고객 경험을 스토리화한 뒤 간접체험을 해 볼 수 있는 좋은 기회였다.

여행객이 여행을 계획하고, 공항에 내려서 이동하고, 집주인의 환대를 받으며 방에 짐을 풀고, 주변 관광지를 여행하고, 밤에 숙소에 돌아와 집주인과 다시 만나고, 다음 날 작별 인사를 나누는 과정 과정이 여행객 캐릭터에 따라, 집주인 캐릭터에 따라 수많은 스토리로 펼쳐졌다. 에어비앤비에서 일하는 여러 직원들이 그런 여행 스토리를 공유하고, 머리를 맞대자 그 전엔 한 적이 없는 질문이 쏟아졌다. 다양한 시나리오가 나왔다. 스토리보드 중 하나는 여행객과 집주인이 함께 칵테일 파티를 벌이고, 그 파티에 참여한 제3자에게 이들이 에어비앤비 서비스를 추천하는 것으로 마무리되는 시나리오도 있었다.

"이 (여행 스토리의) 주인공들은 남자들이나 여자들인가? 그들은 젊습니까? 나이가 들었습니까? 그들은 어디에서 살고 있습니까?

드위트리 스토리

에어비앤비 본사 벽면의 '스노
우 화이트' 스토리보드

도시 또는 시골? 왜 그들은 호스팅을 하고 있습니까? 여행객이 오
지 않으면 어떤 느낌일까요? 여행객들은 긴장하고 있나요? 그들은
집까지, 얼마나 많은 가방을 가지고 오고 있나요? 그들은 어떻게 느
끼고 있나요? … 이렇게 아주 다양하고 특별한 케이스를 상정하고
우리는 에어비앤비 시스템의 설계를 시작합니다."

—패스트컴퍼니 'How snow white Helped airbnb's mobile mission'

브라이언 체스키 인터뷰 중 발췌(2012. 8)

스토리보드 덕분에 이들이 얻은 가장 큰 소득은 바로 에이비앤비의
정체성을 재성립한 것이었다. 여행객의 입장이 되어 본 뒤 든 생각은
여행객은 대부분 여행하는 상황, 즉 이동하는 상황에서 에어비앤비
서비스를 경험하게 된다는 것이었다. 그 전까지만 해도 온라인 웹 서
비스에 초점을 맞추고 있었다면 이후 에어비앤비는 모바일 서비스로
무게중심을 확 옮기게 된다. 이후 모바일 앱(iOS)의 성능을 대폭 확충
한 데 이어 서둘러 안드로이드 앱도 출시했다. 여행객과 집주인 간에
채팅을 할 수 있는 기능도 개발해 업데이트로 추가시켰다. 무엇보다

직원들이 고객 입장과 집주인 입장에서 모든 것을 생각하는 훈련이
된 것이 스토리보드의 가장 큰 소득이었다.

1930년대 월트 디즈니 사무실에서나 2010년대 에어비앤비 사무실
에서나 스토리보드는 직원들의 마음을 하나의 세상으로 모아 주고,
그곳에서 공통의 간접체험을 할 수 있게 해 준다. 요컨대 스토리보드
는 최고의 커뮤니케이션 도구다. 협력으로 인한 시너지를 극대화하는
방편이다. 한 세기 전에도 그랬고, 앞으로도 그럴 것이다.

난 방송국도, IT 회사도, 동네 구멍가게도, 개인 유튜버도 디즈니
처럼 할 수 있다고 생각한다. 미디어 전략 보드를 만들고, 스토리보드
를 그리는 것은 그리 어려운 일이 아니다. 시각화해 그것을 벽에 붙여
놓는 것은 상상한 것을 현실화하는 최고의 방법이다. 디즈니만큼 목
표가 거대하지 않아도 된다. 최소한 미디어로서 역할을 하며 조금이
라도 세상에 긍정적인 영향을 끼칠 수 있을 것이다. 허름한 방에 돌아
다니는 쥐를 보고 신세 한탄을 하기는커녕 영감을 얻어 미키마우스를
그려 낸 뒤 결국 미디어 제국을 건설한 한 몽상가도 시작은 미미했다.

① '미디어 전략 보드'를 그려라. 디즈니처럼.
나는 또는 내가 속한 기업은 홀로 존재하지만, 나를 둘러싼 다양한 플
랫폼 또는 채널과 연합하면 미디어가 될 수 있다. 월트 디즈니는 역사
상 가장 효과적인 미디어 전략을 구사했고 그 노하우는 1957년 그린
'미디어 전략 보드'에서 찾아볼 수 있다.

② 스토리보드로 마음을 모아 함께 가라. 디즈니처럼.

여러 사람의 마음을 한 세상으로 모아서 그곳에서 같은 것을 경험하면서 아이디어를 모아 협업하게 할 수 있는 도구가 바로 스토리보드다. 스토리보드 덕분에 디즈니는 애니메이션의 역사를 바꿨고, 에어비앤비는 디즈니의 스토리보드를 경영에 도입해 공유 경제를 상징하는 세계적 기업으로 성장했다.

그때 꿈꾸기를 멈추지 않아 참 다행이다

인생은 참 재밌다. 아버지가 땅을 잘못 샀고, 덕분에 드위트리 펜션이라는 인연을 만났다. 펜션을 짓다가 성격도 바뀌었다. 뭔가 예쁘게 꾸미는 것에 전혀 관심이 없던 내가 이젠 멋진 디자인 소품을 보면 눈이 휘둥그래져서 파티 스타일링에 활용할 수 없을까 하며 사진을 찍는다. 페이스북이나 트위터 같은 것도 머리 아파 질색이었는데 지금 소셜 미디어 스브스뉴스로 밥 먹고 살고 있다. 20대 때부터 '애늙었다'는 말을 들으며 꼰대 같았던 내가 이젠 마케팅 컨퍼런스에서 '젊은 세대와 공감하며 마케팅 하는 방법'에 대해 강연을 다 하고 있다. '이게 나 맞아?'라는 생각이 들 만큼 내 스스로에 대해 놀랄 때도 있다.

드위트리 펜션이 아니었으면 나는 뉴미디어부로 옮길 생각 자체를 했을 리가 없고, 스브스뉴스라는 인연과 만났을 리도 없다. 아마 권영인 선배가 주도하는 스브스뉴스라는 프로젝트를 멀찌감치 구경하며 '저런 가벼운 콘텐츠를 왜 SBS 뉴스에서 해야 해?'라며 꼰대스러운 반응을 보이고 있었을지도 모르겠다. 하여간 인생은 참 재밌다. 그런 신기한 인연의 타래를 타고 좌충우돌하면서 내가 깨달은 것이

너무 많다.

한때는 펜션 업무 돕느라 SBS 업무에 집중하기 어렵다는 생각에 내 처지를 한탄한 적도 있다. 두 가지 일을 한꺼번에 하는 건 확실히 힘들었다. 그런데 힘들게 다 겪고 나니 이제 가벼워졌다. 아무리 비싼 돈을 줘도 배울 수 없는 것을 짧은 시간에 정말 많이 배웠다. 가장 큰 소득은 발로 배우는 방법을 익혔다는 것이다. 그리고 지식이나 머리가 아닌 마음과 느낌으로 배우는 것이 진짜라는 걸 알게 됐다. 예전엔 성공한 사람들이 들려주는 성공 비결을 접하면 '그래, 좋은 말이다. 외워야지.'라며 그냥 넘겼다면, 최근엔 "하아!"라는 탄성이 먼저 나오면서 그 성공한 사람의 마음이 느껴지고 내 가슴이 설렌다. 성공한 사람을 보고 질투하지 않고, 설레는 마음으로 존경할 수 있게 된 것 자체가 큰 기쁨이다.

방 8개짜리 펜션도 사실은 미디어였다는 걸 깨달은 게 가장 큰 소득이었다. 생각의 틀이 깨졌다. 자신감도 생겼다. 펜션을 지으며 겪은 모든 경험은 알고 보니 진짜 콘텐츠였다. 그 콘텐츠를 이 책을 통해 여러분과 나누고자 한다. 이 책이 출간되면 '드위트리 펜션'이라는 콘텐츠가 어떻게 또 다른 미디어 현상을 일으킬지 정말 궁금하다.

어머니는 늘 세상에 베풀면서 살아야 한다고 강조하셨다. 어머니 말씀을 그다지 잘 듣는 아들은 아니었지만, 베풀며 살라는 이 말씀만은 반드시 실천할 생각이다. 일단 내 경험을 나눌 생각이다. 펜션을 짓고 마케팅하고 그 노하우를 뉴미디어 분야에 적용하는 과정에서 배운 것들을 최대한 솔직하게 이 책에 담았다. 단 한 명에게라도 이 책이 도움이 되었으면 좋겠다는 마음으로 썼다.

드위트리 펜션을 지은 이야기를 주변 분들에게 해 드리면 "이야 너 대단하다.", "아이디어 참 좋다."며 칭찬을 해 주신다. 사실 내 아이디어는 그리 많지 않았다. 다만 죽기 살기로 답을 찾아 헤맸던 것뿐이다. 그리고 많은 사람들이 내가 정말 필요로 하는 아이디어를 선물해 줬다. 난 그것들을 날름 받아 써먹었을 뿐이다. 돌이켜보면 구하고 또 구했을 뿐인데 그러다 보면 내가 기대한 것보다 더 많은 것을 얻었다. 참 감사한 일이다.

내가 내 스스로를 칭찬하고 싶은 것 딱 하나는 주변에서 날 어떻게 보든 그냥 몽상가처럼 계속 꿈꾸기를 멈추지 않았다는 것이다. 잘 안 될 것 같아도 '에라 모르겠다.' 하고 다시 꾸역꾸역 우둔하게 소처럼 밀어붙였다. '지금 이게 뭐하는 짓인가.' 싶어서 짜증이 끓어올랐던 그 때, 그냥 심호흡 길게 하고 옳다고 믿는 방향으로 그대로 나아갔다. 그 때 그러길 진짜 잘했다는 생각이 든다.

드위트리 펜션을 위해 나와 함께 동고동락한 동생 지연이, 수연이에게 고맙다는 말을 전하고 싶다. 이 책에 자세히 담지 못했지만 나와 함께 펜션을 일구느라 너무 큰 고생을 해 준 혜원 씨에게 감사의 마음을 전한다. 정우에게도 사랑한다는 말을 전하고 싶다. 내게 새로운 세상을 선물한 드위트리, 그리고 그 드위트리를 세상에 있게 한 부모님께 다시 한 번 진심으로 감사드린다.

이 한 권의 책에 콘텐츠 마케팅의 모든 것이 담겨 있다. 자신의 경험을 바탕으로 독창적인 개념화, 이론화 작업을 해낸 콘텐츠 마케팅에 관한 매우 훌륭한 참여 관찰 연구 보고서다. 뿐만 아니라 드위트리 펜션에서 시작해서 토마스 담보, 레드불, 배달의민족에 이르기까지, 다양한 마케팅의 최신 사례들까지 소개하고 있다. 드위트리 펜션이 성공할 수 있었던 것은 저자가 펜션을 하나의 콘텐츠, 나아가 '미디어 잇셀프'로 보았기 때문이다. 사실 모든 상품이 미디어고 기호다. 펜션과 같은 서비스 상품인 경우에는 더욱 그러하다. 서비스 디자인은 경험을 디자인하는 것이고, 경험의 본질은 스토리다. 서비스 상품을 기획하거나 콘텐츠 마케팅을 공부해 보고자 하는 사람에게는 필독서라 할 만하다. 디지털 시대의 기자답게 진정한 미디어 전문가로서 끊임없이 자기 혁신을 이뤄가는 저자에게 아낌없는 박수를 보낸다.

—**김주환**(연세대 교수, 《회복탄력성》《그릿》의 저자)

뉴미디어 대표 브랜드인 '스브스뉴스'를 공동 기획하고 괄목할 만한 성장을 이뤄 낸 하대석 기자. 그의 역량은 강원도 산골 외진 곳에 '드위트리'라는 기적을 일궈 내는 것을 지켜보며 예견할 수 있었다. 아무리 우수한 콘텐츠가 있더라도 그것을 효과적으로 알리지 못하면 사장되기 십상이다. 전통적 방식에서 탈피해 일찍이 소셜 네트워크 시스템을 통해 5백만 명과 접촉하면서 뉴미디어 마케팅의 성공 선례를 보여 준 그의 경험을 담은 이 책이 많은 뉴미디어 관련 종사자들에게 큰 도움이 될 것이다.

—**강선우**(SBS 보도본부 경제부장)

책을 읽기 전엔 그저 신기했다. 기자가 펜션 사업을 하다니. 책을 읽고 난 뒤엔 무릎을 쳤다. 콘텐츠와 마케팅을 어떻게 엮어야 하는지를 이렇게 재미있는 실전 스토리로 보여 주다니. 누구든 일의 성과를 원하는 사람이라면 저자 하대석이 이 책에 적은 대로 해 보라. 단언컨대 최소한 본전이다. —**구범준**(세상을 바꾸는 시간 15분 PD)

요즘 화제가 되고 있는 '콘텐츠 마케팅'에 대해 '드위트리 펜션'이라는 실질적인 사례를 들어 쉽고 편하게 설명해 주고 있다. 비즈니스의 본질을 잘 이해하고 핵심 콘텐츠를 만드는 일, 오디언스를 잘 이해하고 공감하는 일, 오디언스를 활동하게 만들어서 '미디어 현상'을 일으키는 일, 충성스러운 오디언스를 지속적으로 유지하고 관리하는 일 등 콘텐츠 마케팅의 핵심 부분들을 모두 다룬 책이어서, 필독을 권하고 싶다. 이제 10년 전과는 완전히 다른 삶을 살게 될, 엄청난 폭과 깊이의 변화 속에서 앞으로 다가올 미래는 우리가 마음 편하게 맞이할 수 있는 시대가 아니다. 이 어려운 시대에 이 책에서 볼 수 있는 새로운 그리고 용감한 '시도'들이 우리 주변에서 많이 일어났으면 하는 바람을 갖는다.

—박상훈(스톤 브랜드 커뮤니케이션즈 사장, 《킬링마케팅》 역자, 《장소의 재탄생》의 저자)

현실에 정면 돌파할 때 얻는 경험이 쌓이면 나만의 전략이 되는 것이다. 콘텐츠 마케팅 전략을 고민하고 있다면 이 책을 읽고 드위트리에 가 보자. 공간 자체를 콘텐츠로 만든 전략이 어떤 경험이 쌓여 만들어진 것인지 생생하게 다가올 것이다.

—김미균(시지온 대표)

원시 시대에 동굴에 그린 삽화를 보면, 인간은 원래 스토리를 정말 좋아했던 것 같다. 현대의 소비자들은 매스미디어와 멀어지고 있다 하더라도, 여전히 스토리를 좋아한다. 스토리는 온갖 다양한 콘텐츠로 표현되고, 소비자들은 콘텐츠를 통해서 기업을 만나고 있다. 이 책은 펜션이라는 콘텐츠에 어떻게 스토리와 꿈을 입히고, 사람들에게 사랑을 받게 하며, 또 미디어가 되었는지 그 과정을 너무나 흥미롭게 보여 준다. 나는 이 책을 통해서 콘텐츠 귀재 하대석 기자와 콘텐츠의 마케팅의 놀라운 힘을 보았다.

—박세정(컨텐츠 마케팅 서밋 설립자, 디지털 마케팅 코리아 대표)

드위트리 스토리를 읽는 내내 느꼈던 감정은 단순한 자극이나 탄복의 수준이 아니었다. 불가능해 보이는 꿈에 도전해서 무에서 유를 일궈 낸 한 가족의 스토리는 그 어떤 드라마보디 드라마틱했으며 그 자체가 콘텐츠였다. 그리고 역시나 콘텐츠의 성공에는 절대 뒤로 물러서지 않는 악착같은 고집과 어느 하나도 놓치지 않는 디테일함 그리고 한 발 먼저 예측해서 실행하는 인사이트가 관통하고 있다는 사실도 다시 한 번 깨닫게 되었다. 이 책은 펜션으로 성공을 꿈꾸는 사람이 봐야 할 책이 아니라 기존의 편견을 부수고 새로운 업과 꿈에 도전하는 이들이 꼭 봐야 할 책이다. 스스로 꼰대 같은 기자가 될 뻔했다고 고백하는 하대석 저자는 드위트리를 통해 이미 또 다른 꿈에 도전하는 자신감을 얻었을 것이다. 또 하나의 시작과 도전을 꿈꾸는 독자들에게 충분한 증거가 되어 줄 거라 믿는다.

—양성민(비사이즈 픽처스 대표)

드위트리 스토리

1판 1쇄 인쇄 2018년 9월 19일
1판 1쇄 발행 2018년 9월 27일

지은이   하대석
발행처   도서출판 혜화동
발행인   이상호
편집   권은경

주소   경기도 고양시 일산동구 위시티 4로 45, 405동 102호(10881)
등록   2017년 8월 16일 (제2017-000158호)
전화   070-8728-7484
팩스   031-624-5386
전자우편 hyehwadong79@naver.com

ISBN 979-11-962056-6-9 03320

이 도서의 국립중앙도서관 출판예정도서목록(CIP)은 서지정보유통지원시스템
홈페이지(http://seoji.nl.go.kr)와 국가자료종합목록시스템(http://www.nl.go.kr/kolisnet)에서
이용하실 수 있습니다. (CIP제어번호 : CIP2018029833)

• 책값은 뒤표지에 있습니다.
• 잘못된 책은 바꾸어 드립니다.